AU PAYS DES HOMMES-FLEURS

AVEC LES CHAMANS DES ÎLES MENTAWAI

SILLAGES

ISBN : 978-2-36157-006-4

DÉPÔT LÉGAL : NOVEMBRE 2010

Collection : SILLAGES

Conception graphique : Albéric d'Hardivilliers & Matthieu Raffard

Réalisation : Transboréal

Gravure : KD'Image – Paris XIIe

Image de couverture : © Raymond Figueras

TRANSBORÉAL

23, RUE BERTHOLLET – PARIS Ve

TÉLÉPHONE : 01 55 43 00 37

FAX : 01 55 43 00 38

contact@transboreal.fr – www.transboreal.fr

RAYMOND FIGUERAS

AU PAYS DES HOMMES-FLEURS

AVEC LES CHAMANS DES ÎLES MENTAWAI

ÉDITIONS TRANSBORÉAL
48° 50' N. * 2° 20' W.

Cet ouvrage, témoin de leur monde fragile,
est dédié aux hommes-fleurs. Par leur beauté
d'âme et de corps, ils rendent leur île,
où j'ai effectué cinq séjours,
exceptionnellement attachante.

Il est aussi dédié à Aman Evia (Gervasius) et aux
siens qui m'ont toujours accueilli avec spontanéité
et tendresse, et notamment à son père Aman Beili
qui, par sa sagesse et son habileté, m'a enseigné la
valeur de l'homme et des traditions mentawai.

Il est enfin dédié à Jean-Baptiste Marre qui a su, avec
ténacité, partager mes périples au cœur de Siberut.

L'archipel des Mentawai comprend quatre îles. Autrefois, Pagai Utara et Pagai Selatan étaient nommées « îles Nassau » par les Hollandais ; Sipora s'appelait « Good Fortune » ; Siberut (ou Si Biru) correspondait à « Mantana » ou « Mintaon » (nom d'origine portugaise attesté par une carte de 1606), d'où viendrait peut-être le terme « Mentawai ». Cette appellation est cependant peu usitée par les naturels qui se nommaient traditionnellement Manteu *(« les hommes »).*

Dans ses mémoires de voyage (1619-1622), Augustin de Beaulieu évoque l'archipel des « Mentawei » et nomme l'île de Siberut « Mantabey ». Sur une série de cartes de Sumatra dessinées par Bellin dans les années 1750, l'île située face à Padang (Siberut) est appelée « Grosse Insel Fortuna » ou « Grande Île de Fortune », tandis que Mintaon et Mantabey correspondent, au nord de Siberut, aux îles Batu, en particulier à l'île inhabitée de Kapini. Enfin, sur la carte de Philippe Vandermaelen, datant de 1827, l'île est nommée « Sebeirou » ou « Bonne Fortune ».

Ces confusions dans les appellations des différentes îles de l'archipel résulteraient à l'origine d'une erreur commise par François Valentyn dans l'établissement d'une carte de Sumatra publiée en 1726. Siberut, pourtant plus grande que Sipora, a ainsi souvent été oubliée ou située de manière approximative dans la cartographie de l'époque.

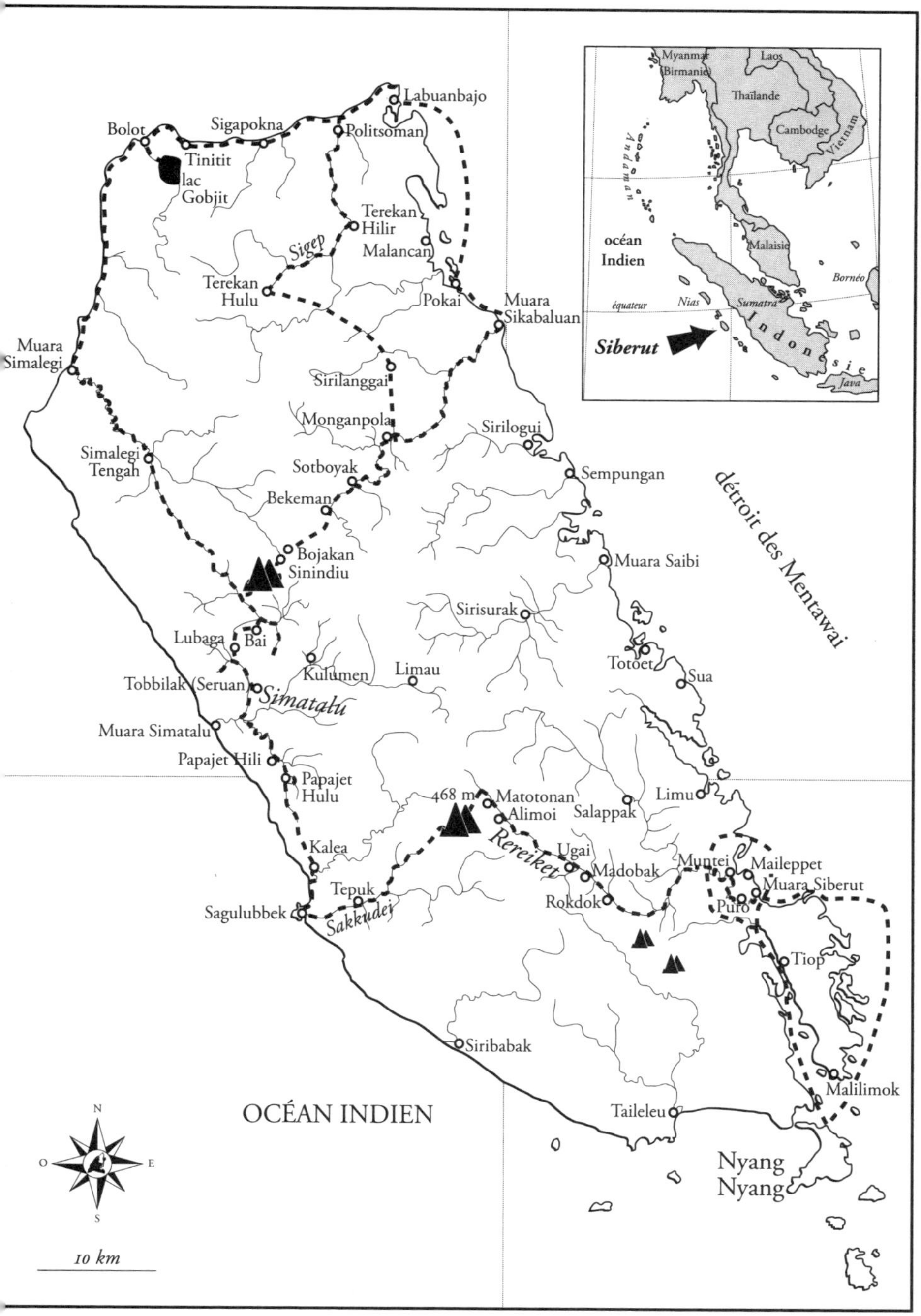

L'île de Siberut dans l'archipel des Mentawai

Præ ambulare

Les trois premières étapes de ce périple ethnographique à Siberut, l'île des « hommes-fleurs », se déroulent dans la vallée de la Reireket, située dans sa partie méridionale. Là subsistent de nombreux clans qui ont su garder et valoriser leurs coutumes et leurs modes de vie traditionnels. Le récit transcrit, à travers la vie quotidienne du petit clan familial qui m'a accueilli avec bonté et générosité à chacune de mes venues, de nombreux aspects culturels et rituels du peuple mentawai. La grande cérémonie traditionnelle appelée *lia* occupe une place de choix dans ce premier temps de l'ouvrage.

L'autre grand moment de ce périple m'a conduit au village de Politsoman, dans le nord de l'île. Là, j'ai contribué bénévolement, en qualité d'anthropologue, au projet SCP (Siberut Conservation Project), établi et dirigé sur place par le primatologue Christophe Abbeg : un projet global de préservation de la forêt et de développement social local mis en œuvre avec les habitants. La relation du travail de recherche mené durant cette période décrit les manières de vivre de ces « gens du Nord » et s'interroge sur leur façon de composer avec une vie en constant remaniement. Que deviennent leurs traditions face à l'« intromission » du monde extérieur ? Cette partie du récit montrera en particulier d'impressionnantes cures chamaniques.

Enfin, les deux expéditions que j'ai entreprises avec Jean-Baptiste Marre, la première en vue de gagner la région de Simatalu par la côte ouest, la seconde en traversant l'île du nord au sud, constituent d'autres souvenirs impérissables. Plus de 150 kilomètres parcourus à chaque fois, dont une centaine à pied, pour atteindre le berceau du peuplement de Siberut ou suivre la trace des premières migrations claniques ! Le récit de ces aventures fait découvrir les beautés cachées de l'île et ramène à ses origines.

Cet ouvrage participe modestement à la connaissance et à la diffusion de quelques-uns des aspects traditionnels de ce peuple de la nature. Il se propose d'exprimer la richesse et la complexité d'un mode de vie et de pensée en symbiose avec la forêt équatoriale. On ne peut que devenir admiratif devant la capacité humaine à composer avec son propre environnement. Du développement durable avant l'heure.

Dans son livre *Les Chants de l'Île à dormir debout*, un condensé de la *Serat Centhini*, la plus grande œuvre littéraire de Java écrite au début du XIXe siècle, Élizabeth D. Inandiak rapporte l'histoire de Ki Dikara, le « Maître des bois ». Cet homme sage rappelle aux poètes de cour qui viennent en ces lieux que le terme javanais *babad* signifie à la fois « littérature » et « défricher la forêt ». Le temps viendra, dit-il, où les poètes ne compteront plus leurs vers et ne se prosterneront plus devant les arbres. Alors, les bois disparaîtront, « Babad ne sera plus l'ange de la littérature mais le djinn des forêts ruinées ».

La lecture de cet augure au cœur de la forêt primaire de l'île de Siberut résonna en moi comme les coups de hache et le bruit des tronçonneuses. Ce sanctuaire des « hommes-fleurs » risque-t-il un jour, comme d'autres forêts disparues d'Indonésie, de ne plus inspirer les poètes et les écrivains ?

Alors ? Dernier chapitre d'un peuple en danger ? Les « hommes-fleurs » seront-ils un jour fanés ? La réponse n'est guère aisée. Souhaitons que cet ouvrage plaise aux âmes de la nature.

Dans l'immédiat, remercions les Mentawai de nous emmener dans leur monde et suivons à présent leurs traces. *Mita!* Allons !

Prologue
L'APPROCHE

L'ILLUSTRE ANTHROPOLOGUE ET ETHNOLOGUE Claude Lévi-Strauss déclarait en introduction de son ouvrage *Tristes tropiques* qu'il détestait les voyages et les explorateurs. Sans vouloir faire injure à la mémoire de ce grand savant, j'avoue modestement que moi j'adore voyager et que je suis attiré autant par la chaleur des tropiques que par le magnétisme des pôles. À ceux d'ailleurs qui me demandent amicalement d'où je viens, car mon teint de métis interroge, j'aime répondre avoir été mis au monde, tout bonnement, et que cela me convient. Il me plaît ainsi de parcourir sa rotondité depuis plus de quarante ans et mille lieux et vies sont en moi. Mes origines sont là où je suis, et peut-être se dévoilent-elles là où je vais. Changeantes et multiples comme ces racines et ces feuillages qui cherchent à la fois l'ombre et la lumière. L'haleine chaude des déserts, le vent glacial des montagnes, la touffeur humide des forêts ou la caresse bleutée des lagons donnent aux êtres de notre terre leur beauté. J'aime aller à leur rencontre, appartenir un instant et pour toujours à leur diversité. Parfois, dans cet incessant parcours, l'imaginaire et la réalité s'accordent pour offrir au voyageur imprévisible que je suis la quintessence de sa quête. Ma découverte de l'île de Siberut, située à 80 milles sous l'équateur et de la côte ouest de Sumatra, fait partie de ces moments magiques où d'un seul coup on se sent pénétré par le fluide vivifiant des rencontres primordiales, de celles dont on devine qu'elles vivront en soi, s'inscrivant dans la chair et dans l'esprit comme un tatouage d'éternité, un don et une promesse d'humanité nouvelle.

Pour atteindre cette terre hauturière, je m'envolai de Kuala Lumpur, en Malaisie, pour Padang, ville bruyante et torride qui s'étale dans une vaste plaine entourée de volcans sur la côte de Sumatra que borde l'océan Indien ; puis, de là, je réservai une place sur l'un des bateaux branlants qui assurent les liaisons interîles.

Le port de Padang, à l'abri de l'embouchure d'une rivière engluée dans une vase noire et nauséabonde, est en piteux état. Les planches pourries de l'appontement laissent entrevoir ses eaux lourdes et sombres. Mon pied de voyageur, hésitant dans la lumière blafarde du soir, doit scruter ces béances traîtresses et négocier son aplomb pour embarquer sur le vieux *Sumber Rezeki Baru*. Le bâtiment en bois a l'allure d'un rafiot bleu et blanc à deux étages. Une ligne de petits hublots ronds et sans vitre marque son pont inférieur. Une rangée d'ouvertures cintrées aère chichement les cabines du pont supérieur. L'embarcation me fait songer à un pigeonnier flottant.

Le madrier glissant qui lui sert de passerelle fléchit sous la cohue lourdement chargée du départ. Sa cale ouverte exhale l'odeur de tonnes de coprah et de cannes rances. Les huiles et le fioul épaississent encore la sueur et la fumée des centaines de passagers entassés à l'intérieur de ce « rez-de-marée ». La chaleur est étouffante. Excepté pour les cafards affolés qui se carapatent dans tous les sens.

Gêné par mon pesant sac à dos, je parviens à m'extraire, à force de contorsions et de pénibles coups de reins, de la trappe étroite qui mène à l'étage. Les petites cabines sont garnies sur trois côtés de deux couchettes superposées. Je pose mon barda sur celle qui se trouve en haut et à gauche, le nez et les yeux plaqués dans l'embrasure. Encore deux longues heures à regarder, sans un souffle d'air, tanguer l'océan Indien.

Sous les pâles néons, l'écume frange enfin la coque du navire. Les lumières de Sumatra s'éloignent lentement. Les exocets fusent entre les sachets plastique et les méduses noctambules. Le rouge clignotant des balises posées sur les îlots massifs et les falots des pirogues percent le chenal. Au large, les bateaux de pêche à balancier dessinent de grands arcs lumineux. L'océan est calme. L'île jungle m'attend au bout de la nuit. Elle n'est encore qu'un rêve, un lieu de nulle part, qui me tient éveillé pendant presque toute la traversée. À l'horizon de cette insomnie, une chaîne d'îles qui s'égrènent depuis le sud de la Birmanie (Myanmar) et portent des noms aux résonances mystérieuses (Andaman, Nicobar, Nias, Mentawai) berce depuis longtemps mes songes d'aventures et d'utopie. J'ai appris que les îles de l'archipel des Mentawai – du nord au sud : Siberut, Sipora, Pagai Utara et Pagai Selatan – conservent, grâce à leur isolement, une flore et une faune endémiques remarquables et sont habitées par des peuples aborigènes animistes qui, depuis plus de quatre mille ans, développent un art de vivre adapté à l'environnement de la jungle. Le monde extérieur, rêvant de parfum exotique, aime les appeler « hommes-fleurs » ou les imaginer confusément « Mentawaiiens[1] ». Rien à voir pourtant avec les Hawaiiens, anciens anthropophages et planteurs de taro, dont le ventre obèse ne danse plus aujourd'hui que sous d'amples chemises à fleurs. Certes, les « hommes-fleurs » de Siberut ne partent plus depuis longtemps à la chasse aux têtes[2] mais ils continuent, principalement dans la moitié sud et dans le centre de l'île, à pendre les crânes des singes aux chambranles des grandes maisons, à orner leur corps de tatouages, de colliers et de bracelets colorés, à porter plumes et amulettes, à se limer les dents et à se couvrir le sexe d'une bande végétale. Siberut, l'île de mes nouveaux désirs d'évasion, reste la plus authentique de cet archipel isolé.

Dans l'aube naissante, j'aperçois avec soulagement et bonheur le petit port de Maillepet à l'ombre d'un dôme végétal aspiré par un ciel d'orage. Le quai mordu de sel rouillé laisse deviner au loin une trace bitumée qui s'efface entre les arbres. L'île de Siberut, perle centrale de l'archipel des Mentawai qui s'est détaché de la frange occidentale de Sumatra un demi-million d'années avant que je n'y pose les pieds, paraît ne m'avoir jamais quitté. Une île d'un vert intense, chaude et humide vient lentement à moi. Il me semble soudain revoir le reflet de Moorea dans les eaux du Pacifique – trente années se sont écoulées depuis – lorsque, pour la première fois de mon existence nomade, j'éprouvai l'impression délicieuse d'arriver, de l'autre côté du monde, dans un pays de connaissance. Imprégné que j'étais des livres de circumnavigation, des récits de Cook, de Lapérouse ou de Bougainville, des romans de Melville et de Stevenson, le dessin de ces îles oubliées dans les immensités abyssales, de ces territoires inconnus de l'Occident depuis des temps immémoriaux, me semblait étrangement familier. Comme à l'époque où j'acceptais volontiers que Tahiti me renvoie son image rousseauiste de Nouvelle-Cythère, je décidai d'aborder Siberut, l'île « Bonne Fortune » des premiers navigateurs, avec toute la latitude qui sied à un esprit curieux et charmé d'avance.

La chance cependant n'a pas l'air de vouloir me sourire à une heure aussi matinale. À peine débarqué du fumoir surchauffé, pris d'un soudain mal de terre, je rends à la mer ma dose quotidienne d'antipaludéen et la mandarine avalée au réveil ! Ultime adieu émétique à l'ami Harapan, le jeune « Espoir » (c'est ce que signifie son prénom en indonésien) venu de la capitale Medan, la « ville mère » de Sumatra, et à son équipe féminine, rencontrés la veille à l'embarcadère de Padang. Eux continuent le voyage pendant encore quatre heures jusqu'à Muara Sikabaluan, un village portuaire au nord de Siberut. Ils partent « inspecter », m'ont-ils confié, leurs écoles privées maternelles sponsorisées par une association luxembourgeoise. L'acculturation des indigènes par les missions religieuses et les écoles se poursuit apparemment sans état d'âme et sans gêne gastrique !

La route chaotique sur laquelle je suis maintenant engagé longe la côte entre palmiers et palétuviers. Côté forêt, les maisons défilent, espacées ou rapprochées, masures en bois et bambous sous tôles ou constructions décolorées en béton ; passent aussi quelques fières habitations de style traditionnel, anciennes ou récemment refaites. L'étroite route défoncée me ballotte une vingtaine de minutes à l'arrière d'une motocyclette jusqu'à Muara Siberut, bourgade administrative et marchande du sud de l'île.

Lors du violent tremblement de terre de mars 2007, la plupart des bâtiments de style néo-mentawai du parc national de Siberut qui s'alignent le long de cette voie unique se sont effondrés sur eux-mêmes, leurs pieds d'aigrette étant bien trop fragiles.

Dans les jardins et les cours, les paraboles déploient sans pudeur leur large corolle oxydée. Les petites cylindrées à deux roues croisent et doublent les vélos des écoliers en uniforme en tâchant d'éviter les multiples ornières et nids-de-poule.

Muara Siberut m'apparaît blanche, rousse et verdoyante. La route défoncée qui vient du port se transforme ici en rue principale. À son entrée dans le village, elle est bordée d'un dispensaire qui planque sa mauvaise mine sous des affiches de prévention antimalaria. Il est situé en face d'un poste de police – les casernements de l'armée ont dû m'échapper – plutôt jaunâtre mais, semble-t-il, en meilleure santé que son voisin. Plus avant, les restes d'une maison du tourisme et de divers bureaux de conservation du patrimoine naturel ouverts à tous les vents. Une petite école aussi, pas si mal entretenue, et quelques autres édifices publics qui paraissent inoccupés.

Après l'indépendance de l'Indonésie en 1945, l'administration a pris pied aux îles Mentawai avec dans ses malles des programmes de développement dans les domaines alimentaires et sanitaires et des projets en matière d'éducation et de relogement. Cela avec la ferme intention d'« indonésiatiser » les « sauvages » isolés dans la forêt. Cette politique d'assimilation et d'intégration des peuples dits « isolés », entreprise au nom des grands principes idéologiques de l'État indonésien[3], s'est caractérisée, dans maints endroits de l'île, par des regroupements forcés et répétés des populations locales dans des villages construits à l'identique par des ouvriers venus de Sumatra, et parfois « sponsorisés » par les compagnies forestières[4]. Une soixantaine de villages de ce type se répartissent ainsi sur l'île d'une superficie de 4 090 km² et la population de Siberut se compose aujourd'hui d'environ 30 000 Mentawai d'origine et d'un petit nombre de migrants venus de Sumatra, principalement des Minangkabau et quelques Chinois[5].

À Muara Siberut, comme dans la plupart des villages de l'île, les édifices religieux se disputent la place. La mosquée blanche avec sa coupole obèse en alu clinquant fait le dos rond devant le chapeau pointu tôlé et rouillé d'une église aux volets couleur menthe à l'eau. Les missions protestantes, débarquées des Pays-Bas et d'Allemagne, et catholiques, venues plus tard d'Italie, ont prêté main-forte à l'État dans sa politique d'assimilation. Les missionnaires protestants sont arrivés en 1901 à Pagai Utara. Les premières conversions au protestantisme datent de 1916 et de 1954 pour le catholicisme. En revanche, et bien que l'Indonésie soit le plus grand pays islamique du monde, l'islam, arrivé en 1952, peine à se développer chez les autochtones de Siberut[6].

Derrière la mosquée, une courte rue parallèle à celle de mon arrivée dessert le littoral et l'embouchure de la rivière. Les maisons et cabanes en bois plongent ici leurs échasses dans une boue d'égout, une basse marée pourrie de carcasses. « Immondices décomposées au rythme des flux saumâtres », écrivais-je, pour parfumer d'un grain de poésie mon carnet de voyage. Heureusement, les frangipaniers et les hibiscus fleuris, les étals de tomates et les tas de piments peignent de belles taches colorées dans la brève perspective où je m'engage à présent. Je suis surpris en remontant cette rue par le nombre de magasins débordant d'outillage et de bricoles diverses, par les empilements d'appareils haute-fidélité et électroménagers à bon marché.

Deux rues principales donc, raccordées en damier par trois ou quatre ruelles bordées d'échoppes toutes similaires. À leurs devantures grandes ouvertes pendillent des sachets de café au lait instantané et sucré, des paquets *flashy* de chips et autres amuse-gueules, plus quelques joujoux en plastique. Devant leurs comptoirs et sur les étagères murales s'entassent jusqu'au plafond les bouteilles d'eau et les sodas, les biscuits au chocolat, les cigarettes et le tabac, les savonnettes parfumées, poudres et dentifrices en tout genre et deux-trois rouleaux de papier hygiénique…

Mon chauffeur motocycliste me dépose devant la petite pension familiale, le havre des hommes perdus, l'unique, au bout de la rue : au second étage de la maison bâtie en dur, trois chambres avec grand lit, balcon sur rue et salle d'eau commune (toilette à la turque et *mandi*, un bac dans lequel, pour se doucher, on puise l'eau avec un petit récipient). Parfait, bien mieux que l'hôtel Syaruddin's Homestay vermoulu, sis côté fange marine, vide depuis longtemps et qui sera mis en réfection au début de 2008, année décrétée « année du tourisme » en Indonésie. En cet instant, deux ans avant la rénovation annoncée, je suis vraisemblablement le seul touriste débarqué à Siberut. Arrivée solitaire qui, je m'en rendrai bientôt compte, tracasse sérieusement mes aspirants guides.

Mon attitude les déconcerte car je ne colle pas à l'image qu'ils se font du touriste étranger. Je ne semble ni déboussolé dans cet environnement insulaire lointain ni davantage pressé de m'en remettre au premier guide venu pour me sortir de cet inconnu. L'objet de ma visite impromptue leur en paraît d'autant plus mystérieux et inquiétant. En général, les voyageurs peu aguerris et malgré tout attirés par l'expérience éphémère d'une vie tribale en pleine jungle sont alpagués presque immédiatement par les guides des tour-opérateurs. Et cela avant l'arrivée à Siberut, le plus souvent dès Bukittinggi, étape routière et de villégiature entre les volcans située à deux heures de bus avant Padang. Leurs rabatteurs usent, pour les entraîner dans l'aventure des Mentawai, de toutes les ficelles de la malice et de la séduction. Ils organisent des groupes de quatre à six personnes, qui paient 500 dollars par tête au bas mot pour une semaine tout compris. L'affaire peut paraître honnête. Rapportée au coût de la vie locale, la somme globale devient toutefois exorbitante. Les maisons et familles visitées par les touristes ne voient pourtant guère la couleur de l'argent. Les guides de Sumatra se contentent plutôt d'apporter des objets utilitaires (wok, machette) ou de consommation courante (thé, sucre, tabac) et ne laissent en général que peu d'argent. Et puis, suprême délice ou délicat dilemme pour les aventuriers, il faut aussi vouloir soi-même risquer l'aventure en compagnie d'un groupe éphémère, disposé, puisqu'il a payé, à s'incruster en nombre, et parfois un peu sans gêne, dans la demeure et la vie des communautés indigènes. Souvent, devoir se contenter par-dessus le marché d'une grande maison traditionnelle réservée exclusivement ou presque à cet usage ou d'un village attitré, être contraint de suivre un parcours maintes fois tracé et effacé, assister à des démonstrations chamaniques programmées juste pour l'occasion – les guides minangkabau les appellent des « *Magician's party* » –, participer à quelques animations typiques… et la plupart du temps être continuellement obligé de supporter la mainmise des guides sur son libre arbitre. Bref, une façon de voyager intrusive et consommatrice qui est à mille lieues, on l'aura compris, de mes aspirations du moment.

Heureusement pour eux, les explorateurs en herbe se déclarent au bout du compte presque toujours satisfaits. L'expérience, même assistée, est trop surprenante, tellement inhabituelle, si exotique. Côtoyer la différence à ce point parvient à transformer même le plus blasé des bourlingueurs. Les livres d'or des *guesthouses* et petits hôtels sont à ce propos dithyrambiques et fort instructifs quant aux motifs de satisfaction des touristes. « La bouffe est excellente ! Notre guide est un ange. » Beaucoup d'enthousiasme et de sourires sur les photos des fiers rescapés de la jungle déguisés sans complexes en naturels, jolis dessins de sangsues et de moustiques à l'appui. Poses photogéniques des indigènes contre force cigarettes. Ces Mentawai sont surnommés par leurs compatriotes les *minta-wai*, « mendiants » (de tabac)[7]. Ils se moquent ainsi des farceurs de Madobak, un village fort prisé des tours organisés : « *One photo, one cigarette ; no cigarette, no photo !* »

Offrir des présents reste toutefois, ne l'oublions pas, une manière coutumière d'établir des liens de confiance et d'amitié et recevoir l'hospitalité en échange. Don et contre-don sont un passage obligé et compliqué pour se faire accepter des communautés indigènes.

En attendant ce jour, après ma reconnaissance des abords de la mosquée et des rues adjacentes, je négocie avec mon premier rabatteur mes envies de *trek* tribal. Le circuit que je réalise en concertation avec ce présumé connaisseur des lieux suit le fil de ma seule volonté, celle de m'enfoncer le plus loin possible dans le cœur de l'île à la recherche de l'authenticité la plus intacte. Une boucle vers l'inconnu qui devrait me prendre au minimum une dizaine de jours de balades en pirogue à moteur et de rudes randonnées sous d'épaisses forêts collinaires. Mon idée est de remonter la vallée jusqu'à la source de la Rereiket (ou Dedeiket), en direction du nord, puis de poursuivre plus à l'ouest vers la région des Sakkudei[8], et de longer enfin la côte vers le sud jusqu'à Sagulubbek, pour un retour par la mer via l'îlot de Niang Niang, situé à la pointe sud de Siberut, un endroit réputé à juste titre pour ses *spots* de surf.

À mesure que mon stylo noir trace le parcours sur un semblant de carte marine récupérée en ligne et que mon imagination s'égare dans les courbes de niveau et les sinuosités des cours d'eau, le tarif de la course s'accroît. Le prix du litre d'essence est élevé me dit-on (7 500 roupies soit environ 60 centimes d'euro), car il faut l'importer comme tout le reste, et il en faudra beaucoup pour faire tourner le moulin des pirogues et abreuver les deux puissants moteurs hors-bord indispensables pour le retour par la mer. Ajoutez les porteurs, prétendument au moins trois pour un tel parcours, les salaires et la nourriture pour tout ce petit monde, les cadeaux pour les indigènes, et vous aboutissez au coût total de 7,5 millions de roupies (environ 700 euros[9]). Une petite fortune dans ce pays ! Même en escomptant un rabais intéressant, ce qui n'est pas gagné d'avance car il faut savoir marchander dur, mon budget du moment ne me permet pas une telle dépense. Et de toute façon, cette somme, ainsi que les prestations qui vont avec, me paraissent alors disproportionnées. Comme on dit en Indonésie, c'est « banqueroute » pour ma pomme.

J'ai l'impression d'ailleurs, depuis le début, d'être tombé sur un fieffé arnaqueur et l'idée même de négocier avec lui commence à m'exaspérer. Et je reste poli. Je me suis plié à son jeu principalement pour me rendre compte de la faisabilité et des coûts d'une telle expédition et avec l'intention de ne faire ensuite appel, dans la mesure du possible, qu'à un pur autochtone. J'abandonne donc aussitôt le projet, un peu dépité tout de même par ce revers de fortune. Perte brutale de mes illusions d'explorateur bon marché !

Désappointement de quelques instants : je finis vite par me faire une raison. Le voyage à tout prix, ce n'est pas vraiment mon truc. Alors tant pis s'il faut prendre le prochain bateau. J'irai voir ailleurs. Personne ne m'attend au fond dans cette brousse. Le monde est vaste.

Il est bientôt midi. Je me rends au Mainuk Cafe, un petit restaurant qui fait aussi boutique, situé à 50 mètres en face de la pension. Il est tenu par une famille musulmane ; on y mange la fameuse cuisine de Padang, épicée et colorée. Les plats sont exposés dans une vitrine grillagée et à peine attablé on vous apporte quantité de petites assiettes avec chacune une spécialité : morceaux de viandes et de poissons frits ou en sauce, légumes variés et un grand bol de riz blanc. On boit de l'eau bouillie et encore chaude ou du thé chinois. Normalement on mange avec la main droite (la gauche chez les musulmans est réservée aux usages impurs) ou, si l'on préfère, avec une fourchette et une cuillère. On se rincera les doigts dans le petit bol d'eau servi en même temps que le repas. Simple, bon et pas cher. Peut-être pas très hygiénique, à force de manipulations et parfois après une longue exposition au soleil, mais à vrai dire, je n'ai jamais eu le moindre problème intestinal.

Le repas passe mieux que l'addition précédente. Et puis, le patron, Amin, et sa femme sont plutôt sympa. Lui m'accueille avec les quelques mots de français stéréotypés qu'il a retenus : « Bonjour, comment ça va ? Ça va bien ? Comment tu t'appelles ? D'où tu viens ? » Et il enchaîne en anglais, avec un air légèrement narquois, sur la finale de la Coupe du monde de football. Il l'a regardée en direct la nuit dernière sur sa télé satellite. Comme la plupart des Indonésiens, il avait misé sur la France[10]. Il comprend, sans vraiment l'excuser car il a perdu son pari par sa faute, le coup de tête de Zidane. De toute façon pour lui, et cela le réconforte, Zizou reste le meilleur joueur du monde[11].

Pendant le repas, il me propose pour le lendemain une sortie en mer jusqu'aux îlots du sud. Deux à trois heures de route en pêchant à la traîne avec promesse de farniente sur le sable blanc de Nyang Nyang. Auparavant, Amin travaillait là-bas, embauché par le patron hawaiien du *resort* pour transporter les surfeurs sur les *spots*. Il y passait la semaine mais à la longue, estimant qu'il n'était pas suffisamment rémunéré, il s'en est allé pour redevenir simple pêcheur. Je n'aurai qu'à payer l'essence. Une fleur. Bon, *wait and see*. On verra demain, pourquoi pas ? Et je le quitte sur ce fragile espoir, un peu amer tout de même de ce nouveau repli forcé.

Deux pas en arrière, trois pas sur le côté, je cogite, et la sieste devient vite insupportable. Dehors, la chaleur est à son comble. Mon deuxième *tee-shirt* de la journée est déjà trempé. Je flâne. Traîne. Remonte la rue vers la sortie du village. Prends en photo des gamins qui jouent au foot. Tourne à l'angle du terrain de jeu et emprunte le sentier qui descend vers la rivière. Les longues cuillères hélicoïdales des pirogues sillonnent le café crème qui coule vers l'océan.

De la terrasse d'une bâtisse en bois à deux doigts de boire la tasse, je suis hélé par une femme corpulente à l'air jovial. Dans sa gargote, un banc d'hommes assis autour d'une table me fait aussi signe de venir. Je ne me fais pas prier davantage. J'ai dans l'idée de sonder à nouveau le fond des possibles. Mélange improvisé de mots indonésiens et anglais. On finit au bout de cent palabres par s'entendre collectivement pour désigner Enos, de Madobak, accompagnateur en herbe. Il repart demain pour son village et consent, sa dernière réticence levée, à m'emmener, à m'héberger et à marcher avec moi jusqu'à Matotonan, le village le plus en amont de la rivière. Voyage à la petite semaine qui devrait néanmoins me permettre de découvrir les principaux villages et peuples de la vallée de la Rereiket. Coût de l'opération : environ 60 euros tout compris, dix fois moins que le devis précédent. Je n'en reviens pas. Aucune hésitation. Chacun devrait y trouver son compte. Moi le premier.

Tout va bien à présent. Le village a retrouvé sa tiédeur du soir. Le bulbe de Mahomet commence à rosir. Le chant du muezzin emplit l'air de ses échos. Je dois acheter quelques bricoles pour ma virée. Dans la rue principale, les hommes pressent le pas. Des adolescents à califourchon sur la selle de leur bécane discutent et rigolent discrètement. Une femme pousse une brouette pleine de thons luisants.

Arrive Laurencio, le frère de la propriétaire de ma pension et l'oncle du pseudo-guide du matin. La trentaine, il a l'air plutôt avenant, visiblement habitué à draguer les touristes. Il me fait penser aux jeunes de Kuta, à Bali, longs cheveux soyeux, *piercing* à l'oreille, tatouages ethniques autour du bras et de la cheville. Mais dans l'instant, c'est plutôt avec une mine déconfite et un sourire forcé qu'il m'invite à monter derrière lui pour aller visiter le village de Muntei, proche de l'entrée de Muara Siberut ; un village qui me plaira certainement, me dit-il. Course gratuite, histoire de me faire oublier l'échec essuyé avec son neveu. Compensation offerte à mes désillusions. Je sens bien que ces prémisses annoncent de nouvelles propositions.

Le village est effectivement intéressant à observer. Il s'agit d'un chemin bétonné bordé de solides maisons en teck entre lesquelles se détachent par endroits d'imposantes demeures claniques *(uma)*. Bananiers et cocotiers. Des cochons noirs se disputent du groin un tubercule de manioc pourri. Un poulet trois couleurs picore un reste de sagou, l'arbre nourricier des Mentawai. Un vieillard sur le pas de sa porte nous regarde passer. J'aperçois furtivement les lignes bleues de ses tatouages. Plus loin, un charpentier dégauchit un madrier. Pas de doute, dans cet espace sont regroupées des familles d'origine mentawai. J'ai tout de même l'impression diffuse de traverser en voyeur les coulisses d'une vie ralentie et hésitante. Un entre-deux.

Demi-tour ; Laurencio, tout en roulant au pas, me rebranche sur mon « programme », comme il dit. Il regrette la lourdeur de son neveu, cela l'a tracassé tout l'après-midi, et il s'inquiète de me voir repartir sans avoir pu aller à la rencontre des peuples de la forêt. Il n'est pas dit que j'aurai entrepris un si long voyage, avec l'investissement que cela représente, pour finalement ne rien voir de ce que j'espérais. Aussi, grand seigneur, me propose-t-il dans la foulée, pour me rendre service, un circuit à demi-tarif, soit 3,5 millions de roupies la semaine de randonnée. Trop tard. Mon programme est bouclé. Demain, je pars avec un local. Non, je ne te donnerai pas son nom. Tu as beau insister, Laurencio, et me prévenir que tu es le chef des guides de Siberut et que tu tiens à ta réputation, et blablabla, ma décision est prise, ma parole donnée. Fini de me rouler.

Pourquoi es-tu venu là, seul ? Quelle est ta mission ? et cet entêtement à vouloir ainsi entrer *incognito* dans la jungle ? Me voilà soudain suspecté de bien mauvaises intentions. Photographe ? ethnologue ? Je suis venu pour écrire un livre ? établir un rapport ? faire de l'espionnage ? poser une bombe dans la forêt ? Questionnement délirant. Irritant. Voyageur, tout simplement, et de préférence seul comme un grand. Surtout avoir la paix. Aller où bon me semble. Voilà pour les explications. Je ne cède en rien. Dépité, Laurencio ? Désolé.

Il ne me lâche plus. M'entraîne à boire une bière en sa compagnie. Me dit sa tristesse, fume sans arrêt et commande une seconde bouteille de 60 cl. Pour moi, non merci. L'alcool me grise légèrement. Soulagement, Laurencio sourit, ses dents blanches mordent le filtre de sa cigarette de *cow-boy*. Les reflets ambrés du soleil couchant embrument l'iris de ses yeux. Que pense-t-il à présent ?

J'essaie de m'en défaire en prétextant une envie de finir la soirée au café d'Amin. Il insiste pourtant pour que j'aille avec lui manger un *mie goreng*, un plat de nouilles frites avec des légumes et un œuf, dans un petit resto qui patauge dans l'eau glauque des marées. On y trouve, paraît-il, de la mousse bien fraîche. Dans l'arrière-salle, assis sur le linoléum bleu ciel, une fois l'assiette de nouilles avalée et une autre bière liquidée, Laurencio ne cesse de causer. L'évocation du tremblement de terre et du tsunami du 26 décembre 2004 le rend soudain encore plus loquace et démonstratif. Il mime avec exagération les secousses effrayantes et incompréhensibles qui, au petit matin, ont agité son ivresse endormie. Cette nuit de Noël, il a beaucoup bu et fumé. Il rentre titubant. Ivre à en vomir. Malade à en crever. La rue se tord de douleur. Il rend ses tripes, ses mains remontent au creux de son estomac le long de l'œsophage et, gonflant sa gorge, elles jaillissent hors d'une bouche distordue. Par trois fois, il rejoue son écœurante pantomime. Son ami, un surfeur australien, est resté cuver sur place face aux vagues. Laurencio a maintenant les yeux embués et le verbe pâteux. Il se remémore et me raconte les images du drame à la télé, les noyés, Aceh dévasté.

Une jeune fille et son copain viennent de s'installer au fond de la salle. Ils ont commandé un succédané de *milkshake* à l'avocat et au lait condensé, relevé d'un coulis de sirop qui teinte le verre de couleurs sucre d'orge. Boisson d'amoureux. Un autre couple s'est donné rendez-vous.

Mon compagnon s'est un peu calmé, il reprend une canette. Trois autres bonshommes arrivent aussi pour écluser une bière. Personnellement, j'ai ma dose. L'écouter déblatérer commence à me fatiguer sérieusement. Je suis déjà à demain.

Je me décide enfin à lever le camp lorsque déboule une nouvelle connaissance de Laurencio. Un gros type, chemise largement ouverte, qui s'affale aussitôt par terre à la table basse voisine de la nôtre. Il commande deux bières d'un coup et une flasque d'un whisky local à la banane! Et il se prépare aussi sec un cocktail. Après quelques minutes et deux verres, les présentations sont faites. Comme je l'avais pressenti dès qu'il est entré, ce type, j'ai oublié son nom, est un flic. C'est même le chef de la police de Muara Siberut. Fonctionnaire originaire de Padang muté pour un an, il s'ennuie le soir loin de sa famille. Alors, il boit et fume pour se relaxer. Pas très musulman[12].

Arrivée fortuite ou rencontre arrangée, c'est en tout cas le moment choisi par Laurencio pour relancer la discussion sur mes intentions secrètes. En tant que guide patenté, il a besoin de savoir exactement, annonce-t-il d'un ton bienveillant, qui sera responsable de moi pendant ce voyage... Puis il délire à nouveau pour savoir de qui je suis l'envoyé spécial. Remise au point de ma part: je suis un simple touriste et ainsi de suite, qui visiblement semble au moins convenir au policier de relâche. Ce brave homme m'informe toutefois qu'avant de m'aventurer dans la jungle, il faut que j'aille au poste, dès le lendemain matin 7 heures, pour me faire délivrer une autorisation. Aucun problème, il faut juste apporter mon passeport et je n'aurai rien à payer. C'est une simple formalité. Et dire que j'ai failli l'oublier! Pas mécontent finalement de l'embuscade, j'annonce que je vais me coucher. Le *boss* imbibé insiste pour payer ma note et me ramener à la pension sur sa moto. J'ai beau faire, j'ai beau dire, impossible de refuser!

Chapitre 1
RERÉKEIT, LA REMONTÉE EN PIROGUE

Six heures du matin : le grand jour est arrivé. Mon sac est prêt, je file au poste de police. Il est grand ouvert. J'appelle. Apparemment, il n'y a personne à l'intérieur. De l'autre côté de la rue, un employé sur le seuil du dispensaire, gesticulant, me conseille d'aller frapper à l'une des portes du baraquement situé dans le prolongement des bureaux de police. Une jeune femme en pyjama à peine réveillée me fait comprendre par l'entrebâillement de la porte que son mari finit de se préparer et qu'il ne saurait tarder. Un quart d'heure plus tard, je tiens mon laissez-passer. Je suis autorisé à mes risques et périls, en tant que touriste, à partir à l'intérieur de l'île. Merci et adieu au chef de la police et à son aimable subordonné. Je fonce.

Avalé le petit-déjeuner Padang chez Amin, je règle la chambre. Laurencio n'est pas encore levé, tant mieux, il ne saura rien de ma course. J'arrive essoufflé à la jetée.

Personne. Enos, je le craignais, n'est pas au rendez-vous. Il ne part plus. Du moins, pas aujourd'hui. La compagnie de la veille, toujours autour de la table, paraît un peu gênée du lapin posé. La patronne du « relais des piroguiers » reste, quant à elle, discrètement à l'écart, faisant mine de ne plus rien comprendre, d'avoir oublié notre marché.

J'insiste, questionne. En vain.

Arrive une pirogue à moteur, avec trois hommes à bord. Le plus âgé de la troupe attablée me fait comprendre que ces trois-là retournent à leur village. Il faut se dépêcher : « Va leur demander s'ils veulent bien t'emmener. » Grâce à cette entremise, la négociation ne dure que quelques secondes. Ils vont jusqu'à Matotonan et consentent à me prendre en charge. Merveilleux ! J'y vais ! Pour le même prix ? Plus que parfait ! C'est parti !

Gervasius[13], le gars avec qui je viens de tomber d'accord, me fait asseoir à l'avant de son étroite pirogue. Elle est creusée dans un tronc d'arbre et gîte au moindre mouvement. Je m'adosse sans brusquerie aux bagages rangés au milieu sous une bâche de plastique noir et décide de ne plus bouger, sauf la bouche et les yeux. Lui s'est installé vers l'arrière avec sa petite-fille entre les genoux. Hendricus tient la barre du *pong pong*, un moteur à deux temps équipé d'une longue tige au bout de laquelle est fixée une petite hélice, en se fiant à Marius, sa vigie de proue.

Au début de la remontée, sur tribord, s'alignent le long de la berge les villages Puro I et Puro II. Ils ont été construits de toutes pièces par le gouvernement indonésien, il y a un peu plus de vingt ans, pour regrouper de force les populations « éparpillées » dans la zone de Tatebburuk. La fabrique de sagou, un projet qui se voulait pourtant innovant, est fermée depuis plusieurs années et beaucoup de maisonnettes me paraissent inoccupées. Sans doute les enfants sont-ils encore à l'école, les bons chrétiens partis aux champs et les récalcitrants retournés sur les chemins de leur tradition.

Après ces établissements et le village de Muntei, la rivière de Siberut se divise en deux branches : celle de droite remonte vers la région de Silakoinan tandis que la gauche, celle que nous allons emprunter, traverse, direction nord-ouest, la vallée de la Rereiket, de Samekmek jusqu'à Matotonan.

À mesure que l'on s'éloigne de son embouchure, la rivière, surtout en saison sèche, perd de sa profondeur. Des eaux pas très vives, presque stagnantes par endroits, détrempent ses rives boueuses et grises. Le lit est encombré d'énormes souches et d'un fouillis de bois flotté. Sa surface se hérisse de bambous acérés, fichés dans le fond, dans lesquels viennent se tordre des amas de branchages. Entre les roches à fleur d'eau, le courant est parfois pris de brusques soubresauts, avant d'aller aussitôt s'alanguir dans les sables du méandre suivant.

La navigation dans ces conditions exige une vigilance sans défaut. Marius, l'auxiliaire du pilote agenouillé à l'avant de la pirogue, la paume de la main droite au-dessus de l'eau, fait souvent signe de ralentir – « niveau trop bas ». Le pilote relève alors immédiatement la longue queue de l'hélice qui, contrariée, se met à vrombir rageusement dans l'air. Dès que Marius l'avertit à nouveau, en dépliant son bras – « en avant toute » –, il la replonge dans l'eau et fonce à contre-courant, guettant le prochain signal. L'accélération soudaine des pales, assourdie par la densité du fluide chargé de limon, provoque en moi une sensation reposante. Je suis bercé par la douce impression de gagner sans effort quelques dizaines de mètres supplémentaires vers cet inconnu attirant. Mais j'ai juste le temps de savourer ce délicieux interlude et un autre geste explicite de la main met en garde le barreur contre les écueils qui s'avancent. Hendricus bride l'élan du *pong pong* tandis que son copilote, à l'aide d'une longue perche, essaie d'écarter de l'obstacle le nez de la pirogue. Peu après notre départ, il a « coupe-coupé » cette perche dans une touffe de bambous, en prenant soin de choisir une gaulette bien droite et suffisamment robuste. Après en avoir élagué chacun des nœuds à la machette, il a enlevé, en les frottant à l'aide d'une feuille de bambou mouillée, les poils urticants qui couvrent sa tige.

L'écartement des berges devient peu à peu irrégulier. La rivière va en se rétrécissant. Pour négocier ses courbes, il faut souvent filer droit vers l'extérieur puis réduire les gaz et virer sur la tangente en poussant la perche contre la berge. À chaque coup ou presque, la pointe du bâton reste enfoncée sur 30 centimètres dans la glaise, obligeant la pirogue à refréner encore sa course. Marius doit manœuvrer ferme pour la dégager. Quand il manque l'abordage – cela lui arrivera deux ou trois fois –, l'avant arrondi de la pirogue ricoche violemment, au risque de nous faire chavirer. L'embarcation a un faible tirant d'eau.

Dans ma hâte, j'ai oublié d'enfermer passeport, billets et appareil photo dans une poche hermétique. J'envisage le pire.

En plus, Marius me paraît bien distrait, certainement à cause de cette présence inhabituelle qu'il sent dans son dos. Il se retourne de temps à autre pour, en quelques mots inaudibles d'anglais ou d'indonésien, tenter de communiquer avec moi. Il parle à mi-voix en souriant gentiment. Dans le vacarme du moteur, j'ai vraiment du mal à capter ses murmures. En fait, je m'en apercevrai un peu plus tard, ce que je prends chez lui pour de la timidité pourrait bien ressembler à une façon coquette de dissimuler sa denture pourrie. Comme ses deux coéquipiers, il tire sans arrêt sur des cigarettes à bout filtre parfumées au clou de girofle. Fumée à l'odeur sucrée qui heureusement me flatte les narines.

Leur séjour à Muara Siberut semble les avoir tous les trois éprouvés, en particulier Gervasius. Il reste sans mot dire, la tête inclinée, le regard songeur, enfermé dans son K-way bleu marine, orangé sous les aisselles, avec deux bandes blanches le long des manches. Le même mauvais vêtement que celui de Marius, *made in China* ou *made in Indonesia*. Sa fillette de 3 ans dort entre ses jambes croisées. Elle lui ressemble, avec ses cheveux noirs bouclés et ses lèvres charnues.

Hendricus, le barreur, paraît *a priori* le moins compliqué à cerner. Il est robuste, la face carrée, une bouche large et lippue toujours disposée à sourire malgré ses dents gâtées, usées jusqu'aux collets. Il porte un vieux coupe-vent grisâtre et, comme ses deux coéquipiers, une casquette de toile délavée brodée d'un aigle et d'une étoile. Il a l'œil rivé sur la rivière.

Les hautes rives sont jalonnées de gros sagoutiers épineux, de cocotiers élancés, de cannes gonflées de sucre et de bananiers chargés de régimes verts. Au-delà des bouquets et panaches, les fûts élevés des durians et leurs sombres frondaisons. Plus au loin, la forêt dégouline des collines. Par intervalles, j'aperçois à l'abri de la végétation de petites maisons sur pilotis couvertes de palmes. Elles se suivent et se ressemblent. Entre ces habitations, une tarodière, un carré de manioc et un trop-plein de touffes inconnues. Le long de la rivière, des tronçons orangers de sagoutiers, amarrés à une grosse liane de rotin, servent, en attendant d'être réduits en farine ou donnés aux cochons, de ponton flottant au pied des berges glissantes.

Nous croisons une pirogue identique à la nôtre mais sans moteur. L'homme, debout à l'avant, a le torse ceint de lignes bleues et un large bracelet de cuivre brille à son poignet droit. Un sarong trempé lui moule le bas du corps. Il porte, enfoncé jusqu'aux oreilles, un chapeau de brousse en feutre. Il pèse de tout son poids sur la perche en remontant lentement le courant. Sa femme, debout à l'arrière, et leur fils au milieu, tous les deux vêtus d'un pantalon corsaire et d'un *tee-shirt*, conjuguent leurs efforts à la même cadence. Équilibre et synchronisation. Un rayon de soleil éblouit la montre métallique de la belle piroguière et va s'éteindre dans la broche de son chignon. Première et furtive apparition. Je suis ravi.

Hendricus accélère. La ligne d'étrave tranche le fil de l'eau paisible en chamboulant des flocons d'écume brune. Des deux côtés, un rideau de bambous masque l'horizon, étroit corridor sous un ciel d'orage. La végétation me paraît plus dense. Soudain, à la naissance d'une courbe légère, j'aperçois deux autres pirogues glissant de concert, montées par des femmes et des hommes à demi dénudés. Surtout cette femme à la proue, aux seins libres, des muscles tout en finesse, un visage éclatant sous un bandeau de perles colorées, à la peau cuivrée et tatouée. Elle pagaie, fière de sa beauté. Les corps sveltes des hommes arc-boutés sous l'effort sont aussi empreints de cette même grâce surprenante, inattendue. Leurs cheveux de jais tombent en cascade sur les dessins longilignes de leurs épaules. Un cache-sexe en écorce, une bande de tissu écarlate ceignant leur taille et leur front, et des rangées de perles aux poignets et au cou. Simplicité et esthétique de l'apparence corporelle révèlent leur profond désir de plaire aux esprits. Photo-génies. Image mémorable de cette femme qui me salue en souriant et que je m'empresse de vouloir numériser. « *No photo !* » Je n'ose, j'hésite. La distance entre nous devient déjà trop importante.

Zoomer n'est pas jouer. À mon regret, cette seconde vision s'estompe en laissant derrière elle une subtile traînée de bonheur. J'entre dans le monde d'avant. Du moins, j'aime à l'imaginer ainsi.

Cette perspective à elle seule me nourrit et me désaltère. Je n'ai aucune autre envie réelle en ce moment que de me laisser emporter corps et âme vers ce que je ressens instinctivement comme le début d'un autre espace-temps. Songes et nécessités du jour sont tous orientés vers cette remontée. Le niveau de la rivière, l'habileté des piroguiers, la fiabilité du moteur, l'orage prévisible, la touffeur de la forêt vierge, ma rencontre avec un peuple inconnu, des hommes premiers... Je laisse flotter mes pensées avec ravissement et mon corps imperceptiblement semble vouloir s'acclimater. Ni faim ni soif. Soleil et durée ne parviennent pas à m'altérer. Ce n'est pas vraiment l'extase non plus. Je reste volontairement attentif aux instants et aux mondes qui défilent mais je m'abandonne un peu, je lâche prise, doucement infiltré par une quiétude quasi onirique, procurée par l'idée incongrue d'atteindre une contrée que j'ai imaginée lointaine, presque inaccessible au commun. On a beau être anthropologue, on n'en reste pas moins humain.

Le choc contre la berge a bien failli tout faire tomber à l'eau et me ramener les pieds sur terre. Les réflexes de Marius visiblement s'amenuisent à mesure de notre avancée. Il est, depuis un bon moment déjà, à moitié somnolent, incapable d'anticiper un brutal accostage, d'avoir le bon geste pour l'éviter. On le sentait pourtant venir. Du coup, Hendricus a décidé de le remplacer en le postant à la machine arrière. Le bruit et les vibrations de l'engin devraient le maintenir éveillé, l'empêcher de s'assoupir. En attendant, le nez de la pirogue est calé dans la boue grise. Hendricus grimpe sur l'étroit tronc entaillé et collé contre la berge qui sert d'échelle pour atteindre, 3 mètres plus haut, un terrain dégagé et bordé de plantations sur lequel je parviens, en me rehaussant prudemment, à entrevoir un groupe d'habitations. Il en revient presque aussitôt, redescendant aussi promptement qu'il est monté, et portant dans ses bras en balancier deux chiots plaintifs et une jeune chienne apeurée.

Nous avons maintenant dépassé, côté rive gauche, Rokdok, un village qui constitue avec Madobak et Ugai, tous deux en amont, l'unité administrative de Madobak[14] : ces trois villages résultent de la politique d'assimilation des autorités indonésiennes. Nous avons ainsi remonté une bonne vingtaine de kilomètres depuis notre départ. À l'aller, je ne vois pas grand-chose de ces villages (j'y séjournerai lors d'un prochain voyage), des endroits « propres », nettoyés de toute végétation sauvage, appelés localement *barasi*[15]. Juste une brèche en haut de la berge. Le temps presse. Il nous reste encore pas mal de rivière jusqu'à Alimoi, le territoire de mes compagnons.

Hendricus, passé éclaireur, s'est agenouillé à l'avant, le chiot caché dans un repli de son coupe-vent. Il a confié l'autre à Marius, assis à la barre. La petite chienne, quant à elle, dérape et s'égosille dans le fond de la pirogue. Après quelques vaines tentatives, elle réussit finalement à passer par-dessus bord et à regagner la rive opposée en nageant à une vitesse étonnante. Elle rentre chez elle, en attendant le prochain passage de ces alliés d'Alimoi.

Quelques méandres plus tard, une fillette et deux jeunes femmes agrippées à des perches plantées au centre du lit attirent mon attention. Elles semblent tâter le fond de la rivière avant de plonger ensuite sous l'eau en glissant tête en bas le long de leur bâton. Hendricus me fait comprendre, collant ensemble puis ouvrant ses mains bombées, qu'elles sont en train de pêcher des bivalves, de grosses coques noires que j'aurai l'occasion de goûter à mon retour, lors d'une halte à mi-parcours chez un oncle maternel de Gervasius. La pêche en rivière, coquillages, poissons, grenouilles et crustacés, à l'aide de nasses et de petits filets, est exclusivement affaire de femmes. Traditionnellement, lorsqu'elles pêchent en rivière, elles portent une jupe confectionnée avec des feuilles de bananier lacérées en bandelettes avec parfois un haut à bretelles également en feuilles de bananier. Elles placent leurs petites prises dans un tube de bambou passé en bandoulière dans le dos. De nos jours, on les voit le plus souvent en sarong et *tee-shirt*.

Les plantes de pied délavées d'Hendricus, que j'ai tout le loisir d'examiner, sont devenues deux larges semelles de corne épaisse, criblée d'une multitude de petites cavités. Sous son pied gauche se voit une profonde cicatrice en demi-lune, sans doute due à l'extrémité tranchante d'un bambou. Un jour néfaste pour lui où, sur son chemin, se cachait l'épine sournoise, la tige coupante placée par quelque esprit fâcheux et colérique et que son âme distraite n'a su éviter. Mille plantes urticantes et acérées ou branches cassantes et traîtresses peuvent, si nous n'y prenons pas garde lorsque notre propre esprit est affaibli par les énergies morbides, entraîner la souffrance, l'infection et parfois la mort.

Des pieds qu'à vue d'œil je soupèse et qui me paraissent au moins aussi lourds que les miens, grosses chaussures de marche comprises. Ce sont des sortes de raquettes naturelles antidérapantes, souples et résistantes, largement supérieures, je m'en rendrai bientôt compte, à mes « pompes spéciales randonnée », hyperglissantes sur ces roches et ces bois gorgés d'eau.

Le tonnerre gronde depuis un moment déjà au sein des sombres nuages arrimés à la canopée, présage d'un bel orage, petit coup de pouce espéré du ciel. Le plein d'eau, s'il vous plaît. Si nous voulons arriver avant la nuit, pourvu que… la rivière est vraiment au plus bas. Régulièrement, le fond de la pirogue racle les galets, trace des sillons dans le sable, et l'hélice s'épuise à vouloir la faire avancer. Hendricus s'efforce pourtant de l'aider en poussant sur sa gaule de bambou. Peine perdue, le plus souvent. Il saute alors dans l'eau pour tenter de la tirer de son mauvais pas. Seul, il s'éreinte, à vrai dire pour pas grand-chose, et l'ami Gervasius doit s'y coller à son tour.

Histoire de ne pas jouer au pacha du bord, je décide de leur donner un coup de main. Résultat immédiat, j'ai les doigts de pieds écrasés et les chevilles meurtries par le roulement des roches. J'ai pris soin de me déchausser, naturellement. Courbé au ras de l'eau et endolori, le corps déséquilibré vers l'avant par l'effort et la dynamique engendrée, je ne suis pas, c'est peu dire, d'un réel secours. Je suis ralenti de surcroît par la crainte d'éclabousser mon précieux passeport et mes chers euros, serrés sans plus de protection dans ma ceinture portefeuille. L'idée de m'affaler dans l'eau inhibe le moindre de mes efforts. Pour ne pas tomber, je suis obligé de m'appuyer sur le bord de la pirogue. J'ai l'impression de l'enfoncer davantage que je ne la pousse. Heureusement, malgré tous ces déboires, ainsi allégé et halé, l'esquif se remet à flotter. Et puis tout recommence, encore et encore... Après une dizaine d'essais de la sorte, mes compagnons finissent par me faire grâce de ma participation. Quelle aubaine ! Je me laisse mener et repose mes petons, bienheureux.

La pluie se décide à tomber. Il était temps. C'est bientôt la fin de l'après-midi, et depuis que nous sommes engagés dans le bras menant à Alimoi, nous n'avançons quasiment plus. Le ralenti devient rapidement lassant. Nous sommes sans arrêt obligés de soulager, pousser, tirer notre embarcation. Je m'y suis remis, à regret. Par endroits, seul Hendricus suffit pour la remorquer tandis que nous marchons sur les bas-côtés à fleur d'eau, dans le gravier et les galets. Et la pluie s'annonce. Rumeur sourde au large de la forêt, une lumière concentrée raie soudain le paysage. La nature gagne en densité et en contraste. Encore quelques secondes pour rabattre les capuches et abriter les sacs, et les premières gouttes emportées par le vent fouettard s'abattent. Le grain jette son ombre et transperce l'air et l'eau. La rivière va pouvoir s'abreuver, gonfler et se dérouler. Retrouver sa vivacité. Les esprits bienveillants sont de retour.

Chapitre 2
L'UMA D'ALIMOI

LE RONRON DU *PONG PONG* à la tombée du jour, dans un ciel maintenant dégagé, a dû rassurer les gens du clan Saeggekoni[16] d'Alimoi. Deux femmes et plusieurs enfants ont accouru, excités par notre arrivée, visiblement heureux de revoir leur fils, mari et père. Gervasius rentre, sain et sauf. L'accueil est aussi chaleureux et spontané pour moi, apparemment sans véritable étonnement de leur part. Juste de la joie. La mère et la femme de Gervasius enveloppent la main que je leur tends dans leurs paumes câlines et me serrent un court instant dans leurs bras en me souhaitant la bienvenue: «*Anaileuita*[17] ». Un choc de bonheur. Je débarque dans un monde à mille lieues du mien et une vieille femme tatouée aux seins nus et sa bru en soutien-gorge blanc, aux sourires épanouis, m'embrassent pleines d'affection comme si elles retrouvaient un membre de leur famille. Les enfants paraissent tout aussi contents de mon arrivée. Ils me touchent la main, me caressent l'avant-bras.

Il ne me reste plus qu'à les suivre chez eux, au pas de course sous cape et sac au dos. Pas moins de 200 mètres à déraper sur les lames de sagou et les tiges de bambou, un revêtement local pour sentier boueux... puis à franchir, sans ramasser une bûche, les cinq marches taillées dans un tronçon de bois posé au bord de la terrasse d'entrée de la grande maison commune, l'*uma*, longue hutte en palmes, haute d'environ 5 mètres, isolée dans une éclaircie de forêt. Seconde surprise après l'accueil chaleureux. Je pensais arriver dans un petit village de brousse et tombe sur cette habitation unique en tenue de camouflage. Et je ne suis pas au bout de mes étonnements.

Passé la terrasse d'entrée, mes hôtes m'invitent aussitôt, à peine le temps de poser mon sac, à m'avancer dans une première salle, un espace assez vaste, ouvert à mi-hauteur des deux côtés. Un vieil homme d'un âge incertain, presque nu et légèrement voûté, sorti de l'obscurité d'une seconde pièce située au fond, m'apparaît alors dans un encadrement orné de crânes de singes et de massacres de cervidés : corps ligneux tracé de lignes bleues, simplement vêtu d'un cache-sexe végétal *(kabit)*[18] et d'une ceinture rouge, cheveux longs retenus par un bandeau de petites perles, assorties à des colliers et à des bracelets jaunes et orange portés aux poignets et autour des bras. Il me sourit tendrement et me prend les deux mains dans les siennes. Des doigts longs, que je sens solides et chauds.

Il se nomme Aman Beili, « père de Si Beili », autrement dit de Gervasius. Entre ses joues creuses, sa lèvre inférieure, presque deux fois plus large que la supérieure, a tendance à s'affaisser et ses petits yeux plats, retirés à l'écart de pommettes saillantes, émettent un regard légèrement brouillé. Curieusement, son visage paraît peu ridé. Sa peau cuivrée doit être souple, élastique. Elle adhère à une belle musculature longiligne irriguée de veines généreuses. Seuls les genoux varus, les pieds et les fesses sont tannés et calleux. Son visage est paisible, plutôt bon et rassurant. Un corps bien utile en apparence, bel outil à peine usé, juste poli par les âges.

En compagnie de sa femme, Bai Beili, il habite en permanence cette modeste *uma*. C'est donc sa famille qui me reçoit et avec laquelle je vais vivre un temps. Il a décidé de m'appeler Aman Juli (« le père de Julie ») après s'être inquiété de savoir si j'avais comme lui femme et enfants.

Bai Beili est une femme de petite taille, au corps nerveux et au torse tatoué presque toujours dénudé. Entre ses petits seins aux tétons étirés prend source une cascade de ridules qui descendent en s'élargissant vers le bas du ventre. Juste au-dessus des hanches, trois plis obliques convergent aussi discrètement vers ce bassin de vie. Dans la journée, elle n'est vêtue jusqu'aux genoux que d'une simple étoffe rouge, sorte de sarong retenu par une ceinture de ficelles et de perles. Quand il fait un peu frais, elle revêt un *tee-shirt* taché de moisissures.

En dépit de ses grossesses et de son âge (la soixantaine, peut-être), elle reste tonique. Son œil vif, son sourire édenté et moqueur, ses cheveux noirs et bouclés, relevés par une grosse pince en plastique rose et un cerceau blanc, lui donnent une physionomie sympathique et enjouée, un peu gamine. Habituellement, elle porte un petit anneau à chaque oreille et autour du cou quelques colliers colorés avec une clé de cadenas en pendentif, ainsi qu'un tortillon de cuivre à spirales aux poignets.

Elle est vraiment nature. Double nature même. Elle fume sans arrêt, comme la plupart des adultes mais, contrairement aux hommes qui de temps à autre s'offrent ou se font offrir des cigarettes indonésiennes de style américain, elle suce le plus souvent le courtaud et traditionnel cône de tabac roulé dans une feuille sèche de bananier. Quand elle tire à l'occasion sur une cigarette à bout filtre, cela lui donne un faux air de noceuse occidentale. Deux profondes rides en arc de cercle s'évasent des ailes du nez aux coins de la bouche à la voix éraillée et, entre les arcades sourcilières, des sillons tracés verticalement vers le front comme les rides du félidé révèlent aussi son caractère bien trempé, souligné, s'il le fallait encore, par ses nombreuses lignes de tatouage.

Le point bleu piqué au centre de sa lèvre inférieure se démultiplie en ligne droite le long du menton, de la gorge, du sternum, et descend ainsi jusqu'au nombril. Cette ligne médiane est croisée, au niveau du plexus solaire, par une branche horizontale, légèrement incurvée vers le bas, tel un balancier destiné à l'équilibre des seins. Toujours en travers du thorax, mais partant en faisceau de la pointe des épaules, trois courbes concaves et espacées forment un plastron ponctué de motifs étoilés. J'imagine une parure céleste, dupliquée, les étoiles en moins, dans le haut du dos. La simplicité de ces dessins longilignes est remarquable. Elle confère beauté et noblesse au corps. Derrière ces lignes bleues, il paraît encore plus gracile et souple. Sur les avant-bras et les mains, le tatouage devient plus complexe, comme un gant de dentelle indigo.

Aman Beili, les présentations finies, s'est accroupi, les fesses posées sur les talons. Il rallume avec un briquet jetable le gros mégot coincé presque en permanence à l'extrémité gauche de ses lèvres. Je n'arrive pas à saisir s'il nous observe, s'il réfléchit ou s'il ne songe à rien d'autre qu'à fumer. On dirait, même si la comparaison peut surprendre, un vieil Indien d'Amérique, comme il n'en existe plus, avec une plume de feuille jaunie plantée dans sa queue de mustang. Son tatouage le plus remarquable est celui qui descend de la pointe de l'épaule sur la face extérieure des bras : attaché au deltoïde, un fuseau de quatre lignes barbelées longe le triceps et se termine en s'évasant juste après l'articulation du coude. Dans la partie centrale de l'avant-bras, seul le bleuté des veines prolonge et adoucit les coutures de ce tatouage cicatrice. Puis, au niveau des poignets et des mains, le tracé redevient résiliaire et compliqué, opacifiant la peau.

Ces lignes incurvées, pointillées et entrelacées, qui bleutent chaque partie du corps de ces hommes et de ces femmes, représenteraient, selon certains observateurs, la géométrie de l'arbre de vie, celle du sagoutier. Les stries incurvées sur les cuisses dessineraient ainsi le tronc du palmier avec ses cercles de croissance, le panache des palmes se déployant sur le torse et le dos, des bouquets de feuilles pennées agitant leurs barbes épineuses le long des bras et la veinure des mains rappelant les racines et les fins conduits de la sève sous l'écorce. La dimension symbolique de cette inscription corporelle montre l'importance vitale et spirituelle de l'arbre nourricier.

D'autres interprétations mettent ces motifs en rapport avec la chasse : pattes d'oiseaux et parfois représentations précises d'animaux indiqueraient la bravoure des chasseurs. Autrefois, ces motifs étaient particulièrement prisés des chasseurs de têtes[19]. Ainsi, selon Gervasius, le dessin représentant un « cent-pieds » *(alupat)* fait partie de ces signes indiquant la force. Aman Beili, chasseur émérite, a d'ailleurs une scolopendre tatouée à l'intérieur du poignet.

Selon Lars Krutak, un anthropologue américain passionné de tatouages, les pattes-d'oie, à l'intérieur des cuisses ou en haut des pieds, seraient en fait des pattes de chien. Ces empreintes aideraient les chasseurs à courir plus vite, tandis que les tatouages en forme de crochets permettraient au chasseur d'attraper plus facilement poissons et gibiers ; de même, les représentations, sur le torse et les épaules, de grenouilles ou de crabes, qui ne meurent jamais selon les Mentawai (ils changent seulement de carapace), sont la marque des grands chasseurs. Toujours selon cet auteur, les rosettes sur les épaules des hommes et les formes « explosives » sur les épaules et le dos des femmes symboliseraient « l'éclatement » des mauvais esprits hors du corps, à l'image des gouttes d'eau tombant sur les fleurs. À l'inverse, pour séduire l'âme, des colliers de perles sont dessinés sur la poitrine et autour des poignets[20].

Les tatouages dessinent aussi plus prosaïquement, selon mes informateurs d'Alimoi, de petits soleils à l'avant de l'épaule ou à l'intérieur de la cuisse, des brins épineux de rotin le long des bras, des crosses de fougères comestibles sur les mains, des feuilles dentelées d'ananas sur le thorax.

D'après Rosa Ady, de l'université de Padang, pas moins de cent soixante motifs ont ainsi été répertoriés à Siberut où l'art du tatouage, apparu entre 1500 et 500 ans av. J.-C., serait le plus vieux du monde, hypothèse finalement infirmée par la découverte de la momie d'Ötzi[21]. Certains motifs rappelleraient même la culture Dong Son issue de l'ancien Vietnam. Cette chercheuse prête trois fonctions principales au tatouage mentawai : un signe de différenciation clanique, une marque indiquant le « statut social » (gens du commun, chaman, expert à la chasse, etc.) et un ornement pour la beauté du corps. Les tatouages sont aussi des symboles de l'équilibre naturel : les objets tels que les rochers, les animaux et les plantes doivent ainsi être inscrits en haut du corps. Une longue cérémonie orchestrée par un chaman *(kerei)* et régie par de nombreux tabous précède les séances de tatouage qui se déroulent en trois étapes au cours de la vie (11-12 ans, 18-19 ans et âge adulte)[22]. Je n'ai hélas personnellement jamais eu l'occasion d'assister à de telles séances.

Toujours selon Lars Krutak, cette cérémonie est aussi organisée pour conjurer la colère du vieux maître tatoueur Pageta Sabau, l'ancêtre mythique et premier *kerei* de Siberut, capable de déclencher des tremblements de terre au cas où, par malheur, le sang coulerait à terre[23]. Pour éviter cela, une terrasse est construite spécialement à l'avant de l'*uma* et des fétiches sont placés autour et à l'entrée de la longue maison pour chasser les esprits attirés par le sang.

Le journaliste Syofiardi Bachyul constate, quant à lui, dans un article du quotidien *The Jarkata Post*, que l'art du tatouage est moribond dans les îles Mentawai. À Sipora, Pagai Utara et Pagai Selatan, il ne resterait qu'une dizaine de vieilles personnes (toutes âgées de plus de 70 ans) portant des tatouages. Bientôt, il n'y en aura plus. Cette disparition annoncée s'explique par différentes raisons : l'interdiction rigoureuse des rites liés à l'animisme, en particulier de la part de l'Église protestante ; la durée du processus – six mois – et le nombre de cérémonies rituelles et de tabous à respecter ; et, dorénavant, l'absence du besoin de se faire tatouer ressentie par les Mentawai éduqués à l'extérieur, conjuguée à leur fierté d'être libérés des contraintes liées aux croyances primitives et à la honte attachée à ces pratiques d'un autre âge. À Siberut, selon ce journaliste, bien qu'un nombre croissant de jeunes s'éloigne de la tradition, il est courant en revanche, surtout dans les villages catholiques, de rencontrer des gens portant des tatouages à Sarereiket, Ugai, Matotonan, Madobak, Simatalu, Sakudei et Simalegi, ce que je ne manquerai pas de remarquer, moi aussi, au cours de mes différents périples dans ces régions.

Enfin, selon mes propres observations, dans d'autres parties de l'île, en particulier dans le Nord et les villages à majorité protestante, les gens tatoués sont beaucoup plus rares et se rencontrent aussi presque en totalité chez les vieilles personnes. Ainsi à Politsoman, sur une douzaine de *kerei* hommes et femmes, un seul porte sur tout le corps les tatouages traditionnels. Il a commencé à se faire tatouer dès l'âge de 13 ans. Son père portait également des tatouages. Deux vieilles femmes du village, dont une *kerei*, sont aussi entièrement tatouées. Extrêmement rares sont, en revanche, les jeunes gens de Politsoman osant arborer les figures traditionnelles de cet art graphique mentawai. Seul un solide gaillard a le menton souligné d'un petit bouc bleu. Autrement, quelques hommes ont marqué leur avant-bras ou leur épaule d'un prénom, d'un cœur, d'une croix ou d'une ancre, signes et symboles d'une vie plus individuelle et aventureuse.

Gervasius, Si Beili, a quelque chose de son père, sa proéminence labiale sûrement, en moins prononcé, et les cheveux frisés de sa mère, mi-courts. Il porte une moustache naissante (les Mentawai ont en général une pilosité ténue) et quelques ébauches de tatouage : un bref trait horizontal nervuré à la naissance de l'épaule gauche, esquisse d'une scolopendre ou d'un brin barbelé de rotin ; juste au-dessous de ce banal dessin se tient un petit animal aux oreilles pointues et à la queue dressée, un chien aux attributs disproportionnés ; cinq tirets en étoile marquent aussi l'intérieur de sa cuisse, au-dessus du genou gauche.

Contrairement aux adultes plus âgés, tous couverts de tatouages élaborés, les jeunes hommes et pères de famille que j'ai connus à Alimoi sont très peu tatoués et leurs femmes et filles le sont encore moins : juste quelques motifs stylisés sur la peau, improvisés et maladroitement tracés. Signe des temps ? Gommage des encrages identitaires, polissage des épreuves initiatiques, refoulement des passages immémoriaux ou attente patiente, instants volontairement prolongés des préparatifs, nécessaire lenteur des apprentissages ? Quand se soumettront-ils, pour plaire aux esprits de la forêt, à la douloureuse ponctuation de leur épiderme ? Seront-ils à leur tour possédés un jour par la force, avertis par quelques convulsions ou rêves prémonitoires qu'ils sont enfin devenus aptes à communiquer avec les esprits ? Tous sont pourtant fils aînés de *kerei*.

Si Beili est encore souffrant, en état de choc. Il s'est rendu il y a trois jours, me dit-il, au dispensaire de Muara Siberut pour se faire examiner. Il ressent des douleurs sourdes dans les côtes et partout dans le dos. Il est tombé de dix mètres du haut d'un ramboutan[24], une vision de mort amortie par un tapis de feuilles posé à deux doigts d'une racine antédiluvienne. Assommé, meurtri, inquiet, il a craint le pire : peut-être des os brisés, une hémorragie interne. Beaucoup des siens sont déjà morts en tombant des arbres. Le voilà prévenu : le côté obscur des esprits rôdeurs entame son âme. Les herbes et les onguents de l'homme médecine n'ont pas su apaiser son angoisse et ses maux. Sa fillette aussi est malade : de la fièvre, un gros rhume, une bronchite... Il n'est plus temps d'hésiter, il doit aller consulter l'infirmière dans « la capitale du Sud », à une journée de descente en canoë. Les douleurs pendant le voyage deviennent lancinantes, presque insupportables. Il ne se plaint pourtant pas ; à peine quelques grimaces sont perceptibles. Il penche la tête, les yeux fiévreux, la bouche nouée. Il rentrera le lendemain comme il est parti, souffrant en silence, sans avoir été davantage renseigné sur son état de santé. L'auxiliaire médicale de garde leur a juste administré deux antalgiques, à sa fille et à lui. N'empêche, son prompt retour semble avoir rassuré ses parents, sa femme et ses cinq enfants.

Fils aîné d'Aman Beili, Gervasius se nomme aussi Aman Evia, nom d'origine mentawai par lequel je le désignerai désormais. Il est le « père d'Evia », sa fille aînée, âgée, lors de mon premier séjour, d'environ une dizaine d'années. Puis, par ordre décroissant, viennent Nason, l'unique garçon (8 ans), Margareta (7 ans), Winda (5 ans) et la dernière-née, un bébé de 3 mois, une fillette appelée Tagaisosok. Aman Evia et sa femme espèrent qu'en ayant choisi ce nom qui signifie « ignorer le chemin de la tarodière », ils épargneront à leur petite dernière l'existence laborieuse dans les plantations de tubercules réservée traditionnellement aux femmes. Elle sera plus tard, religion officielle oblige, baptisée « Lena ». Aman Evia connaît à peu près l'âge de ses enfants, même s'il a parfois du mal à s'en souvenir, mais ignore totalement le sien[25]. À mon avis, il doit avoir une trentaine d'années.

Cette famille d'accueil dont je verrai par la suite grandir les enfants, vieillir les parents et disparaître les grands-parents devient au fil de mes venues un peu mienne. Je n'ai de cesse, une fois reparti pour d'autres horizons, de revoir chacun de ses membres en pensée, de songer à leur existence lointaine et pourtant devenue proche, au point d'avoir le sentiment de revenir chaque fois un peu plus chez moi, de me complaire à faire le détour pour leur rendre visite, tenter de ne pas interrompre le fil de cette première rencontre. Étrange et rassurante impression que celle qui nous conduit parfois à adopter d'autres individus, pourtant éloignés de nous par les origines et les modes de vie, comme autant de semblables ! Ce qui nous rend réciproquement familiers tient sans doute à la simplicité inhérente à toute vie humaine, à l'affection et aux gestes primordiaux.

Peu après notre arrivée, Bai Evia, la mère de famille, femme d'Aman Evia, s'est assise, les jambes étendues sur une natte de pandanus, pour allaiter son bébé.

Au fond et à droite de cette première grande pièce d'environ 7 mètres sur 6, là où elle s'est assise, se situe le coin de vie réservé à la famille nucléaire[26] d'Aman Evia, quand ce dernier vient habiter chez ses parents. C'est ici que sont remisés, dans des paniers tressés accrochés aux planches de la cloison mitoyenne ou dans de petits sacs en toile posés à l'extrémité d'une banquette en bambou occupant tout le côté droit, quelques objets et produits de toilette personnels et deux ou trois ballots de linge de rechange. Calés sous le toit, entre deux tuiles de feuilles sèches, sont aussi rangés toutes sortes d'ustensiles en plastique, un peigne bleu, une brosse à dents verte, un chinois mauve pour le thé, une grande cuillère grise, un briquet jaune jetable mais rechargeable... Au sol, roulés dans un coin, des nattes et des coussins miteux pour la nuit. Suspendus à la charpente, une moustiquaire en drap sale et un hamac-berceau, fabriqué avec un sarong tendu sur un cintre métallique tenu par deux ressorts. Il sert aussi parfois de petite balançoire à Winda, visiblement en manque d'affection depuis que sa mère s'occupe du nouveau-né.

Bai Evia se montre en effet une maman très attentive et dévouée. Elle allaite et berce à la demande, lave et change régulièrement son bébé, lui met du talc, des langes, lui caresse les cheveux et veille en permanence sur lui. Et quand elle a installé Tagaisosok pour dormir, c'est la petite avant-dernière, Winda, qui vient enfin se faire dorloter. Sa mère reste assise ainsi une grande partie de la journée et de la soirée à la même place. C'est une petite jeune femme (a-t-elle 25 ans ?) aux épaules et aux jambes solides, cheveux relevés en chignon, assez jolie, sans un grain de tatouage, toujours attentive et souriante, continuellement emplie d'une énergie dévouée et maternelle. Quand l'enfant dort ou se trouve momentanément confié à d'autres caresses féminines, elle en profite pour participer un peu à la préparation des repas cérémoniels. Demain, c'est elle qui râpera les noix de coco à l'aide d'une « fraise » en acier, vissée à l'intérieur d'une cuvette en plastique sur le moyeu de l'hélice du *pong pong*, un moteur à usages multiples qui épargne bien des corvées.

C'est aussi du côté droit, considéré comme le côté positif, et près de l'entrée de cette grande « salle du milieu », que l'on m'invite à m'installer. Le coin qui m'est attribué est compris entre une petite terrasse surélevée placée à droite de la passerelle d'accès, sorte de châlit utilisé dans la journée pour se reposer (et où est étendu le cochon qui va être saigné), et la partie du fond où dort la famille d'Aman Evia. C'est une surface suffisante en tout cas pour étaler une natte et mon sac de couchage avec, au-dessus, la soupente pour accrocher ma moustiquaire et, à l'arrière, la banquette pour déposer le reste de mon barda. Une chambre sommaire, et pourtant à mille étoiles.

Le sol de chaque côté de cette première pièce est fabriqué grossièrement avec des demi-troncs de palmiers sectionnés dans le sens de la longueur. Seulement, c'est la partie convexe qui sert de plancher, de table et de lit ! Nuits de courbatures et de fourmillements dans les jambes garanties au début. Des interstices entre les lattes permettent de jeter, un mètre en dessous de cette grande maison montée sur pilotis, les maigres reliefs des repas que se disputent aussitôt les poulets et les chiens. Question commodités, sauf pour les très jeunes enfants qui se soulagent en essayant de viser entre les planches, c'est dehors, à l'abri et à l'aide de la végétation luxuriante !

Le côté gauche de cette pièce, ouvert sous l'aile basse et protectrice de la toiture, sert quant à lui principalement de remise pour toutes sortes d'objets courants (paniers tressés, échelle en bambou, grands woks, panoplie de machettes, etc.). Ce côté fait encore office de resserre provisoire pour les noix de coco sèches ou pour un cochon en attente de sacrifice, artistiquement garrotté par des liens de palmes et de rotin. Lors des rituels sont aussi entreposés à cet endroit, près du feu de l'entrée, les *gajeumak*, longs et fins tambours cylindriques creusés dans un tronc de palmier et fermés à une extrémité par une peau de python, de varan ou de cerf, cette peau devant être préalablement chauffée pour être parfaitement tendue et sonner juste.

Ce débarras est précédé, à l'extérieur de la plate-forme d'entrée, d'un foyer quadrangulaire rempli de sable, délimité par des bastaings, avec en son centre trois roches entre lesquelles, le jour durant, quand les convives sont nombreux, le feu reste allumé. Il sert à bouillir « l'eau pour boire », à chauffer le bain des bébés, à cuire dans de grands woks les morceaux de viande, à griller les plumes des poulets, etc. À proximité du foyer sont entreposés les seaux en caoutchouc noir qui servent à transporter l'eau de la rivière, et des bonbonnes en plastique translucide, un tantinet verdâtre, dans lesquelles est récupérée, à travers un chalumeau, la pluie dégoulinant du toit. C'est aussi là que j'abandonne mes godillots boueux avant d'entrer dans la maison.

Le vaisseau central de cette « pièce du milieu » *(tenganuma)* est, contrairement au sol des bas-côtés, couvert de solides planches plutôt bien dégauchies à la tronçonneuse et parfaitement jointes. C'est l'espace sur lequel se déroulent les principales activités collectives (cérémonies, danses, découpe des viandes, partage des aliments, repas, discussions, repos).

L'*uma*, la « grande maison » dans laquelle on me reçoit, permet de rassembler, en maintes occasions, des familles conjugales vivant habituellement chacune dans sa propre hutte ou maison mais constituant ensemble un même groupe social d'appartenance, un même clan. Ce groupe se considère distinct des autres et ses membres, unis entre eux par différents liens de parenté, se reconnaissent un ancêtre commun. En l'occurrence, dans cette *uma*, se réunissent les familles d'Alimoi du clan Saeggekoni.

Les rituels et cérémonies à l'origine de ces rassemblements peuvent durer plusieurs jours et plusieurs nuits, voire plusieurs semaines. Cette place centrale rectangulaire fait alors office de scène, puis sert alternativement, si l'on peut dire, de réfectoire et de dortoir pour des dizaines de personnes.

Cette partie centrale est construite, comme l'ensemble du plancher intérieur de l'*uma*, légèrement en contrebas du seuil et se trouve décrochée de lui au moyen d'une poutre carrée de petite section, suffisamment haute cependant pour obliger à faire attention à la marche en entrant ou à lever le pied en sortant.

À chaque extrémité de cette ligne de passage ainsi matérialisée au sol, à la limite des espaces latéraux recouverts de lattes branlantes, deux piliers en bois dur, montant de la terre, supportent la poutre transversale porteuse de la toiture en feuilles tressées. Le poteau droit sert aussi d'appui à la banquette de l'entrée. Sur celui de gauche, dressé près du coin feu/eau, est attaché un cylindre de bambou contenant une louche confectionnée dans une demi-noix de coco. Elle sera utilisée lors des repas rituels pour transvaser les jus de viande dans les bols eux aussi en coco. Ces piliers s'élevant du sol au ciel, et les objets qui leur sont confiés, participent à la dimension cosmique de l'*uma*.

Cependant, point n'est besoin d'une observation détaillée de la maison clanique pour comprendre que j'entre ici dans un espace fondamental de la société mentawai. C'est même plutôt l'inverse qui se produit. Je suis happé d'entrée par un lieu de vie qui me semble indivisible, un lieu dont l'architecture, les hommes et les objets qui lui sont liés composent un univers qui me saisit de manière absolue et brûlante. La description que j'en ferai par la suite n'est que la matière froide ou tiède de mon regard et de ma mémoire.

Fascination fiévreuse tempérée d'un léger effroi quand j'aperçois au-dessus et à l'intérieur de l'entrée, suspendus sur plusieurs rangées superposées, des crânes coniques de cochons aux robustes mandibules ficelées par des brins de rotin. Ils pointent leur groin ossifié vers les trophées de singes et de daims accrochés en face, sur la poutrelle placée au-dessus de la cloison mitoyenne de cette première pièce. Les trophées des animaux sauvages regardent vers l'extérieur de l'*uma* tandis que les crânes des animaux domestiques sont tournés vers l'intérieur.

L'encadrement de ce passage obscur entre les deux pièces sert aussi parfois, quand l'animation de l'*uma* se calme un peu, de portique pour la grande balançoire de Winda.

Pour être complètement exact, environ 1,50 mètre avant cette porte, une section de lames de palmier remplace les planches planes et stables de « la scène ». Il en est ainsi sur presque toute la surface centrale de la seconde pièce appelée *batnuma*. J'entre ici dans le sanctuaire de l'*uma*, espace clos dans lequel sont entreposés les objets sacrés et rituels qui composent l'héritage du clan d'Alimoi.

Cette seconde pièce est bien plus sombre que la précédente. Au milieu de sa cloison murale droite, deux petits volets qui s'ouvrent vers le haut laissent passer un rai de lumière. À l'arrière, une porte débouche à l'extérieur sur une petite plate-forme de service en gros bambou. Ces trois cadres lumineux permettent aussi d'aérer la pièce en créant un courant d'air qui rafraîchit les femmes et chasse la fumée lorsqu'elles sont assises à surveiller la cuisson des « ficelles » de sagou, enroulées dans des papillotes de feuilles, ou occupées à retourner les gros tubes de bambou dans lesquels cuisent à l'étouffée des morceaux de viande et de tubercules.

Ce coin cuisine occupe la partie centrale du fond de la pièce. C'est un agencement constitué d'une longue armature de bois étagée sur plusieurs niveaux. Le foyer, d'environ 3 mètres de long sur un mètre de profondeur, est encadré au sol par d'épais soliveaux qui supportent le dessus de la structure. Une longue pierre parallélépipédique, haute d'une quinzaine de centimètres, protège du feu vers l'arrière et sert aussi d'appui pour les bambous de cuisson disposés de manière inclinée sur une entretoise au-dessus du feu. Si besoin, une marmite noircie emplie d'eau peut aussi être suspendue à ce bâton. Vers l'avant, les sautes d'humeur du feu sont canalisées sur toute la longueur du foyer par une étroite rigole constituée par le soliveau avant et un gros demi-tronc convexe de palmier. Puis, après un interstice ouvrant sur le vide (sans doute laissé intentionnellement pour évacuer les rebuts), le sol est construit en planches sur environ 1,50 mètre de large, le reste de cette partie centrale étant (vous en souvient-il ?) en lames de palmier. Sur ce robuste plancher de cuisine, une grande partie de la journée, les femmes s'accroupissent les fesses sur les talons ou s'assoient les jambes repliées sur le côté.

Des montants centraux divisent en outre le vaste foyer en deux emplacements distincts. Il s'agit donc d'un double foyer qui permet ainsi à un couple de femmes de cuire en même temps divers aliments, ce qui est pratique quand il y a du monde. Et seuls les esprits savent combien il y en a ! Les montants mitoyens et ceux qui sont dressés aux extrémités de l'armature s'élèvent comme trois larges échelles. Sur leurs barreaux sont placés des treillis de bois qui servent d'étagères. Au-dessus des deux premières sont rangés et mis à sécher les fagots de bambous fendus et quelques gros morceaux de bois. Celle du haut sert de fourre-tout pour un tas d'ustensiles en bois, de cordes et de paniers.

Les aliments préparés dans cet endroit sont habituellement ceux que consomme en temps ordinaire la famille d'Aman Beili, la fécule de sagou roulée et cuite dans une feuille de sagoutier étant la base de l'alimentation. Mais, on l'aura compris, c'est principalement son utilisation collective et cérémonielle qui donne à cet espace sa singularité. C'est à l'occasion des rituels festifs, qui interviennent par exemple dans l'ordonnancement des rites de conjuration, qu'il montre en effet sa véritable fonction, celle d'une sorte de cuisine centrale communautaire conçue pour nourrir l'ensemble des familles du clan.

Cependant, point de gros faitouts d'où s'échapperaient quelques délicieux fumets émanant d'étranges gibiers, ni d'odeurs alléchantes sorties de marmites culottées. Juste des rouleaux de feuilles tournés dans la braise et des flûtes de bambou dans lesquelles mijotent en silence les petits morceaux choisis de viande sacrificielle. Rien à voir avec les woks géants bouillant sur les feux de l'entrée. À l'intérieur, cuisine attentive et sans exubérance des petits mets traditionnels, des délicatesses et des préparations initiatiques; au-dehors, les vapeurs grasses des chaudrons et l'écume des viandes bouillies, les odeurs volatiles des plumes grillées.

Cette pièce du fond exerce aussi sur mon imaginaire un irrésistible attrait car elle abrite l'esprit fondateur de l'*uma*, l'espace réservé aux âmes des ancêtres *(ukkui)* et aux divers objets qui composent l'héritage commun et sacré du clan. Cet endroit particulier est situé juste à l'entrée de la pièce sur son côté droit et positif. Accroché à hauteur d'homme sur la cloison de séparation, un large tube de bambou jauni, au bord duquel s'évase un chignon ébouriffé et poussiéreux de feuilles desséchées, piqué de deux vieilles louches en coco, est considéré comme l'objet ancestral le plus chargé de pouvoir. C'est le *bakkatkatsaila*, au fond duquel gisent encore, je suppose, une poignée de graines fripées, un reste de copeaux rabougris, trois bouts de racines racornies et une pincée de froids gravillons. Voilà un témoin magique et toujours actif des anciennes cérémonies, un relais vivant et puissant transmis au fil des générations. La force secrète dégagée par ce bouquet choisi par les chamans et, n'en doutons pas, toujours plein de fraîcheur, réside dans sa capacité à pouvoir intervertir les êtres et les choses et à détourner le cours des événements[27]. C'est un réceptacle simple mais fondamental, au principe même de tous les objets sacrés et rituels gardés dans la *batnuma*. Il est l'âme cosmique, Kina, de la grande maison communautaire.

Le plus inattendu des objets conservés dans ce coin est un grand plat rond en céramique que je pensais avoir été importé à Muara Siberut au début du XXe siècle par des marchands venus de Hollande. Mon hôte, en revanche, me soutient *mordicus* qu'il a été fabriqué au Japon. Alors, copie tardive *made in Japan*? Bien que je puisse m'attendre à beaucoup de choses de la part de ce pays industrieux, le marché mentawai de la vaisselle hollandaise me semblait *a priori* bien trop réduit pour qu'il se lance avantageusement dans un tel commerce. Il s'agit probablement d'une confusion sur la provenance de ce curieux plat que l'on pourrait peut-être, conclus-je hâtivement, attribuer aux péripéties des occupations coloniales de Siberut ou aux défaillances de la mémoire orale.

Pour mémoire, ce n'est qu'en 1864 que les Hollandais décident d'établir un contrôle direct sur les îles Mentawai alors qu'ils colonisent déjà la côte ouest de Sumatra depuis 1825 en remplacement des Anglais.

Après avoir réprimé en 1905 une révolte des indigènes contre les missionnaires allemands arrivés en 1901, ils installent des postes militaires dans les îles Pagai (1907-1909). Résultat, en 1909, le pasteur luthérien Lett subit le sort de saint Sébastien : son corps est criblé de flèches[28].

À Sipora et Siberut, sur la côte est, deux petites garnisons stationnent aussi depuis 1904 pour prévenir toute velléité de prise de possession par les flottilles russes ou japonaises qui rôdent dans les eaux alentour. Ces forces d'occupation tombent, dès leur arrivée, sous les flèches empoisonnées des Mentawai qui, en réponse, sont décimés par les « massues à feu » des soldats[29].

En 1911, un autre détachement est basé à Muara Siberut, devenu le siège du gouvernement local. Au cours d'une expédition punitive en 1915, un commandant de police hollandais périt à son tour.

En 1930, une colonie pénale est ouverte : 250 prisonniers indonésiens sont gardés par un contingent de 45 soldats de la KNIL (Armée royale hollandaise de l'Inde)[30]. Ils durent déménager en toute hâte avant un débarquement imminent des Japonais[31].

Après ces débuts mouvementés, peu de contacts furent ensuite établis entre les soldats et les indigènes mais, parmi ces derniers, certains se souvenaient, il n'y a pas si longtemps encore, de la présence hollandaise comme d'une période plutôt paisible, faste et juste pour leur peuple une fois les premières escarmouches oubliées. Par la suite, les Hollandais furent perçus par les autochtones de Siberut comme de lointains voisins plutôt moins dérangeants que certains peuples géographiquement plus proches d'eux[32].

Durant la Seconde Guerre mondiale, les Japonais laissèrent une petite garnison à Muara Siberut, nommèrent un administrateur local et enrôlèrent des indigènes pour combattre les Anglais et les Hollandais et remplacer les prisonniers pour construire les routes. Ce fut un mauvais souvenir pour les autochtones que cette époque d'occupation japonaise, en raison du travail forcé, de la hausse des prix et des restrictions de liberté.

Après la défaite japonaise éclate, en 1945, la guerre d'indépendance de l'Indonésie. Il y eut des batailles sanglantes à Padang contre les troupes anglaises et hollandaises qui contrôlaient la ville. Les Hollandais l'emportent en 1947 mais ne remettront plus jamais les pieds à Siberut, qui reste complètement isolée pendant cette période. Les îles Mentawai sont intégrées à la République indonésienne en 1950.

Alors, ce plat rond, dernier souvenir d'un peuple colonisateur ? En tout cas, la faïence monochrome est toujours là, protégée par son filet de rotin à grandes mailles, suspendu juste à côté du *bakkatkatsaila* ; son décor ne me rappelle en rien l'empire du Soleil-Levant ni davantage les Pays-Bas. Un « plat pays » pourtant ! Avec sur fond blanc craquelé, un motif bleu Delft de manoir à deux tourelles surmontées de dômes (je les confonds d'abord avec des moulins à vent !) au bord d'un lac de chaînes alpines ennuagées sur lequel glisse une petite embarcation à voile latine ; avec en bordure, une ribambelle fruitée de poires, raisins, fraises, framboises et cerises… Cet objet est l'image d'une terre étrange ; il est précieusement gardé pour la part onirique qu'il contient. Vision magique d'un au-delà du connu. Tous les peuples regardent la lune mais bien peu voient la face du monde. Mes incertitudes demeurent.

Au cours du deuxième voyage, de retour à Bukittinggi, je découvrirai chez un antiquaire un plat quasiment identique à celui d'Aman Beili.

Même motif paysager bleu sur fond blanc. Seule la frise est différente : des fleurs à la place des fruits. Mieux, le plat rond paraît quasiment neuf et le commerçant me confirme, en me montrant le dessous du plat, qu'il a bien été fabriqué au Japon ! Et que, bien sûr, il n'a rien d'antique. Le maître de maison mentawai a raison : de la vaisselle nippone au décor hollandais importée de Sumatra ! Un jour, un visiteur averti et économe la lui a sans doute apportée en guise de présent. C'est la réplique d'un objet colonial dont les originaux, beaucoup plus grands et finement ouvragés – je m'en rendrai compte plus tard – se vendent aujourd'hui à prix d'or dans les boutiques d'antiquités. En vieux connaisseur, Aman Beili ne s'y était pas trompé[33].

Trois autres plats en bois, de formes allongées et de tailles variables composent encore l'héritage et remplissent chacun une fonction particulière lors des séquences cérémonielles. Le plus important des trois est le plus petit, *irik,* qui peut, si nécessaire, se substituer aux autres plats[34].

Néanmoins, l'impression la plus mystérieuse émane de quatre coffres rangés sur un rayon de bambous au-dessus du bouquet magique et du plat hollandais. À première vue, ils me font penser à quatre petits cercueils décorés d'inflorescences et fermés par un couvercle à auvent. Un peu comme au pays toradja et chez les peuples batak où l'architecture des grandes maisons inspire celle des sarcophages, il me plaît d'imaginer ici que ces coffres à l'aspect funéraire servent aussi à préserver en leur intérieur la mémoire des ancêtres, quelques objets leur ayant appartenu, des fragments d'os peut-être. Leur charge de mystère est aussi contenue et accentuée par leur emplacement surélevé dans la *batnuma*. Ils sont fermés par une cordelette dont les deux extrémités sont nouées, l'une passée à travers l'auvent, l'autre enfilée dans le chas d'un éperon de bois recourbé sortant de la base du coffre. À l'un de ces gros crochets est suspendu, enrubannée de lambeaux rouges et bleus, une paire de clochettes aux symétries hexagonales et une grappe de petits grelots. Les *kerei* les font sonner pour accompagner leurs psalmodies rituelles.

Ces coffrets *(salipa)* finement ouvragés en écorce de sagou renferment l'équipement des chamans, et sans doute aussi celui d'Aman Beili, le vieil homme sage, dépositaire et gardien de cet héritage chargé d'énergies vitales et grand ordonnateur des cérémonies. Il est le *rimata*, un personnage de la plus haute importance qui vit en permanence avec sa famille dans l'*uma* en veillant sur le patrimoine rituel du clan. En principe, car les arrangements pour dormir sont flexibles, il dort sur le plancher droit auprès de ces objets sacrés, la couchette de sa femme étant située sur le plancher de l'autre côté. Les coffres conservent la mémoire des cérémonies passées.

Pour ce qui est du présent, les *kerei* que je vois se préparer tirent leurs parures habituelles de coffrets de facture beaucoup plus légère, qui ressemblent à des étuis à violon en peau de sagou, aisés donc à transporter, et qu'ils appellent *bakkulu*.

Posés contre la cloison, sous le bouquet magique, le plat « japollandais » et les coffrets, luisent deux autres instruments rituels de la plus haute importance : les gongs dont le plus grand a un diamètre d'environ 40 centimètres. Le *rimata* les frappe pour annoncer les phases du cérémonial et pour accompagner ses formules rituelles. Leur son grave vibre alors dans les esprits des vivants et des morts, rappelant leur proximité.

Lors des cérémonies et des danses, des mains viriles battent aussi en rythme la peau de python des *gajeumak*, portant loin dans la forêt leurs rythmes messagers.

Enfin, autres tambours sacrés, remisés sous le plancher de l'*uma*, la famille des *tuddukat*, trois gros troncs évidés de longueur inégale et amincis aux extrémités. Ils sont frappés avec une mailloche ou un marteau de bois pour avertir que les hommes vont partir en quête de viande forestière. Au retour, leur son joyeux se réjouit des bonnes prises et le fait savoir alentour. De temps à autre, les brefs sanglots des *tuddukat* annoncent aussi le décès d'une âme chère[35].

Chapitre 3
LA DANSE DES ESPRITS

Ailikgou bakbak pangasabu
Bara sipu ailikgou
Bara simasiksik baga tabekkala
Leia sssss...[36]

« HORS D'ICI les esprits perturbateurs et malfaisants ! Dehors les esprits de l'ombre ! Nous avons la force en nous et nous demeurons ici. Hors d'ici ! pff... » Les incantations des chamans emplissent l'espace intérieur de l'*uma* puis, portées par la nuit, imperceptibles à l'oreille humaine, elles pénètrent la forêt, volent parmi les esprits des arbres, des cours d'eau et des collines.

Ce soir, le *rimata* Aman Beili annonce au son du gong la première phase d'une série de rituels destinés à aider son fils aîné à se débarrasser des influences néfastes et dangereuses qui ont provoqué sa chute du ramboutan[37]. Une cérémonie qui permet aussi de recréer un espace vital rassurant pour chacun des membres du clan Saeggekoni d'Alimoi.

Pour ma part, j'ai la faiblesse de remercier intérieurement les esprits malins d'avoir orchestré cet accident sans gravité car ses incidences à mon égard sont inespérées : grâce à lui, ma route a croisé celle de la victime qui a consenti à me mener en pirogue jusqu'à sa maison clanique, ce qui me permet maintenant d'assister, encore tout retourné que je suis par cette remontée, à des rituels chamaniques d'un autre âge que le mien. Le hasard et les circonstances épaulent souvent le voyageur plein d'allant.

Les familles arrivent à la tombée du jour, les unes après les autres.

Le frère d'Aman Beili, Aman Pasisik, un des trois *kerei* chargés de bouter hors de la maison commune les esprits aux énergies délétères, vient me saluer avec un sourire épanoui et des gestes d'une infinie bonté. Vêtu d'écorce carminée et de perles vermeilles, son corps mat et gracile aux membres tatoués semble composé d'un subtil mélange de douceur et de souplesse. Une constitution qui protège à n'en pas douter son âme vive *(simagere)* des pièges invisibles aux autres humains, qui lui permet de les déjouer, d'en prévenir et d'en éloigner ses parents et amis. Il est accompagné par son épouse, Bai Pasisik, une petite femme à la musculation fine emplie de charme et d'élégance naturelle. Ses cheveux de jais, plaqués et rassemblés en chignon, lissent son front d'une lumière douce dont les infimes reflets scintillent au pourtour de ses iris. Son regard vous enveloppe, sa voix vous caresse, ses gestes vous pénètrent. Une physionomie chargée d'une belle aura qui s'accorde à l'esprit de son chaman d'époux. Leur fille Belinda, âgée d'une douzaine d'années, a déjà la grâce et le sourire de sa mère. Le petit dernier, Djelfi, et le cadet des garçons, Dabau, tout comme leur grand frère Marius, sont aussi empreints de la gentillesse discrète qui émane de leurs parents. Marius, mon indolent piroguier, arrive peu après. Comme d'habitude, il ébauche un sourire pincé pour dissimuler les chicots de ses incisives supérieures et, machinalement, relève d'un bref coup de tête la frange de cheveux raides qui lui cache le front. Il vit avec une jeune compagne dont l'image s'est rapidement estompée de ma mémoire.

C'est maintenant au tour de Teurocak[38] d'entrer. Un *kerei* affûté comme une lame de bambou, souple comme la liane du rotin. Sa personnalité rayonne dans l'atmosphère moite de l'*uma* et la rend sereine par sa seule présence. Ses yeux vifs et sa bouche mince sont constamment éclairés par une brillance bienveillante, souvent songeuse, parfois amusée. La force et la sagesse transpirent à travers son corps sculpté pour le soleil et la pluie, embelli pour ravir la belle âme qui y demeure. Il inspire, c'est certain, le respect aux esprits inconstants de l'air, de la forêt et de l'eau. Serait-il lui-même l'incarnation d'un pouvoir spirituel ? Il est en compagnie de sa femme, courte et plutôt vieillie, l'air dur et peu amène au premier abord : un caractère trempé dans le lit rocailleux des torrents et la boue des mares à taro. Une enceinte charnelle encore ferme, aux seins flétris par les grossesses, mille fois tatouée et perlée. Épouse de chaman, elle semble aussi être proche des pouvoirs occultes.

Tous deux sont les parents d'Aman Lusi, un gaillard athlétique à l'air pensif, au sourire timide, à peine esquissé à l'ombre de sa moustache duveteuse. Son visage énigmatique, la texture de ses cheveux, son apparence corporelle au teint de miel, tout chez lui semble rappeler les origines asiatiques de son peuple[39]. Sa fille aînée Lusianti et le petit dernier Alec sont aussi porteurs de cette calligraphie originelle. Une douceur des signes qui atténue une force mentale, une énergie intérieure que l'on devine chez lui contenue au fond de son âme, en attente initiatique, disposée à revitaliser au moment propice les pouvoirs de sa lignée paternelle.

Arrive bientôt Hendricus, infatigable et habile factotum, cubique et solide comme un roc. Il m'adresse aussitôt son ineffable sourire édenté et d'une voix de fausset inattendue me gratifie, en guise de salut, d'un gentil « Aman Juli ». Puis il s'enquiert aussitôt, en chuchotant et en me massant l'échine, si, des fois, je n'aurais pas une autre cigarette à lui offrir[40]. Son père Kolekere, frère de Teurocak, est décédé quand il était encore tout jeune. Sa mère, après la mort de son mari, est retournée vivre chez sa sœur à Muntei, village situé à l'embouchure de la Rereiket d'où vient aussi la femme de Teurocak. Hendricus a donc été adopté par son oncle paternel[41], le chaman Teurocak. Aujourd'hui, il a fondé sa propre famille et se nomme Aman Sarianti, du nom de sa fille aînée. Il a épousé une femme à la stature plus élevée que la moyenne, assez jolie et un peu plus âgée que lui. Elle a deux garçons d'un premier mariage, dont le plus grand est un adolescent charmant, réservé et intelligent. Après Sarianti, encore deux petits, un garçon et une fille, ont suivi : tout le portrait de leur père.

Afin d'aider Teurocak et Pasisik dans leur entreprise pour éloigner les esprits mortifères, un troisième *kerei*, Teuroktok, de Matotonan, a été appelé en renfort. C'est un mâle imposant musclé jusqu'aux mâchoires, drapé des pieds à la tête dans ses tatouages. Rien que du muscle et du tulle. Enfanté par la jungle, il a les lombes noueuses et des jugulaires gorgées de sève. Sous les parures de son écorce en bronze se concentre de la pure énergie. Avec lui, les esprits néfastes même les plus coriaces risquent fort d'attraper une peur bleue, la frayeur de leur mort, ou d'être saisis par les charmes de sa volonté d'airain, avant de s'évanouir, refroidis, dans les profondeurs de leur monde sauvage.

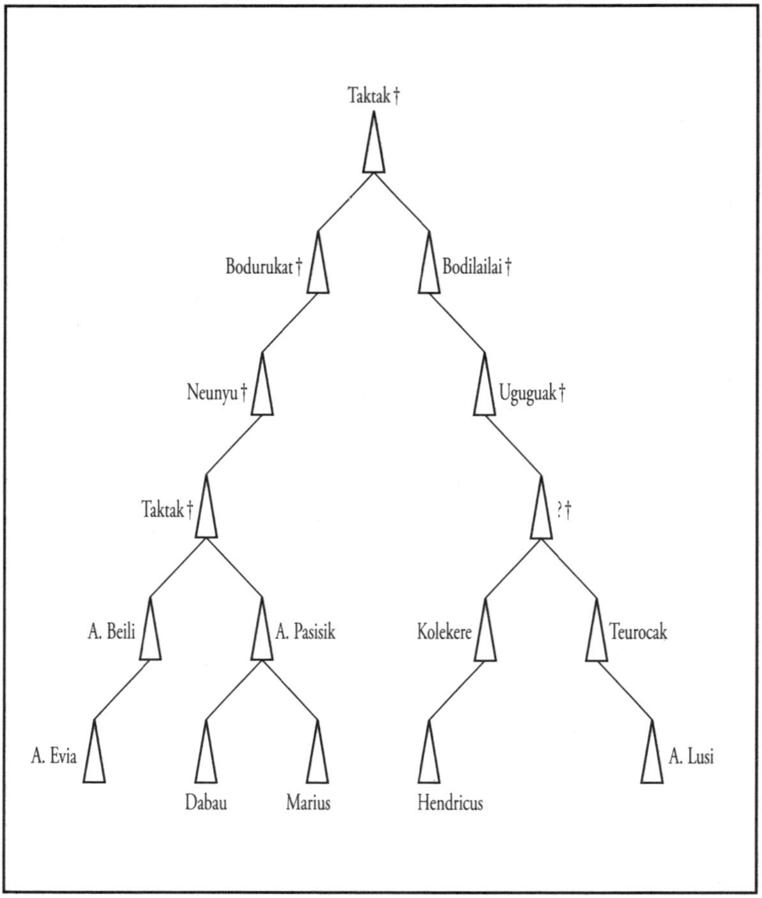

Patrilignage du clan Saeggekoni d'Alimoi

Et puis, il y a Taktak, l'ancien, le plus vieux représentant du clan, porteur du nom de l'ancêtre fondateur. Il est le père d'Aman Beili et d'Aman Pasisik. Un visage et un corps parcheminés aux encres indélébiles, réseaux grouillant de veines saillantes, des yeux délavés par d'immémoriales pluies ensoleillées, une chevelure ondulante sous les cristaux de mer : la vie passée de la communauté est archivée dans cet homme souche. Discret, presque effacé, il reste là, assis, à sucer un cône de tabac qui n'en finit pas de s'éteindre. Il assiste et participe encore à la vie ambiante mais je le sens déjà en communication avec les ancêtres blanchis, aux pouvoirs ambigus, qui vivent alentour[42]. À la tombée du jour, ces « ancêtres du passé » vont être convoqués par le *rimata*, invités à rendre visite aux leurs, à honorer par leur présence spirituelle le *bakkatkatsaila*, la puissance vitale fondatrice de l'*uma* et du clan *(suku)* entretenue depuis des lustres par leur descendance.

Plus d'une quarantaine d'adultes et d'enfants se sont ainsi progressivement rassemblés en cette fin de journée dans la maison communautaire. L'atmosphère est paisible. Les hommes, assis sur le châlit de l'entrée ou accroupis sur le sol, fument, parlent sans émoi ou, comme Aman Beili, restent silencieux, absorbés dans la contemplation de je ne sais quelle étrange pensée.

Les femmes, quant à elles, se sont installées seules ou par petits groupes avec leurs bambins, à l'autre bout et de chaque côté de la « pièce du milieu ». Les plus vieilles mâchouillent leur inséparable « cibiche » en peau de bananier ; les jeunes mères tirent à l'occasion sur une cigarette à bon marché au clou de girofle. Rares sont celles qui parviennent à se défaire complètement de cette dépendance au tabac. Et, entre deux bouffées, elles causent sans bruit et calment leur progéniture impatiente. D'autres femmes, à l'instar de Bai Beili secondée par la mère de Bai Evia venue tout exprès de Madobak, s'affairent autour du grand foyer à préparer le repas du soir.

Ma présence inattendue suscite l'intérêt des arrivants, les plus âgés surtout me saluent longuement avec douces caresses et tendres sourires avant de quémander aussitôt sans vergogne une once de tabac.

Dans la précipitation de mon départ, je n'ai guère eu le souci de me faire une réserve et je grille mes dernières cartouches dans la soirée. Leur tabagisme est insatiable. J'ai rarement vu un peuple pétuner de la sorte. Je demeure un peu confus par mon manquement à la coutume, mais soulagé aussi de ne pas être contraint de noircir davantage les poumons d'hommes à la beauté si fragile. Quant à moi, je suis naturellement épaté par tout ce que je vois et vis de cette réalité. « J'hallucine ! » dirait un jeune de nos contrées.

Le reste de la marmaille circule un bon moment dans tous les sens, taquinant au passage quelques chiots envahissants puis, sagement, s'agglutine par terre en bandes de cousins et en paires de cousines. Ils paraissent tous plus délurés les uns que les autres, s'occupant chacun à sa manière sans exiger beaucoup de l'adulte qui les entoure. Les adolescents des deux sexes font même montre d'une retenue, une forme de maturité, qui ne peut que surprendre agréablement l'étranger qu'ils observent du coin de l'œil. Les garçons et les filles de cette tranche d'âge, imitant en cela leurs parents, s'occupent souvent des plus petits, les aident au besoin, leur offrent pour s'endormir la chaleur de leurs bras. Les querelles et les rebuffades demeurent des exceptions. Naturellement, ils participent sans trop rechigner à la vie commune et assument volontiers les quelques tâches quotidiennes qui leur sont dévolues. Les filles commencent cependant plus vite que leurs frères et cousins à être régulièrement impliquées dans la vie domestique. Elles doivent porter les seaux d'eau et laver le linge, nourrir les poulets et cultiver les taros[43], aller à la pêche, aider ou remplacer leur mère enceinte ou trop accaparée par le nouveau-né. Tandis que les garçons accompagnent leurs pères et oncles dans la forêt ou restent là, entre deux ronds de fumée, à faire semblant d'écouter leurs interminables palabres.

Faut-il insister ? Je dois aussi pour ma part subir régulièrement ces pénibles moments d'enfumage et de bavardage, coincé sur la banquette, sans saisir grand-chose des subtilités débattues. Je m'évertue pourtant, manière utile de passer le temps, à prendre des notes en sollicitant mon ami Aman Evia, le seul dans ce clan qui soit capable de m'aider un tant soit peu à comprendre le fin mot de l'histoire.

L'éducation des enfants est balisée de repères spirituels et culturels en symbiose avec leur environnement naturel et familial. Ils sont élevés au contact constant de leurs aînés, ce qui leur donne paradoxalement une marge de liberté et leur permet dès le plus jeune âge d'imiter les gestes et les attitudes des adultes. Ils deviennent ainsi rapidement habiles et connaisseurs. Pour s'en convaincre, il suffit de les voir tout petits se couper les ongles des pieds avec la machette de leur père ou se maintenir en équilibre, perchés sur une étroite lame de bois détrempé.

Ce soir, les grands plats de bois sont de sortie, et le menu n'est pas coutumier : crevettes et petits poissons de l'océan, chevrettes et crabes des rivières, rainettes des marécages et morceaux de porc, cuits à l'étouffée dans les tubes de bambou, avec accompagnement de papillotes de sagou et boulettes de taro saupoudrées de coco râpé. Quel festin en perspective ! Les hommes répartissent les mets, un plat par famille, et, dans chacun, une part égale pour chacun de ses membres. Le *rimata* et sa femme mangent seuls à l'intérieur de la *batnuma* tandis que les autres familles s'installent dans la pièce centrale. Pour ce couple gardien de la tradition, il y a ensuite interdiction de manger de la viande jusqu'à la séquence finale du temps cérémoniel qui lui est spécialement consacrée[44].

Pour moi, ce repas prometteur se révèle frugal car, à force de divisions, il est réduit à la portion congrue. Finalement, je reste un tantinet sur ma faim. Il en est ainsi presque à chaque fois, même lorsque cochons et poulets sont sacrifiés en abondance à l'occasion d'une importante cérémonie (*lia* ou *punen*[45]). Les bouches à nourrir sont alors si nombreuses qu'il faut apprendre, pour être un minimum rassasié, à mâcher la peau la plus dure, ronger l'os jusqu'à la moelle, avaler la graisse la plus gluante, faire semblant d'apprécier la tripaille élastique et ne pas hésiter à se farcir un bon nombre de ficelles sèches de sagou. Ainsi, il me faut vite m'accoutumer à la sobriété de ce régime et à ces manières de table antigaspi. En tout cas, les obèses chez les Mentawai, connais pas! Pourvu que ça dure!

Le repas expédié, les chiens se disputent les derniers bouts d'os en léchant goulûment les plats. La place est ensuite sommairement balayée, les plats léchés sont rangés sans plus de manières, les cigarettes s'allument, et chacun s'installe pour participer à une dernière réunion, un *« meeting »* comme ils disent, pour une mise au point définitive du programme cérémoniel. Ces réunions de groupe *(paruru)* se tiennent régulièrement dans l'enceinte de l'*uma* pour préparer et organiser les diverses activités du clan. En principe, chacun, homme ou femme, est appelé à y participer et se doit de respecter les décisions prises à l'unanimité par la communauté. Pas de hiérarchie instituée : la parole est libre mais celle des anciens, du *rimata* et des *kerei*, semble pourtant être prépondérante.

La peau du python se rétracte lentement au-dessus de la flamme. Trois jeunes joueurs vont battre tambour pour annoncer l'imminence de la cérémonie. La pression des deux lampes à pétrole diffuse un halo qui s'estompe dans les recoins obscurs de la longue maison. Leur lumière jaune adoucit encore les nudités cuivrées d'Aman Beili et de son trio de chamans. Elle renforce l'éclat de leurs parures de perles et de plumes et les rayons bleus de leurs tatouages. Le maître de cérémonie est en attente, accroupi, concentré, le visage fardé de poudre de curcuma.

Beauté du corps pour le bien-être de l'âme. Ils sont animistes. L'âme habite chaque être vivant, hommes, animaux et plantes ainsi que les objets. La laisser s'échapper déclenche rêves et cauchemars, cause malheurs et maladies, provoque la mort. Cérémonies et rituels pour éloigner les mauvais esprits et leur pouvoir délétère en leur opposant l'énergie vitale sont alors orchestrés par les chamans.

Devant leur miroir de poche, ils s'apprêtent, assis, l'étui à bijoux en écorce de sagou ouvert entre les jambes. Avec des gestes méticuleux, presque précieux, les chamans ajoutent à leurs atours habituels, enroulées aux poignets, d'innombrables rangées de perles aux tons mêlés d'agrumes et, au-dessus des coudes, de petits bracelets ornés de grelots. Ils portent aussi, serré autour du cou, un lourd collier composé de six rangs de perles tubulaires, en résine ou en céramique, vernissées terre brûlée. Pour coiffe, ils mettent un bandeau *(luad)*, tissé de fines perles de pacotille avec motifs alternés de larges carreaux bleu outremer, bleu ciel et vermillon, striés de lignes blanches et jaunes. Sous ce diadème est coincé un coussinet frontal en fibres naturelles dont les franges teintées de rouge évoquent les fleurs fermées de l'hibiscus. Délicatement penchée au-dessus de chaque oreille, une touffe de petites plumes blanches protège un bouton factice de fleur tropicale[46]. En touche finale, Teurocak fixe en travers de son épais chignon, à l'aide d'une bande de tissu écarlate, un long plumet blanc *(jarajara)* décoré de perles et de bouts d'étoffe colorés. Le bouquet qui orne le chignon de Pasisik est quant à lui plus ramassé, et composé de petites plumes de gallinacés aux couleurs flamboyantes et d'un artifice de fleurettes. Teuroktok, le chaman venu leur apporter son aide, ne se coiffera que le lendemain matin. En attendant, en guise de visière, il place une feuille au vert tendre sous son bandeau afin de protéger son esprit des énergies contrariantes. Excepté cette variante de la parure de tête, le maquillage, les bijoux et accessoires sont quasiment identiques pour les trois *kerei*. Tous les trois portent aussi, continuellement attachée autour de la taille, la désormais indispensable « banane » de cuir contenant le nécessaire à fumer. Seul Pasisik la conserve pendant la cérémonie, tournée nonchalamment dans le dos par-dessus sa large ceinture rouge. Il a aussi gardé son alliance, sa montre et son coupe-ongles en pendentif. Teurocak et Teuroktok ont préféré dissimuler leurs sacoches. Je les devine tout de même à la petite bosse qu'elles forment à l'avant, sous le cache-sexe végétal du premier et sous l'écharpe en tissu bleu délavé qui ceint le second.

Le rythme des *gajeumak* s'est maintenant accéléré. Les trois chamans accompagnés par le son des percussions ont rejoint la *batnuma*. Aman Evia, le fils aîné d'Aman Beili, me convie à le suivre dans le sanctuaire. Me voilà donc accroupi aux premières loges pour assister à la cérémonie qui commence.

Teuroktok choisit avec minutie dans la hotte tressée qu'il portait à son arrivée, et qu'il a déposée entre-temps au pied du *bakkatkatsaila*, un assortiment de feuilles aux vertus et pouvoirs attestés. Pour les Mentawai, les créatures vivantes et les éléments naturels, nous le savons, sont emplis d'une âme *(simagere)*. Elle leur permet d'être animés. Cette âme est parfois appelée *ketsat* quand le mouvement de la vie s'est définitivement arrêté ou quand il s'agit de désigner celle que contiennent les objets inanimés. Potentiellement, ces esprits, omniprésents dans le règne animal et végétal, dans les minéraux et les fluides, dans les objets consacrés, sont capables de produire une infinie variété d'effets positifs qui renforcent l'énergie vitale mais ils sont aussi chargés de puissantes forces négatives *(bajou)*. Les esprits les plus dangereux pour la santé et la vie, saturés de *bajou*, sont ceux des *sanitu*, sorte d'esprits fantômes toujours aux aguets. Il faut donc pouvoir offrir ou opposer, à chaque manifestation spécifique de ces esprits bienfaisants ou malfaisants, les médiateurs d'énergie correspondants[47]. Le plus souvent, la réplique s'organise au moyen d'une collection de plantes appropriées[48]. La puissance intrinsèque qu'elles contiennent pour contrer les manifestations diverses des *sanitu* doit être activée intentionnellement par un initié. Seul le chaman a la capacité de distinguer la présence des différentes espèces de *sanitu* et possède la connaissance et la force d'âme nécessaires pour les combattre.

En ce début de nuit, trois chamans vont donc conjuguer leurs efforts pour refouler les *sanitu* responsables de la chute et des douleurs du fils aîné du *rimata* d'Alimoi, l'aider à se libérer de l'état d'influence mortifère dans lequel ces esprits mauvais l'ont enfermé. Teuroktok distribue à chacun des officiants le bouquet de simples qu'il vient de sélectionner. Teurocak et Pasisik l'arrangent, en vérifient la composition, puis se relèvent derrière l'homme médecine. Feuilles à la main, les *kerei* entonnent en chœur, les yeux mi-clos, la tête basse, un chant sourd, intériorisé, aux paroles à peine audibles. Ils l'accompagnent du tintement de leurs clochettes et grelots. La capacité de ces instruments à produire du son et du mouvement est signe de vitalité.

Elle fortifie les effets bénéfiques de la brise des feuilles et de la mélodie des mots. Teurocak disperse aussi la fumée odoriférante d'un brandon aux parfums de feuille, de résine et d'écorce. Le *bajou* des *sanitu* s'exprime d'une façon aussi insaisissable que le vent mais les ondes sonores et les substances aromatiques, fluides et purifiantes comme l'éther, finiront par le débusquer et refroidir ses ardeurs.

Dans la *batnuma* enfumée, la gravité des incantations épaissit lentement l'atmosphère. Les *kerei* ont à présent les yeux grands ouverts, presque exorbités, mais leur regard voilé semble emporté au-delà du fini. Le souffle psalmodié, alternativement, leur gonfle les veines du cou et creuse leurs joues. Concentré sur ce chant monocorde, le reste du corps, bien planté sur ses pieds et légèrement voûté, demeure presque statique. Les chamans sont-ils déjà en contact avec les esprits néfastes ? Les fragrances et les sonorités ont-elles averti les *sanitu* du défi qui leur est lancé ? Par trois fois, le chant cessera ; par trois fois, l'effort reprendra. À mesure, les sons et les gestes des chamans deviennent plus expressifs, déterminés. L'inflexion de leur voix s'envole soudain jusqu'au fausset pour se poser aussitôt au fond de leur poitrine. La force de l'esprit chamanique semble aller *crescendo*. Tout leur être paraît maintenant possédé par cette intériorité. Leur corps balaie l'espace ancestral en une danse aérienne de feuillages et de fumées. Ce corps sublimé a la vision des *sanitu*. Il est prêt à livrer combat contre leur influence perverse et leur vilaine colère.

Teuroktok est le premier à entrer dans la pièce commune. D'un pas redevenu ferme, martelant les planches de la scène, poursuivant du regard l'invisible à nos pupilles, il s'avance, l'air décidé, les yeux fixes, les narines dilatées, les lèvres entrouvertes sur des paroles rituelles. En file indienne derrière lui, Pasisik et Teurocak lui emboîtent le pas, fouillant du regard les recoins de la maison et, comme lui, scandent leurs chuintements continus du bruissement des feuilles et du son cristallin des clochettes : trois chamans-fleurs en chasse contre les esprits putrides tapis sous l'écorce, rongeant la branche de l'arbre aux fruits sucrés, blessant le fragile cueilleur, et revenant sans vergogne hanter la maison des vivants[49]. Sous le bois porteur de trophées, ils encerclent leurs émanations, les fouettent et les dispersent en un ballet halluciné. Ils virevoltent, tapent du pied, se démènent avec grâce pour effaroucher leur adversaire et tenter de l'expulser de la maison. Visiblement, pendant un moment, les *kerei* prennent l'ascendant, parviennent à le faire reculer. Ils le poussent sans ménagement vers la sortie[50]. Dans leur retraite, les *sanitu* ont abandonné le limbe d'une feuille, preuve s'il en fallait qu'ils étaient bien présents et qu'ils ont sans doute été défaits dès ce premier acte. La trace impure est aussitôt brûlée dans le foyer de l'entrée et, brusquement, aussi vite que la flamme la consume, l'exaltation retombe et les *kerei* regagnent leur sanctuaire. À trois reprises, ils cesseront puis reprendront leur danse des esprits. Par trois fois, leur force spirituelle fusionnera avec les sèves et les senteurs végétales ; par trois fois, la magie des sonorités et des vibrations animera leur chair ; par trois fois, les *sanitu* seront confondus et envoyés à tous les diables !

Les chamans se sont maintenant alignés face à l'entrée de l'*uma*. Emportés par le souffle chamanique, les esprits néfastes ont enfin été évacués de la grande maison clanique. Ils sont en lisière de forêt, rassemblés sur les berges de la rivière Alimoi, dissimulés sous le couvert d'un buisson, rampant sous les feuilles mortes ou perchés au faîte d'un arbre et prêts à se laisser choir sur un nouvel inconscient. À l'extérieur, la nuit est intense mais leur proche et funeste influence, de manière extrasensorielle, reste perceptible aux *kerei*. Le corps légèrement incliné, ces derniers poursuivent leurs incantations, le bouquet à la main presque à portée de leur bouche. Ils ont appris que la médiation des multiples plantes aux pouvoirs répulsifs, débilitants ou effrayants, capables de combattre le mal par le mal, de mettre en fuite, de décourager ou de désorienter les *sanitu*, ne peut agir que si eux-mêmes, les chamans, sont en condition de transférer l'influx qui les anime en pouvoir de persuasion. Ils savent aussi qu'ils doivent, pour défaire complètement ce mal et consolider le résultat, associer aux plantes épineuses et urticantes le bon pouvoir des essences capables de refroidir[51] les ardeurs des esprits irritants, des feuillages aux vertus lénifiantes ou tonifiantes, aux tons colorés et joyeux[52], et des racines épicées aux poudres purifiantes[53] ; savoir préparer les infusions qui renforcent la communauté et qui procurent de la joie, une vitalité, un état de l'âme la préservant des biles noires et autres états morbides diffusés par tant d'esprits malintentionnés ; y ajouter quelques poignées de feuilles revitalisantes dont les fleurs ouvrent chaque matin le cœur et les pensées et d'autres enfin qui donnent de la force au caractère, lui apportent résistance et souplesse, le rendent quasi invincible.

Les pouvoirs contenus dans ces différentes espèces végétales[54] sont ainsi sollicités pour leur fonction curative lors des rituels de soins *(pabete)* ou pour des actions préventives et symboliques dans le cérémonial du *puliajat*. Dans le premier cas, quelques-unes des plantes employées possèdent des principes essentiels qui, lorsqu'ils sont appliqués au malade, peuvent participer directement à sa guérison ou à l'amélioration de son état de santé physique ou psychique. Ces plantes médicinales *(laggeg)* aux pouvoirs revitalisants font donc le plus souvent preuve d'une certaine matérialité thérapeutique. Au cours d'une cérémonie, et en grande partie aussi lors d'un rituel curatif, les vertus reconnues ou supposées de ces mêmes plantes deviennent des vecteurs aux pouvoirs spirituels. Ils agissent, portés par les phrases rituelles, de manière métonymique et symbolique comme force de vie pour l'âme et le corps contre les pulsions de mort déclenchées par les *sanitu*.

Dans la cérémonie qui s'achève, les esprits malsains ont enfin cédé à cette énergie spirituelle déclenchée par les chamans et qui irradie maintenant l'âme de l'*uma*. Nos trois officiants sont parvenus une nouvelle fois à renforcer la puissance protectrice et réactive du *bakkatkatsaila*. Comme garantie contre d'éventuels retours des mauvais génies, ils ont aussi accroché au pilier fondateur le bouquet de feuilles aux pouvoirs magiques dont ils viennent de se servir. Curieusement l'assemblée, malgré un silence respectueux, ne me semble guère prêter beaucoup d'attention au rituel qui se déroule. Les regards, même lorsque l'exaltation des *kerei* atteint son acmé, paraissent ne pas être vraiment attirés par le spectacle. J'ai même le sentiment que ce détachement aux limites de l'indifférence résulte d'une posture ou d'un réflexe volontaires. Faut-il éviter de croiser le champ de vision des chamans ou de pénétrer par mégarde dans l'espace des *sanitu*, au risque d'interférer maladroitement dans le rituel en cours ou de devenir soi-même cible d'influences insanes ? S'agit-il d'une indifférence feinte ? Ou bien, tout bonnement, cette attitude distraite ne découlerait-elle pas de la force d'inertie liée à l'habitude de la répétition, banalisant ainsi, malgré son importance rituelle et sociale, la cérémonie ? Pas de spectateurs attentifs donc en dehors de moi, mais seulement une veillée collective au sein de l'*uma*. Somme toute, une scène de la vie ordinaire.

Pour achever complètement cette phase du cérémonial, les *kerei* procèdent sur chaque individu présent au *gaud sikataik* afin d'extraire hors de chacun les ondes négatives émanant des *sanitu*. À tour de rôle, circulant parmi les adultes assis et les enfants endormis, ils triturent rapidement du bout des doigts le dos de chacun – le mien compris – au niveau de l'omoplate droite, en récitant à voix basse une courte formule. Puis, toujours de manière individuelle, après l'extraction de la négativité, ils appliquent, cette fois-ci sur la poitrine, côté cœur, le *gaud simaeruk* pour redonner à chaque âme la plénitude de son potentiel vital. Hommes et femmes continuent pendant ce temps à fumer, parler discrètement et certains commencent même à piquer du nez. Pour ce soir, la cérémonie semble terminée, les *sanitu* sont sortis de la maison commune et leur influence pernicieuse évacuée de chacun d'entre nous. Nous allons donc tous pouvoir enfin nous endormir en paix sous la moustiquaire dans une bulle d'énergie bienfaitrice, les deux sexes séparés. Le *rimata*, Aman Beili, semble satisfait. Son fils, grâce à cette triple concentration d'énergie bienfaitrice, va pouvoir recouvrer sa tranquillité d'esprit et une meilleure santé. Il l'espère ainsi, et « si les *sanitu* reviennent, dit-il en plaisantant, je les tue ».

Chapitre 4
OFFRANDES ET SACRIFICES POUR LA VIE

Dès l'aube de cette nuit de conjuration des esprits délétères, les préparatifs pour la suite du cérémonial vont bon train. Aucune fébrilité pourtant n'est perceptible : chacun connaît apparemment le rôle exact qu'il doit tenir. Les femmes, Bai Beili en tête, ont déjà mis au feu, alors que le jour n'était pas encore levé, les bambous et le sagou pour le « petit-déjeuner » collectif. Elles ont aussi commencé à râper les noix de coco avec la tige d'une palme[55] et les tubercules de taro pour confectionner les *subbet*[56], gâteries indispensables au bon déroulement de la cérémonie.

Une nuit bien courte pour moi car les esprits agités de la veille se sont immiscés entre les lattes du plancher pour me briser l'échine et m'envahir la tête. Un sommeil resté à l'écoute des souffles endormis, alerté par les plaintes de la vieille ossature, intrigué par les ombres passantes. Une nuit sans profondeur, à la peau palpable comme une page écrite en braille. J'y ai cherché chacun des signes de cette respiration nocturne afin de densifier mon éveil, de l'accoutumer à cette immersion soudaine dans un monde en apparence si éloigné du mien. Café au réveil ! Aman Evia me rappelle qu'avec un peu d'instantané dans une timbale d'eau bouillie, on refait surface !

De son côté, Hendricus s'applique, sous l'œil intéressé d'un jeune chien, à fendre les bambous sur toute leur longueur pour en libérer les morceaux de viande fumante qui restent d'hier soir. Il est arrivé de grand matin, portant sur les épaules un cochon noir entravé par les solides tresses d'une palme. Tout aussi attentifs que le chiot sont assis, en face de lui, le *rimata* Aman Beili et les deux *kerei* Teurocak et Pasisik. Ils le regardent faire en tirant de petites bouffées sur leur inséparable cigarette. Les deux premiers ont glissé sous leur bandeau de coiffe, en la dirigeant vers le bas, la longue tige effilochée d'une jeune feuille de palmier. Pasisik, qui vient de s'approcher d'Hendricus pour l'aider à partager la viande, ayant ôté son bandeau, s'est planté, quant à lui, la paille magique à l'arrière de son cache-sexe.

Tous trois sont allés silencieux, dans la fraîcheur d'une nuit à peine achevée, cueillir les feuilles, herbes et racines sylvestres spécifiques à chacune des phases de la cérémonie. En revenant, ils ont aussi déposé un bouquet protecteur à l'entrée de la parcelle où traîne toujours le pied fourchu du ramboutan.

La résistance naturelle de la fibre qu'ils portent ce matin, et qui constitue une protection individuelle, a été symboliquement invoquée par le *rimata* une couple d'heures environ après l'annonce matinale au son du gong de l'ouverture du rituel.

En prologue, il a rappelé les dangers que fait courir aux âmes, dans la relation des hommes entre eux et avec la forêt, l'omniprésence de forces négatives. Usant de métaphores, le *rimata* a conjuré les enfants du clan de rester toujours vigilants et de se tenir à l'écart des esprits néfastes : « N'allez pas vers les paroles insanes. N'utilisez pas de phrases blessantes et mortifères. Éloignez-vous des mots de la colère. N'approchez pas des choses qui se brisent. Évitez celles qui piquent. Ne touchez pas aux plantes urticantes. Prenez garde aux épines… » Le gong a résonné maintes fois en écho aux paroles de bienvenue : « Entrez, entrez, approchez, les augures sont prometteurs… »

Puis Aman Beili a invoqué la force végétale de la fibre pour réaffirmer les capacités de résilience et de régénération des membres de sa communauté lorsqu'ils se trouvent confrontés aux méfaits des *sanitu*. Un bon coup de fouet en quelque sorte – la dose de caféine me fait le même effet – pour surmonter la maladie et apaiser les affres déclenchées par les revenants d'autres territoires. Le *rimata*, isolé dans son sanctuaire, a manipulé l'énergie contenue dans les fibres de la palme en la frottant contre le sol, sorte de massage ou de caresse accompagnant ses incantations. Il a réaffirmé, face à l'adversité et en s'accordant l'aide de ses ancêtres, les capacités vitales de la grande famille de l'*uma*, promesse anticipée aussi d'une chasse fructueuse, ainsi que le laissera augurer, c'est certain, la lecture à venir des intestins de poulet. Pouvoir d'autosuggestion donc qui inaugure de manière positive et prometteuse la cérémonie qui s'annonce.

Il a ensuite fouetté la verge végétale sur le plancher pour la fendre en deux et a continué ainsi avec une des moitiés obtenues jusqu'à ce que ses filaments éclatent et se divisent en un panache de fibrilles. Les vents malsains, les mots nauséabonds et les ombres viles ont ainsi été désarticulés et projetés loin de tous les enfants du clan. Il a, pour finir, distribué individuellement ces fibres protectrices aux participants qui, comme lui, les ont passées sous leur bandeau de tête ou dans le dos à la ceinture. Les voilà parés pour la durée du rituel. La moitié restante de la jeune pousse a été confiée au vase en bambou du *bakkatkatsaila*. La vitalité de l'*uma* et de ses membres se trouve ainsi renouvelée et assurée.

Le soleil est de la partie[57]. Ses rais de lumière filtrent à travers l'ombrelle végétale, accentuant les contours de chaque plante, attendrissant le vert des feuilles de bananier, aiguisant la découpe des palmes et des fougères. Les troncs élancés des cocotiers luisent sous leur vernis encore humide, et de petites nappes lumineuses se coulent entre l'écorce et les sentiers toujours boueux. Teuroktok revient de Matotonan où il est rentré cette nuit à la lueur de sa torche en fibres de palmier. Son corps musclé au teint de cuivre strié de bleu avance sans bruit, léger comme la brise matinale qui berce la clairière. Sa hotte déborde de feuillages. Il les a coupés, chemin faisant, dans les plis d'un fourré, ramassés au départ d'une sente déclive, cueillis au bord du dernier ruisselet. Tiges aériennes, lancéolées et coriaces, rhizomes aux senteurs épicées, songes aquatiques fragiles comme un cœur. De quoi préparer des bouquets de fraîcheur gorgés de fluides salutaires.

Les esprits malins de la nuit ont été boutés hors de l'*uma* mais juste alentour, à l'affût sous les herbes coupantes, agrippés aux lianes tordues, enfouis dans l'obscurité glauque des marécages, ils rôdent encore, me dit-on. La levée du jour et la sérénité qui s'en dégage égaient bien en contrepartie l'âme des vivants. Ce matin, toutes les familles du clan, leurs enfants compris, reviennent couvertes de perles ensoleillées. Les femmes des *kerei* et du *rimata* arborent, comme leurs époux, les parures les plus élaborées et chatoyantes, signes esthétiques révélateurs des représentations cosmiques et des rôles sociaux que ces couples indigènes maintiennent depuis le fond des âges dans la lignée des vivants et des morts. Ils me paraissent beaux et puissants, emplis de sagesse et de force tranquille.

À côté d'eux, j'ai l'impression de faire pâle figure et je commence à craindre que mon âme en ces lieux s'égare d'un corps qui ne la respecte pas comme il devrait. Aucune fleur ne vient embellir la chevelure sous laquelle elle se blottit ; pas une feuille ne tremble à la naissance de mon cou. J'ai pourtant pris plaisir autrefois, sous le ciel polynésien, à porter chaque matin un bouton de fleur de tiaré à l'oreille gauche ou un collier de feuilles d'*auti*. Il me paraît évident, pour l'avoir moi-même éprouvé, que ces ornements naturels procurent un bien-être corporel à celui ou celle qui les porte et que le moral – l'âme si l'on préfère – s'en ressent agréablement. Ce matin pourtant, le spectacle de ces gens couronnés et parés de leurs plus beaux atours suffit à lui seul à me mettre du baume au cœur et, même si Aman Beili m'a gratifié d'une de ses fibres protectrices, je ne me sens pas encore suffisamment des leurs pour oser en rajouter.

Cette apparence et cette atmosphère délicieuses devraient pouvoir affecter et refroidir un tant soit peu les *sanitu* restés dans les parages. N'en doutons pas cependant, leur volonté de nuisance agit sans répit ni repos. Elle peut surprendre comme le grondement soudain du tonnerre et l'éclair foudroyant, et faire s'envoler du corps l'âme effrayée. La maladie et la mort sont probablement au détour du chemin. Dans l'éclisse de bambou, l'épine sournoise, la morsure mortelle du serpent vert à queue rouge. Le ballet nocturne visant à expulser les *sanitu* de l'intérieur de l'*uma* va donc être complété ce matin, après le premier repas, par un nouveau rituel organisé cette fois-ci à l'extérieur, sur le chemin conduisant à la maison commune.

Notre trio de chamans chamarrés est enfin à pied d'œuvre. Comme la veille, c'est Teuroktok qui minutieusement prépare dans un plat en bois un mélange de feuilles, d'écorces et de racines finement déchirées et râpées, mis à tremper dans une eau d'arbre, recueillie à la fraîche à l'aide d'un tube de bambou. Ce faisant, il récite dans un rapide frémissement des lèvres une suite inaudible de formules. Comme une prière aux plantes afin qu'elles aident les humains présents à retrouver leur bien-être habituel. Qu'elles agissent en leur faveur auprès des esprits rôdeurs pour qu'ils ne soient plus tentés de revenir. Tout près de lui, Teurocak allume un brandon tandis que Pasisik, accroupi en léger retrait, attend, clochette à la main et mégot collé à la lèvre inférieure, le moment d'entamer à son tour les psalmodies rituelles.

Sous le regard bienveillant d'Aman Beili, la communauté s'est rassemblée dans la clairière. Femmes et enfants sont agglutinés debout derrière les chamans. Aman Lusi et Marius se sont postés à la périphérie du groupe à la manière de deux vigiles attentifs adossés au pied d'un cocotier. Se sont-ils placés là volontairement pour canaliser l'assemblée ou pour contrarier symboliquement une éventuelle tentative d'intrusion ? Je ne sais. Taktak l'ancien et le *rimata* son fils, sa petite-fille dans les bras, se sont eux assis sur leurs talons juste avant les chamans. Ils semblent nonchalamment garder l'entrée de l'*uma*. Peut-être cette disposition ne relève-t-elle, encore une fois, que d'une simple apparence. Je ne peux cependant m'empêcher de croire que, dans la joyeuse pagaille qui règne, une ordonnance implicite s'est mise spontanément en place.

Le chœur des chamans accompagné du tintement des clochettes laisse maintenant sourdre une polyphonie de voix graves au rythme accéléré. Teuroktok, hyperconcentré, ajoute une dernière pincée de poudre à sa préparation puis se relève, le plat dans une main et un plumeau de végétaux dans l'autre. Sous l'œil amusé et parfois rigolard des enfants, il asperge à plusieurs reprises le groupe et ses alentours. Les gouttelettes étincellent pour se refroidir aussitôt au contact des épidermes. Hommes et plantes frémissent. Je sens subrepticement filer les haleines corrompues des vieux démons. Les arômes d'encens diffusés par Teurocak emplissent l'espace libéré. Il fait vraiment bon ce matin.

Le rite d'aspersion se déplace ensuite vers l'entrée de la grande maison. Teuroktok, secondé par Teurocak, consacre alors toute son attention sur le bout du chemin et le bas de l'échelle. Par petites touches successives de son pinceau de feuilles, il vaporise l'eau essentielle le long de la sente puis s'accroupit devant la première marche pour y déposer un peu de son fluide protecteur. L'environnement immédiat de l'*uma*, son chemin d'accès et ses habitants sont désormais entièrement protégés, exempts d'influences délétères. La force vitale des chamans transmise par les énergies attribuées à la flore est parvenue une fois de plus, en éloignant la négativité des *sanitu*, à recréer un espace de vie communautaire garanti et sûr.

Après en avoir évacué les ultimes traces de nocivité, les *kerei* s'appliquent maintenant à faire revenir les membres du clan – moi compris – à l'intérieur de la grande maison en réactivant le potentiel vital individuel de chacun. En file indienne, les femmes portant ou poussant leurs jeunes enfants devant elles, et les hommes ensuite, franchissent avec solennité le seuil entre les chamans Teuroktok et Pasisik. Le premier *kerei*, placé à gauche en montant, frôle le bras des entrants avec les plumes caudales d'un poulet tandis que le second, du côté opposé, oint le coin de leur épaule avec un mélange d'huile de coco contenu dans un petit bidon en plastique transparent[58]. Avant qu'il ne s'échappe à l'instant du sacrifice, l'esprit du volatile est ainsi une dernière fois sollicité, pour protéger les humains de la maladie et éloigner les entités de l'ombre. Cette incorporation animale est reçue par eux comme un don aussi essentiel à la continuation de la vie que l'offrande de sa chair nourricière. L'onction d'huile de coprah qui s'infiltre par les pores de la peau participe du même principe protecteur et énergétique. Dans la poursuite du cérémonial, ces éléments, noix et volaille, vont jouer un rôle déterminant dans les deux scènes suivantes[59].

Aman Beili, le *rimata*, s'est éclipsé sans attendre dans le sanctuaire de l'*uma*. Accroupi, les fesses collées aux talons, il prépare tranquillement un nouvel arrangement de feuilles. Il conserve machinalement son épais mégot éteint au coin de la bouche et porte, sur le côté de sa longue chevelure, une plume de feuille jaunie. Son fils aîné Si Beili l'a rejoint. Il est appelé à jouer le rôle de *pamuri*, celui qui va seconder le *rimata* au cours de cette phase rituelle. Légèrement à l'écart, deux joueurs de tambours accompagnent les protagonistes de leurs battements saccadés. Aman Beili saisit alors une belle noix de coco et, avant de la fendre en deux d'un coup de machette assuré, il adresse d'une voix chantante un nouveau message aux esprits afin que la maladie et les malheurs portés par les vents mauvais s'éloignent des enfants de son clan, qu'ils restent loin derrière eux et ne soient pas tentés de revenir. « Et que cette lame sans coup férir ouvre la dure coque que voici, que les augures soient ainsi favorables et que la vie des nôtres ne dérape pas dans les chemins de traverse ! »

Il en extrait alors la pulpe et en recueille l'eau dans le bol d'une noix évidée. Puis il divise un cube de chair nacrée en trois morceaux, qu'il dispose à mesure dans le petit plat de bois, le long de la nervure centrale d'une feuille de *duruk*. Il l'a déposée dans le *bakkatkatsaila* au moment du rituel matinal pour renforcer le pouvoir médiumnique de son limbe. Le plat de forme ovoïde est orienté vers ce puissant bouquet. Le *rimata* se tient sur le côté droit du plat, face au bouquet sacré, tandis que le *pamuri* regarde vers l'arrière[60]. La première part de noix est attribuée à l'unité familiale du *rimata*, la deuxième à l'un de ses jeunes fils, la troisième au *pamuri*.

Aman Beili tranche trois lamelles de coco supplémentaires et les range l'une après l'autre devant sa propre part. Sa concentration est visible. Il saisit le premier morceau de chair, le place dans la paume de sa main gauche et entonne un long monologue. Le rythme lent des *gajeumak* et le son du gong accompagnent son chant rituel :

« Accepte cette offrande, vénérable *bakkatkatsaila*, accepte cette tranche de vie, cette chair qui est aussi la nôtre. Reçois-la, toi qui es au fondement de notre existence, préserve-la jusqu'à ce que nous soyons vieux et courbés par les âges, jusqu'à ce que nos cheveux blanchissent, jusqu'à ce que la mort nous saisisse.

Cette offrande est aussi pour vous, nos chers ancêtres disparus. Vous qui nous avez dit les sentes insalubres. Vous qui nous avez éloignés des chemins épineux. Vous qui nous avez écartés des crochets venimeux. Elle est pour vous cette chair qui est la nôtre. Pour vous qui avez su nous protéger des malheurs ennemis.

Approche-toi, esprit des auspices favorables, reviens une nouvelle fois près de nous. Revenez aussi, belles âmes des singes et daims de nos forêts. Venez ici, approchez-vous de nous.

Et vous aussi, revenez près de nous chères âmes de nos enfants. N'approchez pas des ombres morbides et mortifères. Méfiez-vous des vents insalubres et des souffles malsains. Approchez, venez vers nous… »

Le *rimata* mime ses paroles avec les gestes appropriés, éloignant les mauvaises influences extérieures d'un revers de la main droite, reliant symboliquement des ailes de ses mains planantes la force régénérée du petit plat *(irik)* au pouvoir ancestral du *bakkatkatsaila*.

Son chant module encore un laps de temps une couple de refrains similaires et, soudain, les percussions cessent. Les joueurs sortent discrètement en fermant derrière eux la porte du sanctuaire et laissent ainsi seuls le *rimata* et le *pamuri*, le père et son fils aîné. Commence alors une séquence rituelle au cours de laquelle le sens du plat, réceptacle des offrandes, est inversé. L'extrémité originellement orientée vers le *bakkatkatsaila*, et au bout de laquelle était disposée la part du *rimata*, est à présent tournée face au *pamuri*. Aman Beili s'approprie le morceau de chair de coco posé devant lui, destiné à l'origine à Si Beili, et en échange offre à son fils la part qui était la sienne antérieurement. Il retourne ensuite l'*irik* dans sa position initiale puis, en l'élevant, il entame de nouvelles incantations à l'adresse des âmes généreuses du *bakkatkatsaila* et des ancêtres :

« Soyez heureux. J'élève pour vous cette offrande et celle de mon enfant. De cette manière, nous ne nous aventurons pas derrière les hautes collines, nous ne nous laissons pas emporter par les souffles collinaires venus d'étranges territoires. Comme le faîte de l'arbre géant, nous sommes grands et forts dans la vie, jusqu'à ce que nous soyons vieux et courbés par les âges, jusqu'à ce que nos cheveux blanchissent, jusqu'à ce que la mort nous saisisse.

Comme le mouvement joyeux des feuilles de rotin, nous sommes emplis de joie jusqu'à ce que nous soyons vieux et courbés par les âges, jusqu'à ce que nos cheveux blanchissent, jusqu'à ce que la mort nous saisisse.

À la lueur des torches qui crépitent, nous écoutons battre la vie, nous apprenons à chasser la viande de la forêt jusqu'à ce que nous soyons vieux et courbés par les âges, jusqu'à ce que nos cheveux blanchissent, jusqu'à ce que la mort nous saisisse.

Dès que mes paroles s'arrêteront, le vent infect des autres territoires cessera d'affliger nos corps, les maladies venues d'ailleurs disparaîtront. Revenez nos âmes. Soyez les bienvenues. »

Avant de sortir du sanctuaire avec le plat de bois et le bol rempli d'eau de coco, Aman Beili dispose les trois dernières lamelles de noix dans un petit tube de bambou qu'il fixe au *bakkatkatsaila*. Elles sont destinées à l'âme de l'*uma*. Puis, accompagné de son fils Si Beili, il rejoint les membres de sa communauté rassemblés dans la « salle du milieu ». Chacun d'eux offre sa part de chair de coco à son épouse respective, qui la transmet à son tour aux enfants du groupe. Le maître de cérémonie donne aussi à sa femme la demi-noix pleine d'eau qu'elle fait aussitôt circuler parmi les enfants assis à côté d'elle. Elle place aussi la feuille du *duruk* dans sa chevelure. Ce soir, elle la rendra au bouquet sacré[61].

Pris dans l'observation et l'écoute de cette liturgie animiste, je ne puis qu'immédiatement songer à ce qui la distingue des services cultuels rendus dans les églises chrétiennes. La simplicité du rituel d'offrande mis en œuvre par Aman Beili et la gravité avec laquelle il l'exerce au nom de sa communauté clanique m'en apprennent davantage sur le sentiment religieux que les grand-messes de mon enfance. Au moins là, dans cette humble maison, n'est-il pas question pour l'âme de promesses paradisiaques et encore moins de menaces infernales. Bien au contraire, les ancêtres décédés sont les bienheureux, assagis et éloignés des affres de l'existence quotidienne, définitivement protégés de ses dangers occultes. Ce sont bien les vivants qui doivent honorer et consulter ces exemples du passé afin qu'ils les aident à se prémunir de risques omniprésents. Point de salut dans un hypothétique au-delà, seules – et je prends cela pour une leçon pratique d'épicurisme – l'immédiateté de la vie et la recherche du bien-être terrestre valent autant de dépenses de prières, d'offrandes et de sacrifices. Que chacun se le dise, l'âme cherche son éden dans le chant des arbres, puise ses forces dans le cœur de la forêt et s'exprime sainement dans les corps lorsque le clan réuni dans l'*uma* communie.

Une nouvelle fois, Aman Beili a disparu presque immédiatement dans la pièce du fond après cette transmission générationnelle de chair d'amande et d'eau pure, tandis que les trois *kerei* se sont assis l'un à côté de l'autre sur une solive disposée pour l'occasion sur le plancher face à la frise des crânes porcins. Aux pieds des chamans, sous le bouquet de feuilles magiques accroché au pilier fondateur et les restes mortuaires de ses ancêtres domestiques, ils ont allongé sur son côté gauche le petit cochon noir apporté au matin par Hendricus.

Aman Pasisik, installé entre ses deux comparses, a aussi déposé devant lui une jeune noix de coco verte à demi fendue dans laquelle il a coincé une poignée de feuilles tendres et un brin de palme. Ces végétaux vont intercéder à nouveau auprès des esprits en prévision et en accompagnement du sacrifice rituel du cochon[62].

Les aigus des grelots et les graves des chants chamaniques exhortent dans un premier couplet l'âme animale à ne pas céder à l'animosité que les esprits malveillants tentent insidieusement de lui insuffler.

Ils lui rappellent que depuis le jour où elle a pris corps, eux les humains l'ont toujours généreusement nourrie de tronc de sagou, ont partagé avec elle tubercules et fruits, et qu'elle a vécu parmi eux et parmi ses semblables en toute tranquillité. Qu'à présent, il est l'heure pour elle de rendre cette chair aux enfants du clan. Qu'il ne peut y avoir de place pour la rancœur alors que le temps est venu d'ouvrir son cœur. « Que ce bouquet (les chamans agitent une touffe de *taipotsala*[63]) disperse et désoriente les influences pernicieuses qui t'assaillent, qu'il repousse l'infection et la sourde contagion ! »

Après avoir ainsi refoulé la négativité émise par les esprits morbides, dans le second couplet, les trois chamans apaisent l'âme de l'animal en l'éventant avec une feuille d'*aileleppet* ou de *tainao*. « Que ta viande soit saine et nourrissante, qu'elle nous donne la force, qu'elle nous apporte la vitalité. Vois combien sont honorés au fronton de cette *uma* ceux de ta famille qui ont sacrifié leur vie pour nous. Bientôt ton regard pourra aussi croiser celui des trophées. Sois calme et sereine. N'aie crainte, le bon pouvoir de ce limbe réfrigérant calme les ardeurs et les peurs. » Aman Pasisik verse alors un peu d'eau lustrale contenue dans le coco vert sur la bête immobilisée. « Que les veines de ton cœur nous annoncent des retours de chasse abondants, riches en viande sauvage. Que sous tes bons auspices notre destinée soit placée. Fais que nous entendions le cri des singes, aide-nous à suivre les traces du daim. »

Pendant ce temps, Aman Beili, recueilli devant le *bakkatkatsaila*, caresse le dos blanc d'un poulet. Il a été rejoint par trois joueurs de *gajeumak* battant un rythme enlevé qui couvre son doux monologue avec l'animal domestique. Teurocak a aussi fait résonner le gong pour annoncer la prochaine séquence rituelle : une nouvelle offrande cérémoniale du *rimata*, au cours de laquelle l'âme du poulet est sollicitée pour son bon pouvoir, celui de préserver la vie en éloignant les esprits néfastes, et aussi pour sa capacité à convaincre l'âme sylvestre et craintive des gibiers aux chairs nourricières de ne pas s'effrayer de la venue prochaine des chasseurs. Aman Beili ne doute pas que la traque à venir, grâce à cette intercession, sera fructueuse. Il s'en remet aux facultés divinatoires inscrites dans les entrailles de son volatile. Il sait que les prédictions lisibles dans les replis et les nodules de ses membranes intestinales *(lauru)* seront favorables à la chasse. Il faut qu'il en soit ainsi, quitte à sacrifier, en cas d'augures contraires ou incertains, autant de poulets que nécessaire pour qu'au bout du compte s'accomplissent ses vœux. C'est une façon pour lui et sa communauté de conjurer le mauvais sort, d'assurer jusqu'à son terme le bon déroulement de la cérémonie. Partir confiants en quête de viande de la forêt vaut sans doute promesse de réussite. Le *rimata*, après avoir réitéré sa demande, se faufile ensuite dans l'assemblée en frôlant chacun avec les plumes rectrices de l'oiseau (utiles pour balayer les esprits sournois), afin que chacun puisse s'imprégner de sa force vitale et protectrice et sache se placer sous ses bons auspices.

Je n'échappe pas à la règle, et suis bien obligé de me placer moi aussi sous l'aile bienfaitrice de la volaille. Aussi bizarre que cela puisse paraître, ce simple attouchement de ma personne opéré par le maître de cérémonie me confirme le statut de victime propitiatoire de l'animal, lui donnant grâce à mes yeux, et il ne m'apparaît plus ainsi uniquement comme un chapon destiné à la casserole.

Parvenu à l'entrée de l'*uma*, Aman Beili élève le volatile face à l'œil solaire, témoin et dispensateur de vie, et retourne aussitôt le présenter au *bakkatkatsaila* en le priant une dernière fois d'exaucer ses attentes.

Le son des *gajeumak* s'est arrêté. Les joueurs ont rejoint l'assemblée. Aman Beili revient à son tour dans la pièce commune. Le jeune coq blanc placé sous la main chaude et caressante du vieil homme repose tranquillement sur son avant-bras. Le *rimata* confie le volatile apaisé à un jeune homme de la famille. Il est chargé de lui tordre le cou. Le geste est précis et sec. Aucun piaillement d'effroi ou de douleur, aucune effusion de sang. Les vertèbres cervicales sont disloquées. L'âme du gallinacé s'est libérée de ses chairs. Quelques plumes légères se sont envolées. Le sacrificateur les glane sur le plancher et fixe, en reconnaissance, le plumet sur la poutre d'entrée, entre deux mandibules de porc. De la même manière, les *kerei* offrent chacun un poulet en sacrifice.

De son côté, Hendricus à genoux affûte la machette à lame pointue sur une longue pierre empruntée à la rivière. Le cochon noir, en attendant, est en partie délivré de ses liens. Restent ligotés en faisceau ses quatre pieds gonflés. Complètement étourdi par son interminable contention, il grogne et bouge à peine. Un homme l'étend sur le châlit de l'entrée en le bloquant du genou sur son flanc droit. Il lui maintient d'une main le groin et la mâchoire fermés tandis que, de l'autre, il lui enserre les deux oreilles. Il se sert aussi de ces deux prises pour tirer fortement la tête de la bête vers l'arrière et bien lui dégager le cou. Un deuxième homme appuie sur le train de derrière et accroche la cuisse du dessus pour se prémunir contre une brusque agitation des pattes. Sous le regard attentif d'Aman Beili et des enfants curieux mais silencieux, d'un geste assuré, Hendricus enfonce profondément la pointe de son coutelas au niveau de la jugulaire gauche de l'animal puis, sans hésitation aucune, il lui tranche net la gorge.

À travers la plaie béante, de sourds grognements s'étouffent dans les gargouillis d'un sang rouge vif. Le fond rouillé du wok placé au-dessous recueille l'inexorable hémorragie et s'arrondit d'une mousse sanguine tachée de sombres caillots. D'ultimes soubresauts accompagnent le départ de l'âme porcine. Elle lègue sa viande à la communauté des hommes de la forêt en leur souhaitant de futures et abondantes portées.

Le cœur qu'elle a fait battre est extrait du corps sans vie. Avec les autres viscères, il est posé dans le bain de sang. Il ne conserve apparemment aucune rancune. Selon Teurocak, qui interroge ses « deux demi-cœurs » en pressant leurs cavités pour en faire saillir les veines et artères, sa lecture laisse présager une chasse sans péril et généreuse en viande de la forêt.

Aman Beili et Pasisik, accroupis autour du récipient, semblent aussi, après une brève discussion, se ranger à cet avis. Dans le sillon droit où chemine l'artère coronaire, la graisse n'est guère abondante.

Elle n'enrobe pas l'apex et de nombreux vaisseaux convergent vers cette artère centrale. Autant de signes favorables.

Juste avant que le cochon ne soit tué, trois jeunes garçons, Nelson en tête, se sont amusés à brûler les plumes du poulet. Lui aussi baigne maintenant les pattes raides dans le sang du porc, plumé, lavé et sectionné avec soin en deux parties égales afin d'en préserver intact le cœur, le foie et les intestins. L'examen attentif des méandres de son jéjunum entrepris par le chaman Teurocak en concertation avec Aman Beili et Pasisik confirme leurs espérances. L'âme du poulet a bien rejoint celle du cochon. Elles iront de concert débusquer les âmes des animaux de la forêt. Il est dit qu'elles parviendront sans mal à les amadouer et qu'ainsi, elles ne résisteront pas trop longtemps aux chasseurs.

Les chiens sont là aussi, attirés depuis le début par l'odeur chaude et salée du sang. Ils pointent leur truffe humide dans le cercle des devins, attentifs aux préparatifs, scrutant le moindre de leurs gestes. Ils sentent que, dans un instant, ils pourront se régaler des éclaboussures de sang, se disputer un bout de tripe ou un grain de graisse, lécher jusqu'à l'acier la machette et le wok. Ils se souviennent aussi que ces premiers sacrifices prédisent d'excitantes courses à pister le gibier dans les épaisseurs et les replis mouillés de la forêt. Ils flairent que bientôt, peut-être dès l'aube prochaine, la traque commencera, la meute sera lâchée. Promesse de curée. Dans leurs rêves, les chiens jaunes en tressaillent d'avance.

Chapitre 5
LES PETITS PLATS DANS LES GRANDS

À L'EXTÉRIEUR DE L'*UMA*, en bordure des premiers bananiers, Aman Sanek vient d'allumer un feu de palmes sèches. Auparavant, il a embroché le cochon vidé sur une longue branche qu'il a posée sur deux fourches fichées en terre de chaque côté de la flambée. Une autre pique en bois, calée de biais contre le sol, retient par le milieu le corps de l'animal dans la position souhaitée. Ce tournebroche improvisé sert à griller les soies du cochon. La chaleur est vive, le feu dense. Je me suis approché et le sens. La peau du porc noircit sous la brûlure et de multiples cloques éclatent en laissant de grosses taches brunes. Notre vigoureux gaillard, quant à lui, grimace sous l'effet incandescent. Il n'a de cesse de vouloir diriger les palmes en flammes au plus près des chairs encore épargnées par le brasier. Ses muscles et ses veines saillent sous son épiderme doré et luisant de moiteur.

Heureusement, assez vite, la peau du cochon est entièrement épilée. Déposé dans un grand plat de bois, il paraît, malgré ses boursouflures et les plaques de gras visibles dans les déchirures de son cuir, bien plus mince qu'auparavant. Hendricus découpe la cuisse arrière droite, de laquelle il tire plusieurs petits cubes de viande. Aman Evia emplit trois tubes de bambou de la viande dextre (la meilleure) du poulet et du cochon. Il enfile délicatement les morceaux choisis sous l'œil avisé d'Aman Pasisik, en train de bavarder autour d'une cigarette avec la femme de Teurocak. Un jeune chien intéressé tourne et vire autour des morceaux et des abats sanglants. Un peu comme moi, intrigué que je suis par le moindre événement, toujours prêt à immortaliser la scène et ses personnages. Je vais et je viens, essayant de me fondre dans le décor et l'action.

Dans le premier tube, le fils aîné d'Aman Beili fait glisser le foie du poulet et un peu de graisse extraite à proximité du croupion. Le foie, au lobe droit en forme de cœur, est, comme chacun le sait, logé dans la paroi abdominale droite. Cette position lui confère des vertus protectrices et énergétiques. La graisse de la partie postérieure agit, quant à elle, comme un répulsif. Elle a le pouvoir de faire refluer les maladies et les esprits malsains. Le contenu de ce bambou, une fois cuit, va servir à une séquence cérémonielle dans laquelle sera utilisé le petit plat sacré en bois qui a déjà servi lors de l'offrande de la chair de coco. De la même manière, en provenance de la moitié droite du poulet, la cuisse entière et des bouts de blanc, ainsi que des petits morceaux de la jambe droite du porc, sont respectivement introduits dans deux autres bambous. En accomplissant ces préliminaires, Si Beli murmure quelques mots à l'adresse des énergies potentielles contenues dans les chairs ritualisées.

Puis il apporte dans la cuisine les trois bambous à sa mère. Bai Beili, la femme du *rimata*, est chargée de la cuisson de ces viandes cérémonielles. Les bambous sont posés en biais au-dessus du feu allumé dans la partie droite du foyer. Les viandes cuites des deux derniers bambous seront ensuite en partie consommées par ce couple gardien des héritages rituels, lors des ultimes séances de la cérémonie qui mettront en jeu les grands plats.

En attendant, Hendricus, après m'avoir taxé une cinquantième cigarette, finit de débiter nonchalamment le restant du cochon en gros quartiers en prévision du partage et du repas collectif final. Il s'occupera aussi un peu plus tard de la cuisson de la viande commune. Il fera bouillir, dans un grand wok rempli d'eau, les morceaux de porc et de poulet avec les abats et le sang, sur le foyer situé à l'entrée de l'*uma*.

Les trois *kerei*, Teurocak, Pasisik et Teuroktok, ce dernier rentré depuis peu de temps d'une nouvelle cueillette, activent à présent les préparatifs du prochain rituel : le « repas de la *tenganuma* », accompli pour renforcer et finaliser les effets des deux séquences sacrificielles précédentes, « la fête du poulet et du cœur de cochon ». Les âmes des animaux sacrifiés sont une nouvelle fois conviées à rejoindre celles des bêtes de la forêt pour rendre la chasse fructueuse.

Les *kerei* posent, à droite sur le plancher, le petit plat de bois utilisé lors du rite d'aspersion tenu au lever du jour. Ils le placent dans l'alignement principal de la pièce avec l'avant dirigé vers la poutre ornée des crânes de porcs et le pilier fondateur en haut duquel est accrochée une offrande de feuilles ; à l'endroit précis où ils avaient installé le cochon lors des préliminaires de son sacrifice.

Teurocak, accroupi face aux trophées et au bouquet, place dans le fond du plat, en la repassant de la main, une feuille de zingibéracée sur la pointe de laquelle il dépose une petite feuille vert tendre de *taibeleki* en forme de cœur. Des brassées de feuillage sorties de la hotte de Teuroktok sont disposées au sol de chaque côté du plat, rafraîchissantes comme l'*aileleppet*, revitalisantes comme le *munumen* : longues feuilles nervurées de *duruk* ; fibres souples et résistantes du palmier paula dont ils ont placé un beau brin devant leur bandeau de tête ; enfin, une longue et mince tige de bambou garnie à son extrémité d'une composition en faisceaux de folioles et fibrilles.

À l'aide d'une machette, Pasisik fend ensuite le bambou dans lequel ont cuit les dés du cochon sacrifié. Ce faisant, il prend soin de recueillir dans une louche le bouillon de cuisson. Puis Teurocak se charge d'ouvrir les deux moitiés du bambou pour en retirer délicatement une dizaine de bouts de viande et de foie. Il les range dans le plat en se concertant avec Teuroktok, placé à sa gauche. Deux morceaux se détachent nettement, alignés sur la petite feuille avant, tandis que les autres s'agglutinent en deux tas à peine distincts l'un de l'autre dans la partie basse de la grande feuille qui tapisse le plat.

Les *kerei*, assis en position triangulaire, le regard dans le vague, entament alors leurs chants monocordes en faisant tinter les clochettes. Une nouvelle fois, après avoir détourné les esprits néfastes, ils invoquent les ancêtres, se réjouissent de la vitalité des membres du clan, disent leur reconnaissance aux bonnes âmes rassemblées dans l'*uma*, rendent hommage à celles de la gent animale, la domestique pour sa générosité, la forestière pour ses promesses de chair...

Tous les hommes affiliés à l'*uma* ont à présent rejoint les trois chamans autour du plat cérémoniel. Un cercle de trois générations, quatre même puisque le petit Alec ne lâche plus son père. La toison argentée de Taktak l'ancêtre, la silhouette sagement courbée d'Aman Beili le *rimata*, la carrure d'Hendricus, fils adoptif de son oncle paternel, le *kerei* Teurocak, la lippe inquiète de Si Beili, les yeux vifs et bridés d'Aman Lusi, second fils de Teurocak, la frange rebelle et l'œil bigle de Marius, fils du *kerei* Pasisik, tous ces hommes s'effacent dans le recueillement.

Les chamans procèdent alors avec minutie à l'offrande des morceaux de viande consacrés. Teuroktok remet, en l'enveloppant dans un paquet de petites feuilles au beau vert lustré, le premier morceau situé à l'avant du plat au maître de cérémonie, placé à sa droite, le *rimata* Aman Beili. Puis c'est au tour du *kerei* Pasisik, frère d'Aman Beili, de s'attribuer une portion. Teurocak offre ensuite à son fils aîné Hendricus, assis à sa gauche, la part qui lui revient. Il tend aussi sa part à son autre fils, Aman Lusi. Le *kerei* Teuroktok adresse, en face de lui, son offrande à Aman Evia. Celui-ci reçoit le petit paquet de feuilles des deux mains en le conservant précieusement serré entre ses paumes, l'esprit concentré. Marius, à gauche de son père Pasisik, paraît le moins solennel de tous. Il tire sur sa cigarette coincée entre le majeur et l'index et attrape, en regardant ailleurs, sa part de la main gauche. Enfin, les deux autres *kerei* prennent pour eux les deux derniers morceaux. Teurocak s'approprie le bout restant devant lui en bas du plat, tandis que Teuroktok récupère, à l'avant, la feuille en cœur contenant le second morceau. Il la tient ouverte au creux de sa main gauche, son large pouce pressant contre elle le dé de viande cuite. Chacun est maintenant servi. Le *rimata*, les *kerei* et leurs fils aînés se sont collectivement imprégnés des valences positives de la chair ritualisée. Ils se sont transmis réciproquement un témoin garant de la pérennité de la vie du clan et des cultes qui lui sont rendus. Ils ont aussi rendu grâce à l'âme du porc sacrifié. Demain, certainement, la viande de la forêt s'offrira généreusement à eux. La vie pourra continuer.

L'*uma*, la grande maison, centre cosmique de la communauté, est associée à ce rite de vitalité et de régénération. Je regarde, amusé, le chaman Teuroktok en faire le tour, ses feuillages capteurs et diffuseurs d'énergies en main. Il est suivi par Dabau, jeune fils du *kerei* Pasisik, enfant de la quatrième génération, à qui il avait également offert au début de la distribution un présent de viande rituelle. Un morceau de cette chair est aussi revenu symboliquement, via le *rimata*, au *bakkatkatsaila*, réceptacle et mémoire des esprits ancestraux, l'âme de la maison collective.

Quelque temps avant cette cérémonie de partage des énergies domestiques, Aman Beili avait une énième fois disparu dans l'obscurité de la *batnuma* pour accomplir un autre rituel d'offrande. Ce dernier finalise le sacrifice du poulet blanc et paraît quelque peu similaire à celui qui, plus tôt dans la matinée, avait mis en jeu les pouvoirs occultes de la noix de coco. Il semble s'en faire l'écho. Ici l'amande crue du coco est remplacée par les chairs cuites de la volaille, des bouts de gras et de foie, et par des boulettes de purée de taro saupoudrées de coco râpé *(subbet)*.

Le gong a encore résonné trois fois. Après avoir fendu le bambou rituel, préparé auparavant par Aman Evia, et en avoir recueilli le jus de cuisson dans un bol, le *rimata* place dans un ordre déterminé les différents composants dans le plat cérémoniel. Il commence, au rythme de ses formules animistes, par poser un petit morceau de foie en haut du plat puis une pincée de graisse et une boulette de taro, et ainsi trois fois de suite jusqu'en bas du récipient. Sur chaque pincée de viande et de friandise, il presse quelques gouttes de graisse chaude.

Au-delà de leurs valeurs gustatives, ces ingrédients possèdent des vertus et des pouvoirs magiques ou symboliques et révèlent les correspondances qui les unissent. Ainsi, le foie du volatile, considéré comme une offrande de premier choix pour le *bakkatkatsaila*, est un organe vital lové, comme une noix dans sa coque, au creux droit des anses intestinales. Cette position, symétrique au cœur et en communication avec les entrailles révélatrices des auspices, lui confère un atout indéniable. De plus, ses fonctions énergétiques et antitoxiques – il filtre et transforme les toxines alimentaires et autres poisons de l'âme – renforcent encore sa positivité. La graisse caudale présente aussi une valence positive et un pouvoir de répulsion envers les esprits retors. D'un coup de queue, la volaille peut en effet balayer ceux qui rôdent dans son dos. Comme cette poule qui gratte le sol en triant le bon grain de l'ivraie, comme on dit par chez nous, l'homme peut aussi avancer dans la vie en abandonnant derrière lui les vilaines tentations. Ainsi éloignées, ne pouvant lui faire face, elles ne pourront plus l'atteindre. Dernière symbolique relevant de ce rite, la reproduction sans fin à l'identique de la vie. Comme l'œuf, comme la noix, la graine humaine restera à tout jamais fertile si le rituel continue de s'accomplir.

Le pouls des *gajeumak* bat doucement. « Âme de notre *uma*, vois comme nous sommes généreux. Vois sur ce plat sacré le foie de la poule, couveuse de vies innombrables. Accepte notre offrande, toi qui es au fondement de notre existence. Préserve-la jusqu'à ce que nous soyons vieux et courbés par les âges, jusqu'à ce que nos cheveux blanchissent… » Aman Beili susurre ses incantations en élevant une bouchée de foie et de taro au coco face au *bakkatkatsaila*. « Et vous nos ancêtres qui n'êtes plus, recevez ce plat qui est le vôtre. Vous qui nous avez dit les sentes insalubres. Vous qui nous avez éloignés des chemins épineux. Vous qui nous avez écartés des crochets venimeux. Elle est pour vous cette chair qui est la nôtre. »

Le tam-tam des tambours s'est tu. Le *rimata* inverse le sens de présentation du plat et le place sur ses genoux. Les offrandes sont maintenant adressées aux âmes des gibiers puis à celles des membres de l'*uma.* « Approchez-vous, esprits des augures favorables. Voyez cette offrande, elle est pour vous. Revenez aussi, belles âmes des singes et daims de nos forêts. Venez ici, approchez-vous de nous... Et vous aussi, revenez près de nous, chères âmes de nos enfants. Prenez cette délicate offrande. Ne côtoyez pas les ombres morbides et mortifères. Méfiez-vous des vents insalubres et des souffles malsains. Approchez, venez vers nous... Que la vie vous accueille et vous préserve jusqu'à ce que nous soyons vieux et courbés par les âges, jusqu'à ce que nos cheveux blanchissent... »

Le cérémonial de « l'offrande du poulet » s'achève à la façon de « l'offrande du coco » : le *rimata* place un morceau de viande dans l'âme du tube de bambou fixé au *bakkatkatsaila.* Puis lui et son fils donnent leur part à leurs femmes qui la transmettent à leur tour aux enfants.

Cette succession de rituels densifie la journée au point parfois que le temps, du point de vue de l'observateur étranger que je suis, s'appesantit, se solidifie presque. Il me paraît alors difficile de distinguer ce qui différencie précisément les séquences de la cérémonie. Tant de scènes ritualisées dans leurs moindres détails. Tant d'incantations, de sons et de plantes subtiles. Tant de forces maléfiques et de pièges sournois à éviter. Tant de conjurations à prévoir et de bons auspices à prédire. Tant et tant de sagesse et de confiance dans les énergies positives et les équilibres. Mille et une grâces rendues aux âmes belles et bonnes. Voilà deux jours que le cérémonial a débuté et j'en suis maintenant à me demander, si ce n'est pas malheureux, quand s'achèvera la dernière séquence.

Dans l'*uma*, les enfants jouent en riant ; les femmes et les hommes fument et discutent ; les chiens divaguent et se disputent. Le temps pour eux ne compte pas. Ils sont tous en état de félicité, imprégnés de durée cérémonielle. Chacun des actes du *puliajat,* décliné sous son double aspect senestre et dextre, prend sens dans l'accomplissement achevé du rite. Le temps des rituels s'étend. Pas d'impatience ni de faim prématurée. Sans que cela paraisse, ils savent qu'il n'y a point d'infini.

Le *kerei* Teurocak accroupi converse une dernière fois avec une poule rousse tandis que Pasisik caresse les ailes de sa poulette pie. Les deux volatiles, l'esprit apaisé par tant de sollicitude et de confiance, offrent en retour le frôlement de leurs plumes protectrices à chacun des humains de l'*uma*. Aucun trouble n'affecte plus l'oiseau. Il a fait don à chacun de son flux vital. Le jeune sacrificateur lui arrache une poignée de rémiges et sans état d'âme lui brise le cou. Il glane encore quelques plumes tectrices ayant échappé aux mortels soubresauts, confie le plumet ainsi constitué à la poutre aux crânes, puis remet les volailles mortes aux gamins heureux comme tout de pouvoir les flamber.

Les hommes s'affairent à présent autour des grands plats de bois en vue du repas communautaire final : les morceaux de cochon, débités grossièrement par Hendricus, sont maintenant découpés scrupuleusement en parts égales. Certains invités et acteurs du *puliajat*, tel le chaman Teuroktok, rentrent sans attendre à Matotonan, en emportant dans leur hotte leur part de viande crue emballée dans un paquet de feuilles fraîches. Pasisik sectionne avec sa machette les bambous destinés à la cuisson à l'étuvée. La journée est bien avancée et je n'ai rien pris depuis mon léger petit-déjeuner, mais l'attente de ce banquet à l'heure de la méridienne finit par assoupir mes appétits et me convie, entre deux bâillements, à lorgner l'agitation ambiante. Deux adolescentes (dont Evia qui ronchonne à cause de cette corvée imposée par sa mère), le seau sur la tête, apportent l'eau de la rivière. Leur cousin lave et brosse avec un quartier de coir, ou fibres de coco, le plus grand des woks. Le jeune Dabau repousse en riant les chiens avec son bâton à fourmis. Taktak l'ancien lit, les yeux plissés et les avant-bras tendus vers la lumière du jour, les derniers boyaux pour s'assurer des augures favorables. Pasisik, qui en a terminé avec ses bouts de bambou, vérifie aussi derrière son vieux père que sa lecture réticulaire des entrailles de gallinacé est correcte. Deux femmes surveillent, sur le double foyer du fond, les bambous contenant lardons et chair de poule. Hendricus, l'homme à tout faire, touille, dans le wok à l'aide d'une longue spatule en bois, abats, tripailles, os, crânes et pieds de poule et de porc, s'attendrissant ensemble dans un bouillon d'eau et de sang. Une cousine de Tagaisosok porte affectueusement le bébé repu dans ses bras. Sa maman, Bai Evia, après l'avoir allaité, s'est mise à râper quantité de noix de coco à l'aide de la « fraise » en acier, vissée à l'intérieur de la cuvette en plastique, sur le moyeu de l'hélice du moteur de pirogue transformé pour l'occasion, on s'en souvient, par Aman Evia, spécialiste de mécanique, en train de surveiller de près les manœuvres de sa femme.

Les morceaux bouillis et racornis sont ensuite répartis par les jeunes hommes dans plusieurs longs plats en bois et dans deux petits plats ronds en émail fleuri fabriqués en Chine. Chaque famille a apporté le sien. La distribution doit être le plus équitable possible. Chacun des membres de la fratrie a droit à une quantité égale et de semblable qualité, quels que soient son âge et son appétit. Opération complexe qui sert de prétexte à de multiples arrangements, hésitations et concertations. Les petits tas de nourriture festive sont ainsi soigneusement disposés de manière espacée sur les bords des plats. Plusieurs douzaines de petits pâtés de taro au coco seront aussi répartis au centre des plats.

La préparation de ce repas communautaire, ces sacrifices et ces offrandes en l'honneur des ancêtres et des âmes vives, la lecture des viscères ainsi que le partage égalitaire des mets me font étrangement penser aux bonnes manières antiques observées par les Grecs lors de leurs banquets. Dans cette forme originale de sociabilité démocratique qui se déroule devant moi, ce n'est pas au plus fort ou au moins scrupuleux de s'approprier les meilleurs morceaux. La loi de la jungle n'est pas forcément ce que l'on imagine ni toujours là où l'on croit !

En attendant que les friandises soient prêtes, la gamine bien potelée d'Hendricus a décidé de se baigner dans le grand wok qui vient d'être retiré du feu et légèrement rincé. À l'aide d'une minuscule cuvette en plastique levée des deux mains, elle s'arrose les cheveux avec l'eau tiédie par la chaleur résiduelle du récipient. Sa montre étanche de pacotille ne fonctionne plus. Pendant ce temps, son papa cure méticuleusement les deux moitiés de la boîte crânienne et la mandibule du cochon. Une fois propres et fixés ensemble par de fines lanières d'écorce, ces os iront jaunir avec les reliques de leurs congénères et ancêtres.

De la même manière, pour passer le temps, Aman Evia et Marius, assis sur leurs talons sur la terrasse extérieure, confectionnent deux nouvelles louches avec les demi-coques de noix évidées par Bai Evia. Aman Evia sculpte des entailles décoratives sur le bord de la coque après l'avoir percée de deux petits trous diamétralement opposés destinés à fixer le manche. Il utilise pour ce travail appliqué une courte lame triangulaire sertie au moyen d'un large anneau en cuivre sur un long manche en bois de couleur, poli et légèrement incurvé. Il cale l'extrémité de ce couteau, appelé *balugui*, entre son biceps droit et ses côtes et contrôle l'action de la lame en appuyant dessus avec le pouce tandis que l'index écarté sert d'appui et de guide sur le bord extérieur de la coque. Aman Evia, dans tous les travaux qu'il accomplit, se montre habile, patient et très méticuleux. En particulier, durant la fabrication artisanale des objets utilitaires (plat, pagaie, outils et paniers divers, etc.), il est très attentif à ce que la forme réalisée approche la perfection. Il est doué pour cela mais il sait aussi, comme tout Mentawai qui se respecte, que l'objet imparfait, façonné sans âme, perd son essence *(mateu)*. Dans ce cas, ce dernier refusera de servir correctement l'humain qui l'a conçu avec maladresse. L'arc se rompra, la flèche déviera de sa trajectoire, la pirogue chavirera... Naturellement, cette fois encore, l'objet est parfait. Celui de Marius, il fallait s'y attendre, est un peu moins ouvragé. Surprise ! Aman Evia me fait cadeau de la louche qu'il vient de confectionner. « Merci beaucoup, que la couleur et la joie resplendissent en vous. »[64]

Les *subbet* enfin prêts, bien roulés et saupoudrés de noix de coco râpée, sont délicieux. En plus, ils facilitent le transit des bouts de poulet et surtout celui des morceaux de porc. La couenne est en effet coriace et rend la mastication un tantinet laborieuse. En accompagnement, les fines baguettes de sagou, sorties de leurs feuilles calcinées, sont mangées sèches ou trempées dans le bouillon de viande. Pas mal du tout. Leur consistance, sorte d'aggloméré de sciure légèrement fermentée, les rend cependant un peu étouffe-chrétien. Ce qui ne m'affecte guère, remarquez. Quant aux adeptes de l'*arat sabulungan*[65], même évangélisés, ils continuent d'apprécier depuis l'aube de leur humanité ces différents mets. Nourriture traditionnelle et rituelle riche de sens, aux valeurs se situant bien au-delà de leurs saveurs. À la fois élément essentiel de vie et de spiritualité. Je ne subodore néanmoins aucune querelle intestine à propos de ces préparations culinaires. Leur substance, actualisée dans le repas, est devenue simple chair de consommation, éloignée de l'âme qui l'animait avant le sacrifice. Ni transformation magique ni présence incarnée à présent à l'intérieur de ces fibres cuisinées. Simple médium entre deux mondes fondamentalement inséparables, le charnel et le spirituel. Chaque famille autour de son plat et chacun autour de sa part apprécie donc comme il se doit ce repas cérémoniel.

Manquent pourtant à ce repas partagé le *rimata* et sa femme. Il est dit que le temps n'est pas encore venu pour eux de consommer la nourriture commune. Ils doivent, avant de lever l'interdiction, accomplir un autre rituel. C'est seulement après ce nouvel acte que le couple retiré dans la *batnuma* sera autorisé à prendre, toujours de manière ritualisée, le repas clôturant le *puliajat*.

L'avant-dernier acte[66] se déroule dans le sanctuaire devant le *bakkatkatsaila*. Il s'adresse aux ancêtres, aux âmes des gibiers de la forêt et, plus spécialement, à celles des jeunes enfants de l'*uma*.

Par trois fois résonne le gong. Dans le grand plat, le maître du rituel place un *subbet* sur une petite feuille de *taibeleki* ainsi que des morceaux de blanc de poulet. En ouvrant le bambou, il prend soin de le balayer de la main afin d'en éloigner toute contamination et tout risque de maladie. Puis, adressant une bouchée de viande et de taro au *bakkatkatsaila*, il le conjure, une fois de plus, de l'accompagner sans dommage, lui et les siens, jusqu'au seuil de la vieillesse : « Accepte cette offrande salutaire et guide-nous jusqu'à ce que nous soyons courbés par les âges. Protège-nous des vents insanes, des orages et des foudres. » Aman Beili confie ensuite des paroles similaires à son gong messager, avant de convier sa femme et son petit-fils Nason à le rejoindre autour du plat de cérémonie.

Bai Beili, sa femme, se place à droite du grand plat tandis que son petit-fils, qui sera peut-être lui-même appelé un jour à remplacer son père dans le rôle du *pamuri*, se tient justement à la place que celui-ci occupait dans les précédents rituels. Sa grand-mère, épouse de *rimata*, récite brièvement, en appuyant le geste à la parole, quelques formules consacrées, inscrites comme il se doit dans la dichotomie habituelle. La maladie est éloignée et l'horizon de la vie s'ouvre généreusement avec sérénité. Elle offre alors une bouchée de nourriture rituelle à l'enfant. Fin de l'acte. Les acteurs sortent du sanctuaire.

Courte pause cependant pour le couple de *rimata* qui se prépare presque aussitôt pour l'acte final du *puliajat*. À nouveau isolés dans le sanctuaire de la *batnuma*, ils vont prendre tous deux leur première collation de la journée et sortir ainsi de leur état cérémoniel. Quelques gâteaux de taro et bouts de viande consacrés lors de ce dernier rituel ainsi que des morceaux de viande commune sont disposés dans le plat de faïence japonaise[67]. Le *rimata* entame ses paroles sacramentelles en offrant symboliquement une part de ce repas aux ancêtres et aux âmes de l'*uma* et de sa communauté. Il invite ensuite sa femme à accueillir ces âmes chères. Elle répond qu'elle aime les recevoir. Il goûte alors une première bouchée de viande avant de la proposer à son épouse. Il fait de même avec le *subbet* et le bouillon versé dans une louche. Enfin, chacun, en respectant le côté du plat qui lui est assigné (à droite pour le *rimata* et son père, à gauche pour sa femme et sa mère), mange librement. À la fin du repas, le plat est remisé à sa place habituelle et les couples de vieux parents rejoignent la communauté, offrant la dernière portion de leur repas au premier enfant venu.

La journée s'est ainsi étirée au rythme lent des séquences rituelles. Avec le déclin du jour, la pluie s'est mise à tomber. La grande cérémonie traditionnelle sous la responsabilité du *rimata*, avec la participation des chamans et la présence active de la communauté de l'*uma*, est parvenue à revitaliser, avec patience et méthode, l'existence du clan. Les esprits délétères, les contaminations et les périls ont été repoussés. Les pulsions de mort ont été vaincues. Les ancêtres et leurs héritages ont été honorés et invités au cérémonial. Les vertus médiumniques et les énergies des plantes et des animaux sacrifiés ont accompli leur devoir de reconnaissance et de transfert. Les transmissions vitales ont été réparties entre les générations. Les âmes de la nature sont en paix. L'univers des hommes de la forêt est confirmé, ses équilibres fondamentaux rétablis. La nuit s'annonce de tout repos.

Chapitre 6
LA CHASSE AUX SINGES

Alu lia kai kaleleu (« Après la cérémonie, je pars dans la forêt »).

Aujourd'hui, c'est jour de chasse. La quête de viande de la forêt, placée sous les meilleurs auspices, sera suffisante pour mener à bon terme la cérémonie. Les hommes sont confiants[68]. Ils n'auront pas besoin, cela était prévisible dans la lecture des entrailles, de viande de substitution. Ils ne reviendront pas bredouilles. Les singes *simakobu*, les animaux domestiques des esprits et des ancêtres, seront au rendez-vous fixé par les âmes libérées du cochon et des poulets.

L'excitation des jeunes hommes est perceptible. Deux ou trois sont arrivés tôt à l'*uma*, dont Hendricus avec un fusil à air comprimé à canon court, acheté à un marchand de Padang. Ils s'amusent à ajuster leur tir en prenant pour cible les hautes feuilles des bananiers. Les perforations se détachent sous les lumières obliques du soleil, autant de points de repère pour corriger leur ligne de mire. Le réglage des pétoires paraît pourtant moins évident que le plaisir des tireurs. Le feuillage transformé en passoire solaire par les plombs décoiffe les bananiers. Nelson et sa bruyante bande de cousins se défoulent aussi sur eux à coups de lance-pierres.

Dans l'obscurité de l'*uma*, Aman Beili retend tranquillement la corde de son arc de 1,70 mètre, fabriqué avec le bois dur du palmier paula parfaitement poli et noirci. Elle est constituée de fibres tressées de *baiko* solidifiées à l'aide d'une résine extraite de l'écorce de l'*onam*[69].

J'avoue être fasciné par ce vieil homme aux gestes assurés et patients. Il se dégage de son être, pourtant éprouvé par les conditions d'une existence incertaine, une solidité mentale, une intelligence et des capacités physiques qui suscitent confiance et sérénité. Il me donne d'ailleurs souvent l'occasion, au cours de mes séjours, d'apprécier son habileté et sa bienveillance. Un homme simple et bon qu'il me plaît chaque fois de revoir et que j'aimerais savoir éternel!

Aman Beili vérifie ses flèches l'une après l'autre. Dans son long carquois, un tube de bambou noirci entouré d'une spathe de sagoutier[70], il dispose d'une trentaine de flèches de quatre sortes[71] : des flèches à la fine pointe spiralée et cassante, filantes comme le vent dans les branches, pour rattraper les singes ; plus courtes à l'extrémité garnie d'un tampon de bois dur pour assommer les oiseaux et les chauves-souris ; longues et entaillées de bardes pour occire les petits gibiers du genre écureuil ; à hampe courte et à large pointe en fer acérée pour transpercer le cuir des sangliers et des daims. Toutes ces flèches sont faites à partir d'un roseau léger de la famille du rotang à l'extrémité duquel est fixée une longue pointe en bois de palmier, celle destinée au gros gibier étant façonnée dans un éclat de ferraille. Elles n'ont pas d'empennage et, excepté les flèches destinées aux oiseaux, sont toutes empoisonnées. L'extrémité des flèches en bois est taillée de spires qui permettent de retenir le poison et de l'injecter plus facilement dans le sang. La base de la pointe est aussi entaillée de manière à ce qu'elle se brise dans la blessure de l'animal en fuite.

L'épais poison noirâtre paraît bien sec mais il ne faut pas s'y fier, il reste toujours actif. Il a un effet paralysant pour les muscles respiratoires quand il circule à travers le sang. Sur un primate, il agit en quelques minutes. Une manipulation malencontreuse, une simple écorchure, peut donc avoir de graves conséquences[72]. Aussi, c'est avec d'infinies précautions que le vieux chasseur manipule ses traits en prenant garde qu'aucun enfant distrait ou curieux ne passe à proximité. Il a préparé son poison en dehors de l'*uma* les jours précédant la cérémonie[73]. Il a extrait les substances toxiques de l'écorce et des feuilles du *raggi*[74] qu'il a lui-même cultivé et celles du rhizome de *laingi*[75]. Et il a ajouté à sa mixture un jus de piments pour accélérer la diffusion du poison dans le sang. Il a auparavant finement dosé et écrasé chacun de ces ingrédients dans un mortier, un épais plateau circulaire avec en son centre une saillie faite pour recevoir les coups d'un pilon en bois, à la tête incurvée comme un marteau. Ce faisant, il a conversé doucement avec la pâte obtenue pour qu'elle soit bonne et consente à fusionner en elle les fluides mortels. Il l'a priée d'être efficace pour ne pas augmenter la souffrance des gibiers respectés. Il l'a malaxée longtemps encore avant de la tasser dans un petit anneau tressé en rotin qu'il a ensuite écrasé entre les deux bras lourds d'une presse en bois. Il a demandé au jus qui s'écoule dans le demi-tube de bambou de lui livrer la quintessence de ses toxines. Afin qu'il puisse, en pénétrant la chair des singes promis, au plus vite délivrer leurs âmes. Avec un pinceau de duvet ou une lame de bois, le chasseur enduit de poison la pointe de ses flèches qu'il met, après chaque couche, à sécher au-dessus de la fumée.

Nous partons dans l'après-midi après un frugal repas composé de sagou et de rogatons de la veille. Juste avant le départ, de nouvelles offrandes ont été faites aux crânes des ancêtres simiens afin qu'ils s'en aillent convaincre leurs congénères vivant au cœur de la forêt d'autoriser sans tarder et sans crainte leur âme à venir les rejoindre. Le départ en file indienne est silencieux. Même les chiens qui courent devant semblent vouloir tempérer leur frénésie.

Le *kerei* Teurocak qui ferme la marche passe sur chacun d'entre nous les feuillages protecteurs. L'allure est soutenue. Les hommes et leurs garçons se faufilent habilement entre les sentiers étroits et boueux brodés de branches griffues et de lianes piquantes. Les plantes de leurs pieds semblent infaillibles dans le déchiffrage de la moindre anfractuosité. Elles paraissent conserver le souvenir tactile des aspérités les plus anodines, connaître l'algèbre des nœuds radiculaires, avoir une habilité géométrique des sols détrempés. Aptes qu'ils sont, ces hommes nature, à se jouer et à profiter de tous les volumes tarabiscotés et mouvants de leurs terres et roches natales. Ils filent ainsi l'un derrière l'autre, sans effort apparent, inhalant leur tabac gris, la machette en main, l'arme à l'épaule.

J'essaie de suivre la cadence. La loi des déséquilibres fondamentaux me rattrape instantanément. La semelle de mes « pompes » engorgées d'eau dérape plus que de raison. J'avance en accéléré, le geste désordonné, funambule maladroit. La sente par endroits se resserre, rabougrie sur ses lames de bambou pourri et ses lattes de bois gluant. Elle se transforme en une interminable passerelle, un fil presque, plongeant dans la boue des marécages et sur laquelle mes pieds aveugles et caoutchouteux doivent, sans tâtonner ni hésiter, frayer leur passage. Pas évident de rester debout en étant balancé dans tous les sens sur un sol savonné de la sorte. Pas intérêt en tout cas à relâcher son attention ou à se laisser gagner par l'énervement. Juste essayer d'avancer sans trop ralentir le groupe.

Durant la marche d'approche, peu de paroles sont échangées. Réserve des chasseurs, en partie liée à l'observance de nombreux tabous. Ainsi, aucune allusion à la chasse, aux flèches, au poison, n'est faite avant d'entrer, si l'on peut dire, dans le vif du sujet. Pendant la chasse, interdiction absolue de se baigner et de laver le linge dans la rivière, défense aussi de manger des fruits acides et crus. Interdit encore aux femmes d'aller à la pêche avant que le premier singe ne soit tué. Aman Evia, devant mon étonnement de ne jamais le voir boire malgré l'effort et la chaleur, me dit qu'il est tabou de boire de l'eau dans la forêt. D'ailleurs, il ne montre jamais sa soif et transpire peu, contrairement à moi qui dégouline de partout. Ce qui n'empêchera pas Hendricus au retour de licher cul sec le restant de ma gourde, *Aman Juli, maogo aku, ake lok ku oinam* (« Aman Juli, j'ai soif, donne-moi de l'eau »).

Au départ, la petite troupe a emprunté, derrière l'*uma* d'Aman Beili, l'ornière qui longe l'affluent d'Alimoi. Les cocotiers chargés de noix, plantés en bordure de la rive, sont protégés par une couronne de piques de bambou acérées ; un piège redoutable contre d'éventuels voleurs[76].

Ce sentier dessert les habitations *(sapou)* des différentes familles. Une première hutte sur pilotis d'apparence bien fruste abrite la famille d'Hendricus. Une petite cabane en retrait sur fond de sagoutiers sert de demeure au vieux Taktak. Quelques bananiers et cocotiers plus loin, nous traversons à gué pour grimper sur la berge opposée. Là se perche l'imposante *uma* du couple Teurocak avec, dans son prolongement en aval, le modeste *sapou* de leur fils Aman Lusi. Dans l'autre sens, vers l'amont, la trace nous conduit à celui de la famille d'Aman Pasisik. La frêle demeure est posée à proximité d'un ruisseau que l'on coupe pour aller vers Matotonan. La végétation paraît soudain plus dense. Un arbre à durians domine l'endroit et semble veiller sur la « cabane aux poules » du chaman Pasisik. Après ce petit poulailler et sa sentinelle de bois géante, le chemin passe à côté de la case de célibataire de Marius[77], puis s'enfonce en direction du sud-ouest dans l'épaisseur de la forêt.

Pendant deux bonnes heures, nous allons ainsi progresser, en franchissant à plusieurs reprises des cours d'eau remplis de galets glissants et, en ce qui me concerne, en patinant dans les montées et en essayant de ne pas m'étaler dans les descentes. Heureusement, il ne pleut pas. Malgré l'effort demandé, j'apprécie au plus haut point le privilège qui m'est fait de pouvoir suivre ces chasseurs aux pieds nus.

À mi-chemin, Aman Evia me montre la « maison aux cochons » *(sapou sainak)* de Teurocak, une cabane avec terrasse assez haute sur pieds. Tout autour, un terrain dégagé, une bauge dans laquelle des cochons noirs à moitié sauvages se vautrent et grognent en se goinfrant de tronçons de sagou. Un peu plus loin, de l'autre côté de la petite rivière, nous passons aussi près de l'élevage d'Aman Beili. Au retour de la chasse, avec Aman Evia, j'irai me reposer quelques instants dans la « maison aux cochons » de son père. De nombreux objets rappellent ici le passé glorieux du chasseur de ces lieux. Posée sur la terrasse, une planchette sculptée d'un varan et d'un singe. Dessiné au charbon de bois sur la porte de la cabane, un pangolin. Les griffes et les écailles cornées de ce curieux mammifère sont conservées pour être vendues aux marchands de Muara Siberut. Elles sont utilisées dans la confection de bijoux. À l'intérieur de la maison, accrochées aux palmes de la toiture, des queues d'écureuil, des touffes multicolores de plumes et, suspendus comme autant de mobiles, les becs et crêtes du grand calao. Quelques vieilles coques de durians nauséabonds, un tas de cocos secs et un bric-à-brac de survie traînent aussi par terre ou sont accrochés près du foyer.

Régulièrement, les parents Beili séjournent durant deux ou trois jours dans cette maison pour, entre autres tâches, s'occuper de leurs verrats et de leurs truies. En fin de journée, Aman Beili appelle ses bêtes en frappant sur un gros bambou fendu. À la queue leu leu bientôt la troupe arrive et aussitôt se dispute en grognant les tronçons de sagou. Parfois, quelques mâles solitaires s'éloignent tellement dans la forêt que leur maître, pourtant chasseur aguerri, a du mal à les récupérer. Aussi, pour repérer plus aisément leurs bêtes favorites et prouver sans équivoque qu'elles leur appartiennent, les éleveurs leur découpent-ils artistiquement la pointe des oreilles. Les grosses truies sont particulièrement élégantes avec leur pavillon auriculaire en rosace. La nuit, les animaux sont parqués dans un enclos, une grande cage en bambou dont la porte, coulissant de haut en bas, peut être actionnée, par mesure de sécurité, à l'aide d'une corde depuis le seuil de la maison.

Le rythme s'est un peu ralenti, la file des marcheurs s'est étirée. La rivière se rétrécit à mesure que l'on monte. Elle devient torrentueuse. Il faut maintenant escalader des chaos de roches lessivées et tanguer sur les troncs écorcés, en risquant de se casser le nez au moindre faux pas. J'y pense sans trop y penser. On ne sait jamais avec le mauvais sort. Quant à mes amis, petits et grands, ils ont l'air de se soucier comme d'une guigne de l'état de la sente. Leurs doigts de pieds racornis accrochent sans riper dans les courbes traîtresses. Leurs mollets fuselés et leurs muscles effilés les mènent, souples comme les félidés de leur forêt. Ils ont belle allure.

Dernier obstacle à franchir : un arbre énorme, au moins 1,50 mètre de diamètre sur 20 mètres de long, couché en travers d'une rive déclive et sur lequel il va falloir grimper et marcher pour atteindre enfin le refuge de chasse. Prudemment, *moile, moile* (« mollo, mollo ») comme on dit, je finis par arriver au bout de la poutre et de mes peines. Nous allons passer la nuit ici, dans cette hutte surélevée érigée au pied d'un pan de colline complètement déboisé. Autour de nous, d'autres grands fûts coupés jonchent le sol. La pente essartée est plantée de touffes éparses de manioc et parsemée çà et là de buissons de piments rouges. Quelques bananiers, papayers et pieds d'annone émergent aussi entre les rocailles. La défriche laisse place à de bien maigres cultures, me semble-t-il. Dans la soupente de la cabane, des feuilles sèches de patchouli sont ramassées. Leur essence, distillée dans des alambics bricolés artisanalement avec de grands bidons, est vendue aux marchands de Sumatra[78].

Sur la crête, au-dessus de nous, le sombre rempart de la forêt domine. Aux lèvres de la nouvelle plantation, dans les cernes du relief, s'épand une coulée végétale luxuriante. Le ciel est bleu sous un cumulus de silence. L'eau chuchote gentiment dans son limon. Un duvet irisé de martin-pêcheur trille l'azur. Le bec d'un pic écorce les larves du bois. S'il n'y avait cette plaie récente au milieu du versant, avec ses gisants géants aux moignons lépreux, j'aimerais me croire isolé aux aurores du monde et de l'humanité.

Tous les chasseurs sont maintenant arrivés. Le temps pour eux de faire bouillir un peu d'eau, de remplacer une traverse du plancher – trois garçons sont allés couper un arbuste –, d'avaler quelques baguettes de sagou, et le ciel s'est empli d'étoiles. La lune, pleine comme un œuf, poudre d'albâtre les visages et le paysage. Noyau d'hommes au cœur d'une forêt primaire. Chasseurs de temps. Dans ce clair-obscur ma réalité s'estompe, s'enroule sur elle-même en une fantastique involution. Là-bas, loin de cette île méconnue, au couchant, d'autres Terriens lisent aussi en ce moment les astres, dans les journaux du matin, peut-être.

Le gîte se révèle finalement trop exigu pour que toute la bande puisse s'allonger à son aise. C'est pourquoi, accompagné d'Aman Evia et de Marius, je rebrousse chemin à la recherche d'une autre place où dormir. Retraverser le tronc, redescendre le torrent sans lampe, juste à la lueur lunaire, n'est pas du tout évident pour moi. Trois fois j'ai failli prendre un bain de nuit, trois fois j'ai cru me briser l'échine. Nous gagnons une cahute, un étroit toit de palmes recouvert d'une bâche, posé sur quatre piquets[79], qui sert le plus souvent d'abri pour les poules. Aman Evia y installe notre bivouac. Il étale la bâche sur le sol du poulailler de plein air et chacun y fait son nid. Le cintre de la voûte céleste s'est encore élargi. Des profondeurs insondables, marbrées de constellations innombrables, s'enfoncent en abîme au-dessus de moi. Être dérisoire dans cette immensité et combien précieux en ces lieux improbables. Sur l'écran noir, des lucioles virevoltent. Elles s'éclipsent sous mes lourdes paupières qui clignotent.

Inconscient, je rejoins le mythe de création de l'univers mentawai. À l'aube des temps, l'arche céleste croît et se courbe d'est en ouest comme la tige du bambou. À l'orient, des humains au teint pâle la nourrissent d'huile pour qu'elle s'élève chaque jour toujours plus haut. La Lune et le Soleil la parcourent ensemble en direction de l'occident. Aux confins de ce monde lointain se tapit dans l'obscurité un crocodile géant nommé Sikaoinan. Quand le saurien aperçoit le jeune couple candide, tout en rondeurs, s'approchant ingénument de sa gueule béante, la promesse du régal lui met l'eau à la bouche. Mais les hommes à la peau écarlate qui vivent dans les parages, voyant la tournure tragique des événements, confectionnent d'énormes boulettes de taro qu'ils fourrent aussitôt dans la gueule du monstre. Sauvés, les deux astres poursuivent de concert leur trajet, s'enfonçant à l'horizon pour traverser les abîmes souterrains et réapparaître le lendemain à l'autre bout de la terre. Symphonie en boucle de tous les matins du monde.

Je m'assoupis par intermittence, ouvrant les yeux au moindre bruissement suspect. Je devine, entre deux clignements, la sombre silhouette d'Aman Beili, seul, l'arc et le carquois en bandoulière, qui gravit le raidillon menant à la forêt. Il part en reconnaissance, « repérer où dorment les singes », me souffle brièvement son fils. Cette image nocturne et sa légende me sidèrent et renforcent en même temps mon admiration pour cet homme. Un vieux chasseur nu va passer la nuit à écouter le cœur de la jungle, scrutant le faîte des arbres séculaires, à l'affût du moindre souffle émis par les âmes domestiques de ses aïeux. Je rêve. Il disparaît emporté par l'ombre. Le rougeoiement de la cigarette de Si Beili, son fils, s'éteint aussi. De nouveau, je m'assoupis.

Aux premiers temps de l'univers, l'expansion naissante de la voûte céleste empêche le Soleil d'atteindre son apogée. Ses rayons dardent et brûlent la peau fragile des enfants et des femmes qui se baignent à la rivière. Les hommes alertés du danger bandent leurs arcs et envoient une volée de flèches pour faire reculer les cieux. Une nuée d'étoiles filantes transperce le dais céleste, qui s'éloigne alors vers l'infini. L'astre solaire se tient désormais à bonne distance des humains.

Sommeil léger, le corps endolori par les pierres oubliées sous ma couche, l'ouïe agacée par le vrombissement des anophèles. J'installe ma moustiquaire et retire le caillou qui m'écrase les côtes. Dans la transparence du tulle constellé de fines lueurs, la lune s'accroche. Il est dit dans un autre mythe qu'elle est la mère bienveillante des étoiles. Comme elle, le Soleil a aussi enfanté une multitude de petits soleils. Mais à cause d'eux, la canicule devient vite extrême et rend de nouveau invivable le monde des hommes. Prise de compassion pour ces derniers, la Lune s'enduit les lèvres d'un jus rouge sang tiré de la bourre de la noix de coco. Elle fixe rendez-vous au Soleil et lui annonce qu'elle vient de dévorer ses propres enfants. Le Soleil, ébloui par tant de détermination, engloutit à son tour avidement ses rejetons. Quel ne fut pas alors son désappointement quand il vit la nuit pulluler d'étoiles ! Furieux d'avoir été berné, il sabre sans pitié la Lune. Depuis lors, la plupart du temps, elle ne luit plus que par quartiers[80].

Une couverture grise glisse lentement de la canopée. Repos de courte durée avant que les premières gouttes de pluie ne se mettent à tomber. Pour nous abriter, nous remettons la bâche sur le toit. J'enfile mon poncho imperméable et me recroqueville à même le sol sous ma tente de mousseline. La lune s'est voilée. Son halo en pleurs se souvient de la cruelle blessure infligée par l'ardent rival. Elle a bien essayé de lui rendre la pareille, de le fendre à grands coups de machette. Mais, affaiblie, elle parvint tout juste à lui occasionner quelques égratignures. Les rayons seraient les fines cicatrices de cette vengeance ratée. Désormais irréconciliables, les deux astres ne vont plus de pair sur l'arc du bambou céleste. En outre, la lune a été si affectée par ce duel inégal que mensuellement une maladie chronique la fait dépérir. Chaque jour, elle maigrit à vue d'œil. À son dernier quartier, elle expulse des vers grouillants qui serviront d'appât aux hommes de la côte. Elle finit par s'éteindre, enchevêtrée dans les racines de la mangrove. Disparition éphémère, heureusement. Bientôt le cycle reprend. Un croissant réapparaît dans le ciel, la lune renaît, accueillie par les chants stridulants de ses enfants terrestres, les cigales.

Ô combien cette nuit à la belle étoile me semble interminable et délicieuse ! Rêves et pensées oscillent en moi comme les flots marins. Il est dit qu'au-delà des palétuviers, dans le sud et le nord du grand océan, vit un crabe géant qui quotidiennement rejoint la terre ferme en quête de nourriture. Sa masse considérable, sortant de l'eau avant de s'immerger à nouveau, déclenche les basses et les hautes marées. Flux et reflux se succèdent aussi régulièrement que la course des astres lunaire et solaire. À n'en pas douter, je suis sous influence.

Au levant, la chevelure ébouriffée de la forêt se teint de mèches aurore. Le fond de l'air est encore chargé des haleines et des moiteurs de la nuit. Le soleil se lèvera bien après nous. Pas question d'aller laver ses yeux chassieux ni de rincer sa bouche pâteuse. C'est tabou. Avant toute chose, aller vérifier les prédictions des augures. Honorer le rendez-vous arrangé avec les singes par les esprits des animaux immolés dans la maison des hommes. Partir sans attendre. Gravir la rude pente en lisière du monde des mânes[81]. Tout là-haut, au-dessus de l'arche de bambou, les fantômes ont choisi d'implanter leur demeure. Dans le territoire de ces ancêtres disparus vit aussi, paraît-il, une belle défunte qui s'est follement entichée d'un humain. Une liane relie les mondes distants des deux amants. Hélas, l'âme sœur du Terrien a aussi un frère nommé Kombut qui refuse cette alliance. Isolé sur la Lune, il essaie de pêcher les hommes avec sa ligne de fond. Il espère ainsi empêcher son beau-frère ainsi que ceux de son clan de rejoindre le territoire de sa sœur et de ses ancêtres. Son épouse, qui demeure au-dessous de la Lune, ne comprend pas une telle méchanceté de la part d'un mari. Aussi, chaque fois que Kombut déroule sa ligne, coupe-t-elle le fil, le condamnant à recommencer sans cesse.

Le terrain à gravir est tressé de racines tortueuses et de plantes volubiles et carnassières mais le tracé, suivi par les chasseurs et leurs chiens qui halènent, ne s'embarrasse pas de circonvolutions inutiles. Hommes et bêtes grimpent droit devant sans faiblir, comme accrochés à une corde invisible. Attention de ne pas s'agripper aux serpents végétaux ! Ils griffent, piquent, déchirent et enveniment la peau. Mieux vaut pour moi essayer d'imiter les meneurs (naturellement, à côté d'eux, je me sens bien gauche), tenter de caler mes pas sur les leurs, en tâchant de ne pas me laisser trop distancer. Surtout, ne pas me fier aux branches secourables qui se tendent : elles sont traîtresses.

« Ooooo ! Ooooo ! » Les singes *simakobu* sont là, nichés au sommet d'un arbre gigantesque d'où pendent d'énormes cordages. Il est difficile pour moi de les apercevoir. Je prends garde de rester silencieux pour ne pas faire fuir les animaux. Mais curieusement, à mon grand étonnement, les chasseurs se mettent à chanter à qui mieux mieux. Ils singent le cri modulé des *simakobu* pour les leurrer, leur faire croire, m'explique Aman Evia, qu'une bande de la même espèce qu'eux s'agite sous le couvert des arbres. Du bruit et du mouvement mais aucune précipitation. La chasse aux singes ne s'improvise pas !

Entre deux cris de singe, le chaman Teurocak, les yeux levés vers les frondaisons, récite ses paroles d'offrande aux esprits en leur présentant quelques morceaux de sagou et de noix de coco. Pendant ce temps, deux hommes abattent les arbustes au-dessous et autour du repaire des singes pour qu'ils n'aient plus de solution de repli du côté de la pente descendante. S'ils échappent aux projectiles, ils seront forcés de prendre la fuite vers le haut de la colline.

Aman Beili, qui le premier cette nuit est parti repérer les singes, entreprend maintenant l'ascension de leur immense perchoir. Agile, malgré son âge, comme l'animal qu'il chasse, lentement, il monte en s'accrochant aux lianes. Il cherche à localiser précisément les singes dissimulés dans la canopée.

Hendricus se tient prêt à tirer. Il me fait comprendre qu'il en a un dans le collimateur. À mon tour, je perçois tout là-haut un vague bruissement de feuillage et soudain, au coup de feu, une ombre furtive s'envole, bondissant d'un arbre à l'autre pour se fondre aussitôt dans l'obscurité de la forêt[82].

Raté ! Aussi véloces que les singes dans les airs, les hommes et les chiens se précipitent ventre à terre vers le sommet de la colline. Une folle ruée à travers les ronces et les épines. En un clin d'œil, ils se sont évanouis. Restent en arrière avec moi quelques gamins et Aman Evia. Ce dernier comprend que je veux moi aussi rapidement rejoindre la troupe pour assister au dénouement de la chasse. Nous filons tous les deux dans la direction prise par les chasseurs. Les enfants nous suivent sans problème. En courant, nous longeons la crête avant de bifurquer sur notre gauche et de prendre le travers d'une pente raide comme la mort. Le sol se dérobe sous mes pieds. Les roches roulent et rebondissent. Il faut faire vite. Pas le temps d'avoir peur. Pas le moment de se plaindre. Le raccourci nous oblige ensuite à remonter un deuxième versant tout aussi abrupt et friable. L'ajour des racines et le nœud des branches me servent de prises pour l'escalade. La fatigue et l'essoufflement me guettent. Je suis éreinté, j'ai les jambes qui flageolent, les mollets à moitié tétanisés, la sueur m'aveugle… J'ahane et me fais doubler par la marmaille impatiente et tonique. On entend les aboiements de la meute excitée. Reste un talus, un à-pic à franchir, un dernier effort à fournir.

Je passe enfin la tête par-dessus le mur de terre et, divine et horrible surprise, sur une petite plate-forme encombrée d'un fouillis de palmes, j'aperçois Hendricus soulevant à bout de bras, en lui serrant fermement la nuque, un singe noir aux cheveux longs. L'animal est terrorisé. La contention exercée par le prédateur révulse les yeux du pauvre singe et le force à ouvrir la gueule. Il tente vainement des deux mains de faire lâcher prise à son bourreau. Sans un cri, étouffé de frayeur, paralysé par l'effroi, il comprend que sa mort est imminente. Son corps suspendu s'étire, flasque, dévoilant sous un fin pelage la peau livide des aisselles, de la poitrine, du ventre et de l'aine. C'est un jeune mâle. Les chiens sautent pour essayer de mordre et lécher ses pieds sanguinolents. Après l'avoir exhibée une minute de plus à mon intention, Hendricus emporte sa capture jusqu'au petit groupe de chasseurs qui l'attend à quelques dizaines de mètres de là.

Je sens maintenant chez les hommes et les enfants une certaine fébrilité. Le singe en état de choc ne se débat plus. Hendricus lui appuie la nuque en porte-à-faux sur une vergue de la jungle et tente de lui briser les vertèbres en lui tordant la tête vers l'arrière. L'animal est désarticulé mais pas encore définitivement occis. Les jeunes garçons, tout comme moi d'ailleurs, ne semblent pas rester insensibles à la vue de cet animal agonisant qui nous ressemble tant. Ils ont les yeux levés sur lui, la gorge serrée, les lèvres légèrement entrouvertes. Sans état d'âme apparent, l'un des chasseurs ligote le singe moribond avec un lien de rotin passé autour du cou et de la taille, de manière à pouvoir le transporter sur l'épaule, tandis que l'exécuteur des hautes œuvres, le nommé Hendricus, continue à lui rompre les cervicales. « *Matei nia ?* » Oui, cette fois-ci, le *simakobu* est bien mort. Ses yeux sont clos.

L'âme de l'animal a regagné les cimes éternelles. Les chasseurs sont satisfaits, la promesse des augures a été tenue. Demi-tour à présent pour rejoindre Aman Beili resté seul auprès de son arbre. Bonne nouvelle, sa flèche empoisonnée a aussi filé, filé jusqu'au singe, et s'est brisée dans la chaleur de son corps. Tout s'est déroulé comme le chasseur aguerri l'avait souhaité dans ses incantations du matin. Un autre primate fauché en pleine force de l'âge. « Nous avons attrapé deux paquets de singes », comme ils diront en mentawai. La chasse ne pouvait être meilleure. « Allons ! »

En chemin, les chasseurs cassent des feuillages du *kelabaga*[83] qu'ils accrochent dans leur dos, passés dans la ceinture. Ils espèrent ainsi repousser une possible vindicte des singes, les prévenir qu'ils n'ont pas intérêt à revenir se frotter aux chasseurs, car la détermination de ceux-ci reste intacte. Une fois arrivés dans l'*uma*, ils fixeront le bouquet d'euphorbes sur « la poutre aux crânes »[84] pour exhiber leur courage et signifier aux étrangers et aux esprits malveillants qu'il ne ferait pas bon s'introduire en douce dans cette maison de fiers chasseurs. Dans l'après-midi, le tambourinement joyeux des *tuddukat* annonce leur retour fructueux.

Le chemin paraît plus facile à présent, le rythme moins soutenu. Aman Evia semble aussi davantage disponible, attentif à mes étonnements, prêt à répondre à mon insatiable curiosité, la devançant même parfois. Une flânerie qui nous mène d'abord à la « maison à cochons » de son père puis nous promène jusqu'à la cascade[85] et ses petits bassins d'eau fraîche. Les tabous sont levés. C'est un délice des cieux que de s'y baigner. La forêt s'est radoucie depuis le matin. De ses entrelacs embués par les nuées de la nuit s'évaporent des rayons de lumière dorée. Cathédrale kaléidoscope aux hautes colonnes, éblouissante et mystérieuse. Une grande pirogue gît en son chœur mutilé par la tronçonneuse. Elle prend forme dans l'arbre équarri et attend patiemment d'être creusée. Elle sera fin prête à la prochaine saison des pluies après avoir été transportée, poussée, roulée sur des rondins dans les descentes forestières menant aux « espaces de l'eau » *(bat oinan)*. Une belle cérémonie d'inauguration sera alors organisée pour convier son âme née de l'arbre à se mettre au service des hommes de la forêt. De nombreux cochons et poulets seront sacrifiés pour remercier les parents et amis qui ont participé à sa mise au monde.

Ina oinan, l'esprit de la mère des rivières[86], veillera sur eux lorsqu'ils fileront dans leur nouvelle embarcation. Depuis des temps immémoriaux, avant même que les saisons ne se succèdent, son fluide a su protéger les huit frères des Pléiades appelés ici, sous les cieux mentawai, les « 8-8 » (Balu Balu)[87]. Huit petits orphelins de père abandonnés sur les flots dans une pirogue chargée de vivres. Trop de bouches à nourrir pour leur pauvre mère esseulée. Leur esquif glissa à vau-l'eau, les éloignant pour toujours de leurs collines natales.

Heureusement, à quelque distance de là, leur oncle maternel qui pêchait dans le courant descendant les aperçut. Il eut pitié d'eux et les recueillit. Bientôt hélas, il admit lui aussi qu'il ne parviendrait jamais à nourrir convenablement un si grand nombre de neveux. À contrecœur, il décida à son tour de les chasser de son territoire. Il feignit de leur faire croire, un jour qu'ils étaient perchés dans un arbre fruitier, que des ennemis approchaient et qu'il fallait, au plus vite, fuir le plus loin possible.

Les huit garçons ne tombèrent cependant pas dans le piège tendu par leur oncle, mais furent si bouleversés d'avoir été trompés par lui et affligés de se sentir une nouvelle fois abandonnés qu'ils décidèrent d'eux-mêmes de partir. Sans plus attendre, ils creusèrent dans un arbre géant une grande pirogue à balancier[88] et, juste avant de s'en aller, demandèrent à leur beau-père de leur expliquer les signes avant-coureurs du changement des saisons.

Son domaine était proche de l'océan et il connaissait bien les humeurs du ciel. Quand vous apercevrez, leur dit-il, le lever du soleil dans le ciel de l'est alors sera venu le temps d'aller chercher les crabes de la côte. Et les arbres offriront bientôt leurs fruits mûrs. Ce temps de bonheur viendra mais surgira aussi celui des tempêtes, le temps pendant lequel l'homme ne doit plus sortir en mer. Ainsi, vous patienterez jusqu'à ce que s'estompe l'obscurité dans le ciel de l'ouest, jusqu'à ce que s'annonce le temps du calme océan, la belle saison durant laquelle l'homme peut retourner à la chasse aux tortues marines[89]. Forts de ces derniers conseils, les Balu Balu gagnèrent l'immensité céleste et se métamorphosèrent en étoiles dans l'amas des Pléiades.

En arrivant non loin de l'*uma*, au pied d'un arbre au port altier, Aman Evia ramasse pour me l'offrir une sorte de grosse mangue ovale et jaune à la chair acide et juteuse. Un délice riche en vitamines et en sucre, véritable don du ciel. Rien de meilleur pour se remettre d'une rude partie de chasse ! Fin des restrictions ! Belle saison !

À l'intérieur de l'*uma*, Aman Beili et ses aides découpent soigneusement les deux singes en petits morceaux. Au retour de chasse, le *rimata*, le plus habile chasseur du clan, a invoqué une fois de plus pour les remercier l'âme de ses ancêtres disparus et celle des animaux tués. Puis les *simakobu* ont été passés à la flamme. Dénudés de leur fourrure, le corps raidi sous un cuir bruni, les maigres cadavres des singes me paraissent encore plus pathétiques. Leurs poings crispés et charbonneux, recroquevillés dans un ultime reproche désespéré à une vie si soudainement consumée, m'évoquent l'atroce souffrance d'un jeune enfant carbonisé. Brève vision anthropomorphique qui s'écarte délicatement sous la lame tranchante du sabre d'abattis. De la viande de forêt attendrie par un bouillon crasseux offre généreusement ses muscles rosés. Offrande réparatrice au *bakkatkatsaila* et aux membres de l'*uma*.

Avant de commencer à manger, Aman Beili, en tant que chasseur le plus doué pour attirer le gibier, présente aux deux crânes simiesques, parfaitement récurés et suspendus par une bandelette de rotin à la « poutre aux os », une offrande composée de petits morceaux racornis de lèvre, de langue, de gorge, de poumon et d'estomac. Il accompagne son offrande de paroles de remerciement et demande protection et succès pour les chasses futures.

L'ordonnancement des mondes matériels et spirituels du clan s'accomplit pleinement avec ce dernier repas communautaire. La viande de singe est coriace sous la dent et son goût prononcé a vite fait de m'écœurer. Les petits crânes blanchis au regard exorbité peuvent maintenant sourire à pleines dents.

Sous la voûte de bambou, trois des frères Balu Balu, à peine arrivés dans leur espace sidéral, avaient pris épouse. Mais les trois étoiles équatoriales restaient dans le sillage de leurs bien-aimés sans jamais pouvoir les atteindre. Elles restaient prises dans le baudrier d'Orion, le grandiose chasseur à l'arc de notre mythologie antique. Accoudé à la rambarde de l'*uma*, je crois deviner la mandibule de porc jetée par les Balu Balu comme une ancre triangulaire dans les profondeurs de la nuit[90]. Leur pirogue, immobilisée pour toujours dans la constellation de leurs amantes, scintille au loin sur les ondes célestes.

Chapitre 7
DURIAN, « LE ROI DES FRUITS »

CE MATIN, le ciel est dégagé, la vie ordinaire reprend son cours. Les chamans Teurocak et Pasisik sont redevenus eux aussi des hommes ordinaires – ou presque, car ils gardent belle allure dans leur nudité tatouée –, sans davantage de prérogatives ou de pouvoir que les autres membres du groupe. Chaman ou pas, la saison généreuse des durians, le fruit béni des jardins de la forêt, invite chacun à participer à la cueillette. Tout le monde est là, femmes et enfants compris, visiblement heureux de cette balade gourmande. Embarqués dans une petite pirogue menée à la baguette par Evia et Belinda, les filles aînées d'Aman Evia et de Pasisik, nous descendons la rivière pendant quelques instants avant d'accoster sur la rive opposée, le long d'un champ de taro.

Les feuilles des colocases, larges et pointues comme des oreilles d'éléphant d'un vert luisant, se mirent dans la mare limoneuse. Aucun souffle d'air ne vient rider le reflet grisâtre de leur peau rêche. Seule une beauté picturale s'évapore, me semble-t-il, de ce carreau de culture aquatique. Avant que le tabac ne soit importé de Sumatra, les Mentawai fumaient ces feuilles de songe. Les faisaient-elles rêver plus que de raison ? En passant, les pieds englués dans la glaise, Aman Evia perspicace me rappelle son souhait que Tagaisosok, sa benjamine, ne connaisse jamais le chemin difficile de la tarodière. Enfouir au bâton les tubercules nourriciers au tréfonds d'une terre détrempée est, en ces lieux, une affaire de femmes. C'est une interminable corvée que l'entretien de ces parcelles. Rien à voir avec l'extase passagère de l'esthète voyageur ! Dans ce tableau idyllique du labeur, les rhizomes s'abreuvent aussi de bien des sueurs.

Comme à l'accoutumée le parcours se fait à vive allure. Le sol est détrempé. Les nuages, peu avant minuit, ont rapidement submergé la barque des Pléiades et déversé des tonnes d'eau sur la forêt des hommes. On l'aura compris, tout l'art pédestre consiste ici à ne pas glisser des pontons brinquebalants qui sont censés guider les pas alertes. Facile à écrire. Trop souvent hélas, je loupe une ligne et m'enfonce jusqu'à mi-mollets dans la gadoue. Il va sans dire que je suis le seul parmi les marcheurs-cueilleurs à patauger aussi lamentablement. L'unique aussi à ne pas devoir porter de hotte sur le dos. Au retour, celles des hommes pèseront près de 30 kilos, celles des femmes et des enfants une dizaine bien remplie. Les gamins, en attendant, se carapatent comme d'agiles lézards entre les herbes géantes tandis que les adultes avancent du pas intelligent et régulier qu'on leur connaît. Il ne faudrait pourtant pas trop se plaindre. Rien à redire, en effet : nous progressons pour le moment sur un terrain marécageux quasiment plat. Des sagoutiers nonchalamment y trempent leurs pieds, les palmes en éventail.

Plaisir fangeux, dit-on, ne saurait durer. À peine commencé-je à m'habituer aux caresses et aux succions des eaux épaisses et calmes de la plage que s'annonce déjà l'heure de la rude grimpette. Une ascension entre roches et racines qui n'en finit pas ! Des marches, encore des marches ! Qui se suivent et ne se ressemblent pas ! Trop hautes, instables, de travers… Pas une pour rattraper l'autre ! Les yeux doivent précéder les pieds… Stop ! Fin des jérémiades. Quel privilège de pouvoir ainsi pénétrer cette jungle d'un autre âge ! Je ne le répéterai jamais assez. Merci encore pour la partie de chasse, excellent échauffement pour la randonnée cueillette d'aujourd'hui. Accroché à ma liane, je pourrais quasiment me croire aux anges, vous savez, pas très loin du septième ciel où demeurent les *saikamanua* (les mânes).

S'il n'y avait cette saloperie de sangsue collée à ma cheville et cette autre bestiole qui me ventouse la hanche !

Tout là-haut sur la colline, camouflé par la végétation environnante, se dresse, solitaire, le tronc énorme d'un arbre à durians. Un bon 1,30 mètre de circonférence sur plus de 20 de hauteur. Hendricus, décidément l'homme à tout faire, s'apprête déjà à grimper dans sa frondaison. Il n'a pas peur, le bougre ! Pieds et torse nus, il commence son escalade. Il monte en s'aidant d'une solide corde de rotin avec laquelle il encercle le tronc du durian. À l'une des extrémités de son baudrier de fortune est nouée une lanière d'écorce. En grimpeur émérite, il y enserre son poignet gauche tandis que sa main droite reste libre de saisir l'autre bout de la sangle en fonction de la grosseur de l'arbre. Dans sa ceinture de tissu rouge, il a aussi coincé une machette qui va lui permettre si besoin de tailler des encoches dans le tronc. Il faut une sacrée force dans les bras et les jambes pour oser grimper de la sorte. Tout l'art consiste à élever d'abord la sangle légèrement au-dessus de la tête en la tenant fermement. Puis à remonter les genoux en tirant avec les bras, les pieds bien à plat sur le tronc ou en appui sur un nœud ou au bord d'une entaille. Avancer ainsi jusqu'à la prochaine branche. Effectuer alors un rétablissement en lâchant la sangle côté droit pour passer le bras autour de la branche. Se reposer quelques instants. Poursuivre l'ascension jusqu'à hauteur suffisante pour gaffer les fruits désirés. Facile à dire ! C'est sans compter avec les dimensions de l'arbre – plus il est gros et plus c'est ardu –, avec l'absence de branches – parfois sur près de 15 mètres un énorme poteau lisse et glissant vous passe entre les jambes –, avec la pluie qui se met soudainement de la partie, les muscles qui se tétanisent, le vertige qui vous prend… La moindre maladresse peut ici coûter très cher. La vie, on peut le dire, ne tient qu'à un fil…

Cette fois-ci, l'arbre a beau être gros, c'est pour Hendricus presque un jeu d'enfant que d'y monter. Époustouflant. Je l'aperçois à peine dans la ramée, tout rapetissé, pas plus épais que son singe de la veille. Il finit par disparaître entièrement derrière l'épais feuillage oblong, brillant et sombre à la fois. Armé de sa longue gaffe de bambou, hissée à mesure qu'il monte, il déclenche une pluie de boulets verts recouverts de pointes triangulaires, véritables masses d'armes propulsées du ciel. Il n'y a pas intérêt à rester à bayer aux durians ! Question de vie, encore. Autrement, dans la journée, si personne n'y fait vraiment attention, le durian, paraît-il – mais on colporte la même chose des noix de coco –, possède de bons yeux. Il voit de loin, même le moindre gnome qui s'aventure au-dessous. Donc en principe, si on le laisse mûrir tranquille, il n'y a aucun risque d'en prendre un inopinément sur la tête. Il s'arrange pour tomber durant la nuit[91].

Un *king*, un roi du *rock'n roll* ce durian. Adoré dans toute l'Asie, il a aussi ses fans aux îles Mentawai. Entre deux alertes, tout le monde fouille le sous-bois à la recherche des fruits tombés. Et pendant le bombardement, on déguste aux abris. L'odeur du fruit s'exhale à travers sa coque épaisse. Odeur particulière, indéfinissable, dont la gamme varie en fonction des espèces et des représentations et sensations olfactives de chacun. Mes narines soupçonnent un relent de vomissures, de fromage trop fait (désolé pour les amateurs) mais, curieusement, elles se sentent aussi flattées par de tendres effluves d'amande, de lime et de cive.

Bai Pasisik fend délicatement de la pointe de sa machette la carapace de la bête. Elle prend garde de ne point se frotter les doigts aux épines. À l'intérieur du ventre cloisonné se serrent de longues gousses immaculées emplies d'une pulpe grasse et soyeuse dans laquelle se lovent de grosses graines marron. Le goût de cette crème onctueuse rappelle son odeur mais avec davantage encore, si je puis dire, de subtilités. La remontée des sensations gustatives est complexe à définir. Elles varient entre la note surette des éthers, le camembert bien coulant et la douceur des arômes caramélisés. Mais, une fois ces vagues réminiscences dépassées, dans le contexte de cette nature prolifique entouré comme je suis de si « aimables sauvages », je trouverais indécent de refuser un tel présent. Je me mets en phase avec les adeptes du durian. Je savoure lentement la fibre laiteuse et caillée qui descend en moi.

La pluie de durians continue à battre le sol. Ils rebondissent dans l'humus et la mousse, roulent dans les buissons, se coincent entre les souches, dévalent et se perdent dans la pente. Les hottes et les ventres se remplissent. Tous se délectent, sans paraître devoir s'en lasser, du fruit roi de leur forêt. Ils en ouvrent, me semble-t-il, autant et plus qu'il n'en faudrait. Naturellement, j'ai du mal à refuser les parts qui me sont offertes. Le partage est équitable, il n'y a rien à redire. Mais, franchement, je commence à me sentir écœuré. J'ai maintenant l'impression d'en avaler sans fin, d'être gavé contre mon gré, tant l'odeur et le goût du durian semblent m'imprégner. Des renvois fiévreux envahissent mon palais et transpirent sous ma peau. Il ne m'a pas fallu longtemps pour parvenir à cet état. Histoire de compenser et d'échapper à la nausée qui me guette, j'essaie de choisir maintenant les gousses les moins mûres, les moins gluantes, les moins puantes. Celles-ci ont la saveur du cru et du vert, un côté rafraîchissant et beaucoup moins odorant. Supportable. Et puis, je m'arrange pour manger « en gros », en vrai sagouin, jetant discrètement la graine avec quantité de pulpe. Je m'évertue aussi de temps à autre à refuser gentiment l'offrande avant de m'éloigner enfin pour de bon de l'aire de décorticage et de partage.

Bientôt, Aman Evia a l'air, lui aussi, d'avoir tout son content. Il s'occupe à présent, cône de tabac aux lèvres, à tresser un sac en palmes dans lequel il transportera tout à l'heure le supplément de durians déjà ouverts et prêts à être consommés. Les autres aussi semblent rassasiés. Les grands découpent encore quelques fruits pour la route tandis que les petits, qui ont fini de remplir leur panier, s'amusent entre eux. Ils ont tous l'air heureux de la qualité et de la quantité de fruits récoltés. Quant à moi, j'attends le départ en tentant d'oublier ma digestion difficile.

J'observe, entre deux éructations, la flore alentour et la faune minuscule qui s'y cache. Là, un bourgeon turgescent de cire rouge s'extrait du terreau moussu. Éclose, sa fleur étoilée, lourdes étamines cramoisies sur légers pétales jaune fluo, s'épanouit à côté de lui dans un lit humide de feuilles mortes. Une petite araignée aux pattes grêles et zébrées semble avoir adopté par mimétisme cette fleur de zingibéracée. Elle reste immobile sous elle comme une réplique miniature. Pas un pouce de ce territoire d'en bas qui ne recèle, dans l'épaisseur de ses strates et de ses replis, de multiples vies organiques. Floraison et décomposition, larves et insectes, fougères et champignons, serpents et scolopendres, le sous-bois grouille de partout. Profitant de la cohue, une sangsue me saute dessus et me suce aussitôt le sang, ver assoiffé de nouveaux globules qu'Aman Evia refroidit *illico presto* sous l'incandescence de son mégot.

À propos de faune sympathique, Siberut est parfois appelée « l'île aux serpents ». Cobras, pythons et autres reptiles, venimeux, verts à queue rouge, sont légion. J'en photographierai quelques beaux spécimens. Elle est aussi, depuis fort longtemps, envahie par les rats : l'étymologie de Siberut vient de *birut* qui signifie « rat ». De quoi nourrir bon nombre de serpents !

Il est temps de repartir. Les corps hâlés des deux *kerei*, dans leurs simples atours de perles et de tissus vivement colorés, se détachent avec intensité sur le fond vert de la forêt. Ils sont fleurs. La forêt est leur. Ils sont à elle. Belles fleurs de la forêt. Naturels confondus avec leur nature. Ils cheminent ainsi depuis des millénaires. En suivant leur sillage en silence, bien plus que la fatigue, c'est la pensée d'un monde secret, beau et fragile qui m'occupe. Leur temps immuable tiendra-t-il encore longtemps dans la beauté des choses ? Jungle envoûtante et impitoyable. Les hommes-fleurs ont appris à y perpétuer la vie. Ils ont appris les plantes qui soulagent des fièvres pernicieuses, celles qui éloignent les maléfices et l'adversité. Ils ont su résister aux miasmes et aux odeurs de sainteté. Pour combien de temps encore ? Le savent-ils ? Le monde du dehors est devenu une jungle dévoreuse de fleurs et d'hommes.

Il me semble que la matinée est déjà bien avancée. Il est difficile pour moi de me repérer précisément dans le temps. Dans l'espace, n'en parlons pas. J'avais cru d'ailleurs, un instant, au moment de redémarrer, que la cueillette était terminée et que nous rentrions à l'*uma*. En fait, nous continuons la tournée des durians. La file des porteurs entame donc une boucle qui nous oblige à nouveau, après une légère descente, à gravir la pente d'une seconde colline. Les fûts des arbres deviennent pachydermiques. Entre leurs pieds, nous faisons figure d'une colonie de fourmis pressée d'emporter son maigre butin de graines.

Les premières gouttes de pluie s'écrasent lourdement sur les feuillages et d'un rebond se pulvérisent dans la lumière des branchages. Sentant l'averse venir, un papillon affolé cherche refuge. Un bruissement lointain devient perceptible. La voûte sylvestre s'assombrit. Les marcheurs accélèrent le rythme. D'un brusque signe du bras, Aman Evia me fait clairement comprendre que je dois passer au large de ce vieil arbre crevassé qui me fait de l'œil. Il est plein de miel et d'abeilles, excitées en plus. Bien vu ! Nous atteignons, quelques instants plus tard, un petit plateau à mi-pente quand soudain l'orage se déclenche pour de bon. Un rideau de pluie, drue et violente, s'abat sur nos têtes. « La pluie tombe, ce n'est pas bon ! » Aussi vifs que l'éclair, Hendricus et Aman Evia, en trois coups de machette, nous confectionnent des abris de palmes. Superposées perpendiculairement au sol, elles constituent une longue cape suffisamment imperméable pour nous éviter d'être trempés jusqu'aux os. Luxe suprême, ils ont même coupé en deux le tronc des palmistes pour faire des bancs. Aucun mal à vouloir se faire du bien. Aucun scrupule ni remords non plus, tant ces arbustes se multiplient comme des herbes folles !

Dès que la pluie cesse, notre petite troupe reprend nonchalamment sa route. Le bref déluge a ramolli le sol et les énergies des plus jeunes. Les paniers de fruits se sont alourdis et la sente s'est transformée en patinoire. Une dernière côte est franchie, non sans mal. Teurocak et Pasisik, que l'averse n'a pas découragés, sont déjà là. Ils nous attendent en haut du sentier. L'arbre à durians choisi, dont la base se perd en contrebas dans un fouillis de lianes, a la tête dans les nuages. Immense. Un énorme mât de cocagne.

Comme à l'accoutumée, c'est à Hendricus de jouer. Il n'a pas intérêt à rigoler ! Déjà, pour atteindre le « pied de bois », il est obligé de se frayer un passage à grands coups de machette. Quand, au bout d'un moment, il réapparaît du fourré tout griffé et mouillé, Hendricus est déjà grimpé sur le tronc à plus de 3 mètres de hauteur. Ses pieds aux doigts écartés, leur pointe plantée dans l'écorce, enserrent à peine le quart de sa circonférence. Ce n'est pas une mince affaire ! Le pire dans l'histoire est qu'il n'y a pas une branche avant une dizaine de mètres. Un poteau géant. Et s'il en fallait encore pour ajouter aux difficultés, il est complètement lisse et détrempé. J'en tremble pour lui. Visiblement, je ne suis pas le seul. Tout le monde a conscience du danger. Y compris Hendricus lui-même, le meilleur grimpeur du clan.

Il ajuste la sangle de rotin, les yeux levés au ciel, et lentement s'élève, une jambe après l'autre, d'un demi-mètre à peine à chaque fois. Sa progression est prudente, entrecoupée de longues pauses. Il assure un maximum ses prises, entaillant l'arbre de degrés réguliers et rapprochés. Son ascension me paraît incroyable. Il faut que ces fruits soient vraiment précieux pour que l'on risque ainsi sa vie pour eux. Il faut les aimer tant et tant ! Ne pas avoir peur aussi de se sacrifier, au besoin, pour sa communauté familiale. C'est au grimpeur le plus agile et le plus téméraire d'accomplir cette tâche pour le bien de tous. Avant lui, d'autres l'ont fait ; Hendricus a pris la relève sans même y penser. Mais cette fois-ci, l'arbre est particulièrement impressionnant. Hendricus ressent la puissance qu'il diffuse alentour. Dans chacun de ses muscles, il perçoit la sève qui monte des profondeurs de la forêt à travers ce gigantesque fût. J'ai peur pour lui. Chacun a les yeux fixés sur ce corps minuscule qui s'accroche à bout de force. L'inquiétude est surtout mienne, mais je perçois aussi toute l'attention qu'Aman Evia et les deux *kerei* apportent à la scène. Ce qui n'est pas sans rajouter à mon angoisse quelques pincements supplémentaires.

Hendricus tient bon. Il va bientôt atteindre la première branche. Les difficultés se corsent. Elle est épaisse et il va falloir passer par-dessus. Manœuvre périlleuse car il faut lâcher l'extrémité du cerceau de rotin, tenue par la main droite, pour pouvoir enrouler la branche de son bras. N'étant plus assuré, le grimpeur sait que la moindre erreur lui serait fatale. Il hésite. De longues minutes s'écoulent. Ses jambes raidies par la tension sont à la limite de la crampe. Il examine la branche, réfléchit à la façon de s'y prendre. Il tourne le regard vers le bas pour chercher de l'aide.

Son père adoptif Teurocak l'encourage et lui explique par gestes et par quelques mots rassurants comment procéder. Il doit conserver tout le poids de son corps en appui sur la jambe gauche en extension, avec le pied bien calé au creux de l'écorce. Puis fléchir, en la remontant à mi-hauteur, la jambe droite pour coincer le pied dans l'entaille qu'il vient de pratiquer. Une fois bien stable, agrippé fermement à l'arbre, il peut lâcher la sangle. Cette phase de préparation terminée, il faudra passer à la phase décisive. Étant donné les proportions de l'arbre, celle-ci se montre particulièrement dangereuse. Cette ultime épreuve inquiète visiblement Hendricus.

Teurocak, les yeux levés au ciel, est attentif aux moindres gestes de son fils. Il a confiance en lui mais ressent sa fatigue et son appréhension. Il sait qu'il ne faut pas que l'indécision s'éternise. Hendricus doit d'abord oser lâcher prise de la main droite pour passer l'avant-bras autour de la branche. Puis il faut qu'il récupère la lanière tenue par sa main gauche pour la libérer à son tour. Qu'il n'hésite pas ensuite à basculer légèrement son corps vers la droite pour, dans un dernier effort, se redresser par-dessus la branche en surplomb. Une acrobatie qui n'est pas à la portée du premier venu. On s'en doute.

Hendricus épuisé se repose enfin sur son perchoir, le regard tourné vers l'horizon lointain. Il se tient debout accroché à la branche qui curieusement se courbe, à peine un mètre après son attache au tronc, pour remonter direct à la verticale. Comme une flèche insolente qui lui indiquerait le chemin à suivre, celui qui lui reste à faire. Au-dessus de lui, encore deux bons mètres avant la prochaine branche. Les mêmes difficultés à franchir, les mêmes périls.

Heureusement, Hendricus n'a pas enfreint les tabous. Son âme est en paix avec lui-même. La cérémonie passée l'a libéré des énergies néfastes diffusées par les esprits de la forêt. Il ne doit pas craindre la branche brisée par les êtres sans reflet dissimulés au faîte des arbres. Il a regagné confiance en lui et a repris son souffle, celui qui l'anime et le rend si fort. Combien d'ailleurs de cochons et de singes n'a-t-il pas sacrifié de ses propres mains pour plaire aux esprits et à ses ancêtres disparus ? Et même s'il rêve pour ses pieds meurtris de bonnes sandales en cuir ou d'une tronçonneuse pour construire ses pirogues et ses maisons, il reste, fusil aidant, un chasseur-cueilleur hors pair, comme feu son père et tous ceux qui l'ont précédé. Il est en short, coiffé en brosse, baptisé à l'église, portant tout juste l'ombre d'un tatouage, celui d'une petite scolopendre sur l'épaule droite, si loin des clichés habituels. Mais il demeure pur Mentawai, homme de la forêt par excellence. Le durian le plus haut ne lui fait pas peur. Il monte, atteint la seconde branche et dégomme tout ce qu'il voit.

« *Mita ka sapeu* », cette fois, c'est terminé, « Allez, on y va, on rentre à la maison », de durs durians plein le dos. Le soleil nous accompagne sur le chemin du retour, un soleil bienvenu, bien chaud et caressant. Comme le bain qui nous attend dans la rivière débordante.

Sosoa aibara sigegeugeu : « À l'instant, survient un tremblement de terre ». J'étais enfin tranquille, peinard, bien propre et rasé de près quand soudain l'*uma*, dans laquelle j'étais assis à regarder la vie s'écouler, s'est mise à trembler de tout son corps. L'esprit le plus puissant du ciel souterrain, Teteu ka baga, venait encore de frapper. Pas d'affolement, me fit comprendre Aman Evia. C'est juste une petite secousse tellurique, courante en ces lieux. L'*uma* ne risque pas de s'écrouler. Pas besoin de sortir. Elle a le pied sûr. Elle est solide et souple, construite dans les règles de l'art, bâtie tout exprès pour résister aux humeurs désastreuses du tremblement. Les séismes, une histoire vieille comme le monde mentawai.

Il y a bien longtemps de cela, raconte le mythe[92], un jeune garçon orphelin de père fut recueilli avec sa sœur aînée par un oncle paternel. Un jour, tout le clan partit à la cueillette des fruits, un peu comme nous aujourd'hui. Mais, au moment du partage, le garçon ne reçut de ses compagnons devenus soudain jaloux de lui que des fruits verts ou pourris. Qu'à cela ne tienne ! À mesure qu'il les mangeait, étrangement ils mûrissaient ! Les envieux furent si effrayés par le sortilège qu'ils décidèrent de chasser sur-le-champ les deux orphelins. Le chemin qu'empruntèrent ces derniers pour s'en aller était coupé par une rivière hantée par Sikaoinan, l'esprit fantôme d'un gentil crocodile. Les prenant en pitié, il se présenta comme leur tante, la sœur de leur défunt père Kameinan, et les conduisit aussitôt sur l'autre rive. Là, elle leur montra comment construire une *uma*. Elle leur enseigna aussi les rituels à accomplir et les tabous à respecter pendant la construction et l'inauguration de la grande maison traditionnelle.

Forts de ces connaissances et suivant les bons conseils de Sikaoinan, les enfants se mirent alors à construire une superbe *uma* pour tout le groupe[93]. Ils étaient si habiles à la tâche, si prompts au travail, que les autres membres du clan devinrent encore plus jaloux que la première fois, surtout de ce jeune homme qui les troublait tant. Il avait beau appartenir à leur lignée, ils décidèrent d'en finir avec lui.

Un jour qu'il était descendu dans le trou servant à l'érection du pilier fondateur de l'*uma*, ils enfoncèrent de toutes leurs forces le lourd poteau dans l'orifice et commirent l'immonde fratricide. À la suite de cette mort violente, le jeune homme se métamorphosa en un esprit souterrain redoutable.

Quand la maison fut achevée et sur le point d'être inaugurée, pour se venger, il la détruisit en provoquant un terrible tremblement de terre. Ce jour-là, beaucoup d'hommes périrent. Il décida aussi que dorénavant jamais plus il ne les préviendrait ni ne les mettrait en garde (je m'en suis rendu compte), à l'exception de sa sœur qui venait tout juste de se marier et des membres de son nouveau clan familial, qui pouvaient dormir tranquilles. Ils seraient avertis à temps au cas où il se sentirait de nouveau en colère.

Aujourd'hui, il ne s'agissait heureusement que d'une saute d'humeur passagère. Mais, plus sérieusement, les séismes constituent une menace permanente et des plus inquiétantes dans l'archipel des Mentawai et sur la côte ouest de Sumatra. Les populations gardent en mémoire la trace de ces cataclysmes. Les mythes rejoignent alors la triste réalité.

Depuis le séisme de magnitude 9,2 du 26 décembre 2004 et l'effroyable tsunami qu'il a engendré, certains experts scientifiques internationaux prédisent, à plus ou moins brève échéance, la répétition de tels phénomènes d'amplitude exceptionnelle dans cette zone, avec un épicentre sous les îles Mentawai. Ainsi, onze jours après la parution de leur étude sur le séisme et le tsunami de 2004, dans la revue *Nature*, le 17 mars 2005, ces prédictions se sont malheureusement avérées : un second puissant séisme de magnitude 8,7 est survenu dans cette zone le 28 mars 2005. En 2007, deux autres secousses ont fortement ébranlé les villes de Padang puis de Bengkulu, situées sur la côte ouest de Sumatra, en face et au sud de l'archipel des Mentawai. Il y eut aussi quelques dégâts à Muara Siberut. C'est un phénomène habituel et fortement anxiogène quand vous séjournez à Padang, ville située sur une vaste plaine côtière dans laquelle pourraient s'engouffrer sans retenue les ondes océaniques dévastatrices. Cette zone est située le long de deux failles terrestres majeures : la faille de Sumatra et celle de Sunda. Les îles Mentawai sont « encadrées » par la partie centrale de ces deux énormes failles. Les deux derniers très puissants séismes, respectivement de magnitude 8,3 et 9, dont les épicentres étaient situés sous l'archipel des Mentawai, sont survenus en 1797 et 1833. Les travaux récents et les calculs des scientifiques indiquent donc une forte probabilité de séisme majeur, avec risque de tsunami dévastateur sur la côte ouest de Sumatra, dans cette zone de subduction des îles Mentawai[94]. Lors de mon dernier séjour, le 30 septembre 2009, jour de mon arrivée sur Siberut, un séisme de magnitude 7,6 s'est produit. L'épicentre se situait à mi-chemin entre Padang et Siberut. Selon un bilan officiel, ce séisme a fait 1 117 morts. Je me dis que je l'ai échappé belle ce jour-là.

Une autre légende[95] raconte comment l'esprit chtonien Teteu ka baga et l'esprit céleste Taikamanua décidèrent un jour d'arrêter de se défier mutuellement en déclenchant des secousses telluriques et des inondations catastrophiques. Une fois, il y a très longtemps, Teteu fit trembler si fort la terre que presque toutes les *uma* furent détruites et que beaucoup de gens périrent. Les secousses furent si intenses que la voûte céleste en fut elle-même sérieusement ébranlée. Takaimanua entra alors dans une colère monstrueuse et répliqua à Teteu qu'il n'était pas le seul à posséder une telle force magique. Il enfonça un long bambou dans le sol pour atteindre le domaine de Teteu. Puis il y versa sans discontinuer une telle quantité de pluie que bientôt le monde souterrain fut totalement inondé. Teteu et les siens eurent bientôt de l'eau jusqu'au cou. L'esprit tellurique fut si effrayé qu'il finit par demander pardon à Taikamanua en le suppliant d'enlever l'eau. Tous deux prirent ensuite l'engagement de ne plus agir ainsi à l'avenir. Pour gage de bonne foi, Teteu envoya sa fille vivre dans le domaine de Taikamanua. L'esprit du Ciel fit de même en demandant à sa fille d'habiter le monde souterrain de Teteu. Ainsi, si l'un et l'autre venaient à déclencher un autre cataclysme, leurs filles en subiraient les graves conséquences.

Je ne sais si le clan d'Alimoi fait partie des protégés de l'esprit chtonien dissimulé dans les fondations de l'*uma* et, bien que rassuré par les propos confiants d'Aman Evia sur la solidité de cette construction, ma nuit fut tout de même fortement agitée. La pluie tombait à verse, un véritable déluge, accentuant encore cette impression d'être impuissant et fragile face aux forces démesurées de la nature.

Chapitre 8
SAGOU, ARBRE DE VIE

DEMAIN À L'AUBE, Aman Beili, qui m'empêche lui aussi de trouver le sommeil à force de racler sa gorge enfumée et de cracher ses clopes, ira faire du sagou[96]. Ce bonhomme, à la puissance courbée par l'âge et le travail, donne l'impression de ne jamais vouloir s'arrêter. Pour son fils aîné, il est « entêté ». Cette force de caractère a pourtant quelque chose de rassurant. Sa famille et son clan peuvent compter sur lui. Il connaît tous les secrets de la forêt mentawai. Il sait en tirer le meilleur parti. Les mythes, la tradition et un long apprentissage lui ont transmis cette connaissance primordiale et absolue. Tous les membres de sa communauté ont d'ailleurs acquis comme lui cette indépendance et cette capacité à vivre entièrement des ressources de leur environnement. Ensemble, ils constituent de manière autarcique une force organisée complémentaire et efficace, indispensable à la survie individuelle et collective dans ce milieu. Mécanisme social et écologique éprouvé depuis des lustres mais hélas constamment menacé par les insidieux dérèglements du monde extérieur[97].

Les chutes d'eau qui inondent l'île plongée dans la nuit n'ont pas l'air d'inquiéter grand monde. Ma couche, une natte en feuilles de sagoutier, amortit à peine la dureté du plancher et ma tête, bien plus que mon corps endolori, tempête en son for intérieur contre cette déraisonnable insomnie. Demain, pas question de chômer. Il ne suffit pas en effet de mettre un tronc en perce pour que la farine de sagou se mette à couler.

La légende raconte qu'une jeune femme qui mendiait continuellement du sagou fut un jour expulsée de chez elle. Son corps se transforma alors en sagoutier. L'arbre, qui n'était pas ingrat, conseilla aux hommes de le percer par étapes de haut en bas afin que sa farine puisse s'échapper d'elle-même. Mais les hommes, ayant la paresse de l'escalader, décidèrent de l'abattre. Depuis lors, la consistance du sagoutier a changé, sa moelle s'est durcie. Généreusement, l'arbre apprit donc aux hommes de nouvelles méthodes de travail. Ils doivent maintenant couper le tronc, décoller son écorce puis râper finement sa moelle avant de la rincer abondamment et de la filtrer pour obtenir une belle pâte blanche.

Aman Beili et son fils Aman Evia sont déjà depuis longtemps à la tâche quand je les rejoins sur l'aire d'abattage et de râpage du sagou. La plantation est située dans une petite clairière marécageuse dégagée tout exprès pour ce travail de l'autre côté de la rivière Alimoi. Les deux hommes sont assis de chaque côté du tronc du sagoutier abattu sur un épais tapis formé par son écorce déroulée. Ils l'ont décollée à l'aide d'un levier en bois afin de dénuder complètement, sur un tronçon d'environ 1,20 mètre de long sur 45 centimètres de diamètre, la moelle blanche et fibreuse du sagoutier. L'arbre couché mesure une bonne douzaine de mètres de longueur. Quand j'arrive sur le site, les travailleurs sont occupés à râper la première moitié de ce tronçon de sagou avec la *gagaji*, une râpe en bois dur large d'une quinzaine de centimètres sur environ 1,50 mètre de long, garnie de solides pointes acérées, façon planche de fakir. Le geste pour manier cet outil ressemble à celui de deux scieurs : un mouvement énergique de va-et-vient, un pied calé contre le tronc, l'autre sur le tapis de sol, en maintenant la râpe bien à plat sur la surface de la moelle. Les gestes des deux partenaires sont réguliers et accordés[98].

La matière obtenue lors de ce premier travail est encore grossière et bourrée de fibres. C'est pourquoi, dès qu'Aman Beili considère que le tas de sciure tombé sur le tapis d'écorce est suffisant, il hache les gros morceaux qu'il contient avec une longue machette à sagou à lame courbe *(tegge latjau)*. Une fois le tas affiné, il le verse dans son *bolokbok*, une belle hotte conique confectionnée avec des lames d'écorce de sagou[99] parfaitement ajustées entre elles. Puis il recommence à râper. De temps en temps, son fils et lui marquent une pause, histoire de rallumer leur joint de tabac Panorama et de souffler un peu.

Il leur faudra environ deux heures à un rythme soutenu pour réduire entièrement en farine ce premier tronçon de sagou. Pas un gramme n'est perdu. Les résidus ligneux encore accrochés à l'écorce, impossibles à râper, sont raclés à grands coups de *kubuiluk*, une houe en bois de palmier. Elle est de forme triangulaire équilatérale, et constituée d'une large gouge au sommet de laquelle est fixé à angle aigu un manche. Les deux pièces de bois sont tenues écartées l'une de l'autre à mi-hauteur par un lien torsadé de rotin. Aman Beili, tout comme son fils, manie cet outil avec dextérité. Il projette la lame vers l'avant de ses pieds en les soulevant légèrement pour bloquer son élan au moment précis où elle décroche la fibre. Gare aux orteils !

Aman Beili hache de nouveau longuement ces résidus à la machette. Quand il a fini d'en récupérer les dernières poussières à l'aide de sa vieille assiette émaillée, le panneau d'écorce est quasiment lisse.

Les deux hottes à sagou sont maintenant remplies à ras bord. Il va les transporter, le dos voûté sous la charge, une centaine de mètres plus loin jusqu'à l'aire de traitement du sagou *(pusaguat)*.

Sa structure générale consiste en une plate-forme en bambou couverte de palmes élevée au milieu d'une retenue d'eau courante. Un petit barrage édifié en aval du ruisseau permet de maintenir au niveau requis l'eau de la mare. La plate-forme, à laquelle on accède au moyen d'un tronc entaillé de marches, repose elle-même sur une solide ossature constituée de quatre pilotis qui portent sur leur largeur deux gros rondins transversaux capables de résister aux plus forts tremblements[100]. Ces derniers supportent trois beaux tubes de bambou. Ils forment le sol de la terrasse, recouvert par deux nattes en lames de bambou disposées de manière croisée l'une par-dessus l'autre. Le tamis *(karuk)* est placé sur ces nattes. Il s'agit d'une grande caisse rectangulaire d'environ 3 mètres sur 1,20 mètre. Son fond est treillissé de lanières de bambou rembourrées de couches de fibres de sagoutier cousues entre elles. Ce tapis de filtration est appelé tout bonnement *tapi*.

Sitôt arrivé à l'aire de traitement, Aman Beili, en équilibre arrière sur la traverse qui soutient l'échelle, se défait prudemment de sa hotte. Il installe le tamis, qui avait été mis à sécher renversé sur le côté, au centre de la plate-forme. Puis il le mouille abondamment en puisant l'eau dans la mare avec la *dedeibu*, une grosse louche conique d'une contenance d'environ 5 litres montée sur une longue canne de bambou. Après avoir déversé le contenu de sa hotte dans le tamis il repart récupérer son second chargement.

Sur ces entrefaites arrive Aman Evia, chargé de filtrer la farine de sagou. Place aux jeunes ! Debout dans le tamis, avec son bermuda crasseux retroussé à mi-cuisse, il commence à piler l'épaisse farine en l'arrosant copieusement. Au-dessous du filtre sort une eau blanchâtre chargée d'amidon. Elle est recueillie dans une large et longue gouttière en bois en forme de pirogue ouverte, inclinée vers l'avant et suspendue sous le plancher de la terrasse. L'eau ainsi canalisée tombe ensuite dans une grande poche de tissu découpée dans un vieux drap et chargée de retenir les dernières impuretés. De là, elle finit sa course dans une pirogue à sagou dont les bords et le nez sont relevés par des panneaux étanches et amovibles tirés du sagoutier. La pirogue est posée sur trois x ou croix de Saint-André, deux piquets entrecroisés fichés dans l'eau et solidement reliés entre eux par une liane torsadée de rotin. Cette embarcation recyclée sert à la décantation. La fécule se dépose progressivement au fond en formant une pâte consistante.

Le foulage du sagou comme son râpage sont des travaux exténuants, aussi les travailleurs s'autorisent-ils un temps de repos vers le milieu de la matinée. Ils retournent à l'*uma* pour prendre une collation : quelques baguettes de sagou avec un reste de viande froide. Et griller une énième cigarette.

Court intermède avant de repartir à la fabrique. Cette fois-ci, je deviens le second d'Aman Beili à la râpe. Pendant deux heures, nous allons moudre du grain à la manière mentawai. De quoi remplir deux nouvelles hottes. Un bel effort, qui me prouve qu'il faut avoir pas mal d'huile de coude en réserve pour accomplir ce genre de travail. Le sagou, « c'est du boulot ! », contrairement à ce que colportent ses détracteurs qui considèrent ce mode alimentaire comme primitif au regard d'une riziculture présentée à l'inverse comme civilisée et laborieuse[101]. Pendant ce temps, Aman Evia est retourné battre des pieds dans le tamis. La corvée générale cessera à la mi-journée et ne reprendra qu'en fin d'après-midi. Il n'y a pas de journée continue. Chaque chose en son temps. D'autres tâches attendent. Pour aujourd'hui, de toute manière, c'en est fini du râpage. Un tronçon par jour suffit à sa peine. Aman Beili est donc quitte, et moi aussi par la même occasion. Aman Evia, lui, sera remplacé au tamisage de l'après-midi par Aman Dapi, son beau-frère venu tout exprès de Matotonan. Le sagou quotidien, c'est une histoire à partager entre proches.

Aman Evia n'en a pas fini pour autant. Dans la soirée, il se charge avec l'aide d'Hendricus de confectionner les *tatapprit sagu*, des cylindres en feuilles de sagou qui servent à conditionner la fécule. C'est tout un art que de fabriquer ces emballages recyclables à 100 %. Pour un panier standard, il découpe en lanières d'une quinzaine de centimètres de large sur 1,50 mètre de long douze paires de feuilles de sagou[102]. Elles sont ensuite ajustées ensemble bord à bord dans le sens de la longueur avec un recouvrement de moitié et cousues entre elles avec de souples et solides liens de rotin, un travail de petites mains qui sied bien à Aman Evia. Demain matin, il installera ces récipients sur une estrade posée au bord de la mare près de la pirogue à sagou.

Il a suffi d'une nuit pour que la décantation soit parfaite. Aman Evia commence par ôter le nez et les panneaux de la pirogue pour vider l'excédent d'eau. Le fond de l'embarcation est moulé de fécule immaculée. Il en extrait, faisant godet avec ses mains, un gros paquet qu'il laisse lourdement tomber dans le panier cylindrique attaché à la rambarde de l'estrade. Il prend soin de bien tasser la pâte dans le récipient avec une longue mailloche en bois. Ainsi, l'eau s'égouttera plus facilement et aucune poche d'air susceptible d'altérer le produit ne subsistera. Une fois terminé le remplissage, il couvre le haut du panier avec une feuille de bananier. Il reviendra ensuite régulièrement au cours de la journée tasser la farine. Quand elle sera parfaitement égouttée, la farine de sagou ainsi durcie et emballée pourra être conservée sous l'eau pendant plusieurs mois avant d'être consommée.

D'après Aman Evia, un panier *tatapprit* bien rempli contient 40 kilos de farine qui équivalent à 4 hottes *bolokbok*, soit un tronçon de sagou et une bonne journée de travail à deux. De quoi manger pendant quinze jours à huit. Finalement, une douzaine de paniers seront obtenus par sagoutier, c'est-à-dire près de 500 kilos de farine et six mois de consommation journalière pour une famille de huit personnes[103].

Et, de temps en temps, s'invite un convive imprévu venu d'un monde inconnu, moi en l'occurrence. Quelques baguettes en plus à partager avec ce nouveau compagnon. Le sagou est bon quand il est frais et encore bien chaud ; il devient un peu rance et sec en fin de réserve. Manger du bois, y auriez-vous même songé ? Pour davantage de raffinement, accompagnez-le de larves *(tamara)* de charançons (genre *Rhynchophorus ferrugineus*) bien dodues. Elles abondent dans les troncs pourris des sagoutiers. *Mananam*, délicieux. Si l'on veut…

Chapitre 9
AU REVOIR ALIMOI

Ce soir, toutes les familles du clan se rendent au grand « *meeting* » de l'*uma* pour dire un dernier au revoir à l'ami qui s'en va. En chemin, un jeune garçon joue un air mélancolique sur son flûtiau de bambou[104]. Portée par une brise légère, sa complainte apaise mon âme attristée, possédée d'avance par la nostalgie de ce peuple de la forêt.

Teurocak, sensible lui aussi à l'émotion du moment, se met à son tour à chanter d'une voix haute et douce. Son chant poétique est une invite à la danse : *Ale ale tasilainge. Alakpeikap sialei tadahku. Loinat mapadegat. Sitelu murakrak siputatakkeku kulitkarabai tekat. Jabau kaluitei. Jabau teiku. Iteu ekeu luimat pulaggajat.* « Allons jeunes gens, allons tous ensemble taper du talon. Dansons entre amis. Jouons du tambour. Battons des trois tambours à la peau de varan. En rythme claquons des mains. Moi devant, je connais le chemin, toi derrière. Et vous tous aussi venez marcher, venez danser. »

La journée s'est écoulée si vite aujourd'hui. À peine le temps de prendre conscience que l'aventure se termine. Aman Evia s'est même senti obligé d'interrompre son travail au *pusaguat* pour m'accompagner tout au long de cette ultime journée. Il paraît cependant un peu perturbé par ce départ qu'il aurait aimé différer. L'aller-retour pour me ramener à Muara Siberut lui demandera deux bons jours. C'est un vrai casse-tête pour se faire remplacer pendant ce temps au sagou car tous les autres hommes ayant charge de famille sont aussi pris par cette tâche saisonnière. Son père pourrait se faire aider par un autre membre de sa famille mais plus tard il lui faudrait rendre la pareille. Quoi qu'il en soit, l'arrangement a dû se faire puisque mon compagnon a décidé de me consacrer sa journée.

Ladite journée commence par une marche matinale en forêt jusqu'à Matotonan[105]. « Rose de porcelaine », joli nom de lieu. La pluie est au rendez-vous. Elle nous attend à l'entrée du village. En lisière de la forêt, juste au débouché du sentier d'Alimoi, Aman Evia possède dans cet endroit débarrassé des mauvaises herbes une petite baraque en bois, rectangulaire et brinquebalante, surélevée d'une quarantaine de centimètres. Nous y entrons par une terrasse ouverte en « L » et équipée d'un coin cuisine surmonté d'étagères en bambou. Le reste de l'habitation est constitué d'une chambre fermée par des planches disjointes avec une porte à serrure. À l'entrée de cette pièce à dormir s'appuie sur le mur du fond une armoire rustique verrouillée à clé. Y sont rangés quelques ustensiles et objets manufacturés, comme petit outillage, cordage et bombe de gaz pour briquet jetable ! Aman Evia réside ici avec sa femme quand leurs enfants doivent se rendre à l'école. Les deux plus grandes filles me disent aimer aller en classe. Elles préfèrent les devoirs scolaires aux travaux domestiques. Ce n'est pas le cas de Nason, qui acquiesce aux dires de ses parents et préfère de loin la vie en plein air. Cette maison secondaire est donc pratique pour la marmaille scolarisée mais contraignante pour Aman Evia qui est obligé de refaire tous les jours le chemin inverse pour aller travailler, vivre de sa forêt et partager la vie du clan.

La traversée du village se fait sur une allée cimentée, pour moi toujours aussi « casse-gueule ». Le béton moisi par les pluies est en effet glissant comme du verglas, si je puis me permettre la comparaison. La plupart des maisons sont fabriquées sur un modèle identique : des constructions en planches comportant portes et volets et alignées en bordure de rue. Avec leur toit de palmes, elles conservent cependant un certain cachet traditionnel. Leur terrain est petit et parfois bordé de haies d'hibiscus et de crotons.

Quelques *uma* se distinguent fièrement parmi cet habitat « moderne et social ». Les villages sont plus ou moins régulièrement quadrillés[106]. Une grande place est en général réservée aux activités collectives et aux rassemblements sportifs. Elle sert aussi de terrain de jeu aux enfants. Et puis s'y trouvent toujours au moins une boutique tenue par un Minangkabau, plus rarement un Mentawai, où l'on peut acheter du riz, du sucre, du thé et du tabac, des édifices religieux de confessions diverses, de loin les plus grandes maisons du coin, et le bureau du chef de l'unité administrative[107].

La pluie redouble, verticale. Des enfants courent en riant, une feuille de bananier sur la tête. À petits pas, trois femmes rentrent de la rivière, des taros plein la hotte. Elles ont coincé, entre leur panier tressé et l'arrière de leur jupe de chiffon, une feuille de bananier. La première moitié de la feuille récupère l'eau de pluie qui dégouline de la hotte tandis que la seconde moitié, pliée en biais sur leur côté gauche, l'évacue à la manière d'une gouttière. Ainsi ne se mouilleront-elles pas trop les fesses. Images furtives et captivantes derrière un rideau perlé de vapeur.

À l'abri sous la terrasse de la boutique, j'ai tout le loisir de regarder défiler ces passants irréels. Je me souviens vaguement encore de cette fine silhouette d'athlète, nue et luisante sous sa cascatelle de cheveux de jais et les rais de ses tatouages, simplement vêtue des fibres rouges de son cache-sexe. Une beauté antique et sauvage. À l'image de ce puissant *kerei* qui avance, belle sculpture de marbre zébré, presque efféminé avec son lourd collier et son petit panier à poules sous le bras.

Aman Evia n'est pas près d'avoir cette allure divine. Serré dans son short crasseux, son corps boutonneux, sans le moindre signe ethnique, paraît inachevé. Son air triste et préoccupé l'oblige trop souvent à ployer la tête. Et bien qu'il soit lui aussi, je n'en doute pas, mentawai jusqu'au bout des doigts, son aspect négligé reflète ses états d'âme tourmentés. Beaucoup de jeunes hommes semblables à lui paraissent souffrir des affres provoquées par un état d'entre-deux existentiel, coincés qu'ils sont entre les acquis inestimables d'une vie traditionnelle et les attraits fabuleux d'une étrange et lointaine nouveauté. Pour les plus fragiles d'entre eux s'opère un douloureux et silencieux écartèlement psychique.

Les signes distinctifs qui marquent le corps de leurs pères sont pourtant essentiels. Ils sont depuis toujours l'écriture de leur esprit. Ils content l'histoire de leur existence au monde, le monde de la forêt originelle. L'abandon de ces livres humains signera, une fois de plus, la perte irrémédiable d'une bibliothèque unique. Aman Evia et ses frères d'Alimoi décideront-ils un jour de tatouer leur corps, de porter une longue chevelure, de se limer les dents, de ne se vêtir que de perles, de fibres et de fleurs ? Ils savent la forêt, ils respectent les coutumes et les tabous, ils croient aux esprits du vent, de la terre et de l'eau. Mais ce doux relief de leur existence au sein de la forêt mentawai saura-t-il résister au sapement de ses fondations par les infiltrations insidieuses d'autres espaces-temps ? Dans l'immédiat, il est difficile de répondre par l'affirmative.

Ainsi, quelques jeunes initiés se préparent toujours avec autant de sérieux et de conviction à prendre la relève des vieux *kerei* tandis que leurs copains se donnent l'air des surfeurs que j'ai croisés à la descente du ferry ou aperçus sur les vagues de Nyang Nyang. Comme Likki, un jeune ami de Madobak dont la chambre est tapissée des posters de ses idoles et ornée du crâne d'un petit singe, ils rêvent de s'approprier les modèles occidentaux diffusés à la télé. Les filles rêvent aussi de l'inaccessible devant « Les feux de l'amour » et autres séries à l'eau de rose diffusées à la téléboutique du coin. Deux modes d'existence se côtoient journellement, qui montrent que les jeux ne sont pas encore totalement faits. Pendant combien de temps les hommes de la forêt conserveront-ils encore la main ?[108]

Dès notre retour de Matotonan, le gentil organisateur Aman Evia, voulant rendre cette dernière journée agréable et distrayante, me montre, avec son compère Hendricus, comment confectionner un échantillon de *kabid*, le cache-sexe en étoffe végétale des hommes. Facile : d'un coup de machette radical, il abat l'arbuste idoine ; d'un second coup, il sectionne un morceau d'environ un mètre de long dont il détache une lanière d'écorce. L'ami Hendricus se charge ensuite d'en écraser les fibres sur une bille de bois à l'aide d'un battoir à face striée. Sous les coups répétés, la bande s'élargit et s'allonge, prenant progressivement l'aspect d'une gaze végétale assez rigide. Pour finir, le tissu est lavé dans la rivière et mis à sécher. Cadeau souvenir *(ole ole)* pour l'ami en partance ! Aman Evia m'offrira aussi avant mon départ une belle pagaie sculptée qu'il avait, me dit-il, confectionnée pour la cérémonie de son mariage. Là, le présent dépasse mes espérances et me rend un peu confus. Il n'aura cependant pas trop à insister pour que je l'accepte. Me voilà redevable[109].

Au coucher du soleil, Aman Beili n'est toujours pas rentré de sa « maison à cochons ». Il a décidé, têtu comme il est, de tuer une de ses bêtes pour fêter la fin de mon séjour. La nuit est déjà tombée depuis une couple d'heures quand il arrive exténué avec son porcelet empaqueté sur les épaules. Il n'aura guère de temps pour se reposer. Il est à peine 3 heures du matin et le vieux maître de maison s'apprête déjà à sacrifier l'animal. Encore ensommeillé et frileux, il a passé un *tee-shirt* et allumé son indéfectible clope. Son fils Aman Evia est aussi debout. Il actionne le piston de la lampe pour mettre le pétrole sous pression. Le liquide enflammé vaporisé sur le manchon diffuse bientôt une lumière jaune et glauque dans l'*uma*. Comme une ombre à peine colorée, Aman Beili s'avance courbé, à pas mesurés, vers le paquet noir qu'il a déposé à l'entrée de la maison. Avec des gestes précis, exécutés au ralenti, il dénoue les liens qui entravent le petit cochon. Les grognements stridents de son âme envolée réveillent et font se lever les retardataires. Le dernier repas est avancé. Ce n'est pour moi qu'un premier au revoir, *anakaimei Alimoi*. Je retournerai ensuite, année après année, à quatre reprises aux Mentawai.

Chapitre 10
LES GONGS DE LA DISCORDE

Lors de mon troisième séjour, j'ai offert deux gongs à la famille d'Aman Evia. Pour ce voyage, je gardais en effet en tête le souhait d'Aman Beili qui, lors de mon départ précédent, après avoir fait honneur, de bon matin, au repas de cochon, m'avait fait comprendre avec une gentille pointe d'humour que la prochaine fois que je reviendrais à Alimoi, il aimerait que je rapporte un grand gong. Les membres du clan souhaitaient en acquérir un nouveau car l'un des deux leurs, disaient-ils, offert il y a quelques années par un touriste de passage, ne valait plus grand-chose. Il n'avait quasiment plus de résonance. Aman Beili, toujours en plaisantant, avait ajouté qu'il était tout juste bon à servir de casserole ou à fabriquer des pointes de flèches ou de lances.

Les Mentawai attribuent à cet instrument une valeur considérable, tant spirituelle et rituelle que d'échange, aussi le fait de recevoir deux gongs va-t-il dépasser toutes leurs espérances[110]. En même temps, cette offrande inattendue va compliquer de manière tout aussi surprenante leur existence.

Le déballage fébrile du paquet cadeau terminé, les gongs sont minutieusement examinés et soupesés, et leur sonorité immédiatement testée. *A priori*, les vibrations semblent bonnes et portent loin, comme une vague qui s'éloigne sur l'océan. Me voilà rassuré. Aman Evia, paraissant satisfait lui aussi, continue néanmoins à ajuster le son des instruments avec une précision de mélomane. À chaque coup de mailloche, il tend une oreille attentive et savante puis colle en les écrasant des boulettes de cire d'abeille à l'intérieur du bulbe. Le ton un peu aigrelet du second gong progressivement s'efface et devient plus sourd et continu. Visiblement, toute la petite famille d'Aman et Bai Beili paraît comblée. Aman Evia et son père me serrent affectueusement les mains, se confondent en remerciements. Après leur évaluation qualitative et leur réglage, les deux gongs sont provisoirement accrochés au fond de la pièce centrale au-dessus de la banquette. Bien en vue, à l'intention de ceux qui passeraient par le sentier qui longe le côté droit de la maison.

Un déballage d'un autre genre s'ensuivit rapidement : celui des problèmes divers et variés qu'allait selon Aman Evia inexorablement provoquer cette nouvelle et importante acquisition. Dès le deuxième jour, en effet, l'anxiété a l'air d'avoir regagné le penchant naturel d'Aman Evia. Il se laisse à nouveau submerger par un flot d'interrogations. La première question qu'il aborde sera finalement la plus simple à résoudre. Comment et quand organiser et programmer la cérémonie pour les gongs ? C'est un passage obligé que cette consécration du nouvel objet, comme il se doit pour tout événement d'importance. L'inauguration des *uma*, des pirogues, des gongs, des champs, etc., exige pour chacun d'eux la tenue d'une cérémonie spécifique, en général inscrite, si l'on peut dire, dans un calendrier discuté en présence de tout le clan et approuvé à l'unanimité après d'interminables palabres. Or, cette fois-ci, l'objet à consacrer, tombé du ciel de manière inattendue, semble avoir pris de court Aman Evia. Organiser une pareille cérémonie dans un laps de temps si réduit – il sait que les étrangers ne supportent pas de rester une éternité parmi eux – devient, pour lui, une affaire compliquée et anxiogène.

Le même genre de difficulté s'est posé lors d'un précédent séjour lorsque Aman Evia et tous ceux de son clan ont souhaité que je reste jusqu'à l'inauguration de la nouvelle grande pirogue qui devait être ramenée de la forêt. Celle, souvenez-vous, que j'avais aperçue, à peine formée, sur le sentier de la chasse. C'est juste un problème d'organisation et de coordination des activités de chacune des familles du clan qui, dans le cours normal de leur existence, se règle au rythme défini en commun. Il n'y pas de stress particulier donc quand les choses se déroulent de manière habituelle et planifiée. Seulement, l'arrivée inopinée d'un étranger, d'un ami ou même d'un membre de la famille et, davantage encore, l'échéance de leur départ, peuvent parfois compliquer considérablement la donne.

Ainsi, la consécration d'une grande pirogue est une cérémonie importante qui exige, entre autres obligations, de dédommager en nourriture tous les hommes et leur famille venus donner un coup de main pour la mettre à l'eau. D'après Aman Beili, au moins cinq cochons devraient être sacrifiés pour cette occasion. Il faut donc avoir du temps pour capturer des bêtes qui divaguent comme bon leur semble et pour les ramener ensuite des « maisons à cochons » souvent très éloignées. Au bas mot, une bonne semaine de préparation est nécessaire. À condition aussi que les travaux qui ne peuvent être reportés soient achevés, comme le traitement du sagou. C'était le cas cette fois-là. Les hommes n'en avaient pas tout à fait terminé avec ce travail fastidieux (Aman Evia n'avait pas encore fabriqué sa machine), et mon arrivée ainsi que la durée limitée de mon séjour précipitèrent un peu leurs prévisions.

Une étroite cage en bambou pour les cochons ramenés du *sapou* avait déjà été construite devant l'entrée de l'*uma*. Le temps de la cérémonie ne devait donc pas tarder. Quelques jours avant le départ, nous étions même allés au *sapou sainak* de Taktak pour récupérer un énorme porc rose et noir à moitié sauvage qu'Aman Beili, toujours égal à lui-même, avait réussi à emprisonner derrière les barreaux d'une solide et haute cage. Long après-midi de pirogue, de capture et de transport de l'animal qui nécessita la présence de quatre solides gaillards. La démonstration m'avait convaincu que les choses allaient durer. La fête *(lia)* n'était pas une mince affaire à préparer et, si je voulais y assister, il fallait savoir patienter. Un temps élastique et plein d'incertitudes s'ouvrait devant moi, que ma patience d'Occidental envisageait mal de supporter plus avant et qui, de toute façon, n'était pas si extensible que cela, vu l'expiration prochaine de mon visa indonésien. Ce fut donc à contrecœur qu'Aman Evia dut contrarier son calendrier pour me ramener.

Cette fois-ci, pour la cérémonie de consécration des gongs *(ngong lia)*, le problème de calendrier semble secondaire. La cérémonie aura bien lieu en ma présence. Aman Evia est davantage tourmenté par les effets collatéraux que la possession des gongs va, selon lui, inéluctablement entraîner. Il sait d'avance que les gens d'un autre clan Saeggekoni de Matotonan[III] vont l'envier et seront jaloux de lui. Ses appréhensions me paraissent, sur le moment, aussi démesurées qu'injustifiées. « À quoi bon te faire du mouron pour si peu. Oublie les jaloux et les envieux. Avec le temps va tout s'en va, même les plus moches… pensées du moment. » C'est bien mal comprendre le fonctionnement clanique que d'imaginer cela.

Un peu plus tard, Aman Evia m'explique en effet que la terre sur laquelle sont construits son *sapou* et l'*uma* d'Aman Beili appartient en réalité à un homme du clan Saeggekoni de Matotonan, surnommé « Marlboro » en raison de son inséparable chapeau de *cow-boy* de réclame. La famille d'Aman Evia vit donc sur un terrain prêté. Il craint maintenant que ceux du clan allié lui reprochent de s'enrichir grâce à ce qui est en train de devenir selon eux « une terre d'accueil pour étrangers », et cela sans compensation pour le véritable propriétaire. Celui-ci va donc à coup sûr lui réclamer son dû, c'est-à-dire une part de gong. En cas de refus ou d'impossibilité, Aman Evia et sa famille devront trouver un autre espace pour reconstruire leur habitation. C'est une grosse angoisse et un vrai problème pour lui que cette soudaine menace d'expulsion.

En fait, Aman Evia attend mon approbation. Il craint mon refus. À demi-mot, je dois être capable de saisir le sens de son histoire et de ses appréhensions. Accepter sans rechigner qu'il se défasse d'un des gongs en échange de la terre. Un seul gong offert au clan Saeggekoni de Matotonan et la terre désormais lui appartiendrait pour de bon (et serait aussi un peu mienne par conséquent). Le matin de mon départ, l'affaire semble avoir été heureusement conclue après une heure de palabres et la promesse d'un complément en numéraire.

D'autres tensions liées aux gongs tracassent aussi presque sans répit Aman Evia pendant ce séjour. Il sait qu'un jour son fils Nason se mariera et qu'auparavant le « prix de la fiancée », exigé par les parents en dédommagement du départ de leur fille, pourrait bien inclure le second gong. La famille du garçon sera alors quasi obligée de céder à la demande même si celle-ci lui paraît excessive. La dot du mariage versée par la famille du jeune homme, en compensation de l'échange d'enfants, sera en outre composée d'un certain nombre de cochons, de sagoutiers, de pirogues, etc. Dans l'immédiat, Aman Evia essaie de me faire comprendre avec beaucoup de tact que, décidément, ces gongs n'auront guère de chance de rester indéfiniment en sa possession. Il semble chercher mon acquiescement, ma compréhension pour ses infinis tracas. Pour le rassurer, je lui réponds que les gongs ont été offerts à son père et à lui-même, et de là, à toute sa famille et à son clan, et qu'ils peuvent en disposer à leur gré, qu'ils peuvent choisir de les garder pour le clan d'Alimoi dans l'*uma* d'Aman Beili ou de s'en servir comme valeur d'échange avec qui bon leur semble…

Dernier problème épineux, et le plus surprenant pour moi, est la jalousie affichée par Teurocak Si Baja, le *kerei*. Il supporte mal l'idée que les gongs, ou au moins l'un d'eux, ne lui soient pas personnellement destinés, car ce don aurait encore renforcé le prestige de sa récente et belle *uma*. Tout chaman qu'il est, il est mis à la torture par cet affront inattendu.

Aman Evia, pour me parler du comportement bizarre de Teurocak, emploie des mots indonésiens forts de sens et sans équivoque aucune : « *Ambisi, korupsi, politik.* » L'air de dire que le bonhomme, sous sa belle apparence, dissimulerait un paquet de sentiments inavouables. En fait, le vedettariat semble lui avoir chamboulé quelque peu le ciboulot. À l'inverse de la plupart des Mentawai, il aime poser pour la photo. Des portraits encadrés de lui et de sa femme en habits de cérémonie sont accrochés dans leur grande maison. Son esprit semble s'être laissé séduire par l'argent et les trompettes de la renommée. Il n'est d'ailleurs pas le seul *kerei* dans ce cas. Leur image médiatique de « beaux et derniers sauvages » s'achète et se vend à bon prix. Les *sanitu* blancs sont redoutables, bien davantage que ceux qui hantent la forêt.

À ma connaissance, Teurocak a reçu au moins trois équipes de télévision et autant de photographes et de reporters professionnels venus d'Europe[112]. Combien lui ont rapporté ces séances de travail ? Sans doute plusieurs millions de roupies indonésiennes. La grande *uma* qu'il a élevée au bord de la rivière témoigne de sa réussite et du prestige nouvellement acquis. Elle est construite en belles et larges planches et décorée avec soin selon les canons traditionnels. À l'intérieur de la *batnuma* sont pendus deux autres gongs, offerts par des professionnels de passage, et les trois coffrets ancestraux, autrefois conservés dans l'*uma* d'Aman Beili, ont été transférés ici. Cette pièce « sanctuaire », à usage privé, est séparée de la « pièce du milieu » par une « porte-levis » en écorce, un calfeutrage qui s'applique contre une seconde porte coulissante à battant. Côté *tenganuma*, sur la cloison, sont peintes en noir des silhouettes de varans, de singes et d'oiseaux. Au plafond virevoltent, légers, de grands calaos sculptés dans du balsa. Quelques trophées de cerfs et de singes, des arcs et leurs carquois, ainsi que divers objets utilitaires en rotin, bambou et coco[113] complètent le décor. La pièce est grande, propre et aérée avec des banquettes donnant sur la rivière. Perpendiculairement et à l'arrière de cet espace collectif se trouve le foyer qui sert à faire bouillir les viandes cérémonielles. C'est aussi dans cet appentis que sont rangés les troncs évidés des trois *tuddukat* posés sur leur chevalet. Rien à voir donc avec la saleté, le désordre et l'obscurité qui règnent dans l'*uma* d'Aman Beili.

Je devine ici que la maison, surtout la pièce ouverte sur l'extérieur, a été en partie conçue pour rendre l'accueil des visiteurs plus agréable. Une grande maison stylée habitée par un chaman et sa femme tous deux superbement typés, immanquablement cela ne peut que séduire les étrangers de passage.

En outre, si je saisis bien ce que me confie en douce Aman Evia, Teurocak lorgne sur les terrains appartenant à Taktak. Chacun pressent que le vieillard arrive au crépuscule de sa vie terrestre. Les nombreuses cures chamaniques n'y feront bientôt plus rien, l'impitoyable corrosion du temps achèvera son œuvre. Ses terres et ses élevages de cochons s'étendent loin dans le nord-ouest de Matotonan, à plusieurs heures de pirogue. Fils unique à la mort de ses parents, il a hérité, voici bien longtemps, de la totalité de leurs biens. En principe, après son décès, ses terres et tout ce qu'elles contiennent devront être transmises à ses deux fils Aman Beili et Pasisik. Mais Aman Evia pense que le partage posera problème à cause de Teurocak. Il ambitionnerait de s'approprier une part de cet héritage et ses appuis politiques, fidélisés par des pratiques corruptives, pourraient bien l'aider à accomplir son forfait. Aman Evia dit ne pas vouloir de conflit à ce propos, il essaie donc de convaincre Teurocak d'abandonner son projet, pour l'instant sans résultats probants.

Le vieil homme, oubliant la Faucheuse et les corvidés qui volent dans son sillage, est préoccupé lui aussi, depuis quelques jours déjà, par l'organisation de la cérémonie des gongs. Comme convenu avec son fils Aman Beili et son petit-fils Aman Evia, Taktak a fait ramener la veille au soir par les costauds du clan, Hendricus et Aman Dapi, deux gros cochons de son *sapou sainak*. Aujourd'hui, c'est lui qui va régaler la galerie.

La cérémonie des gongs, présidée par Aman Beili et sa femme, commence dans la matinée, dès que les *kerei* sont revenus de leur collecte florale et que tous les participants sont parés de leurs ornements rituels. Elle se terminera dans la nuit par une démonstration de danses chamaniques. Le déroulement de la *ngong lia* ressemble, dans ses séquences principales, à celui des autres *lia* : chasse aux énergies délétères et attraction des influences positives, hommage et offrandes aux ancêtres, sacrifice et partage des viandes domestiques.

Le bouquet de plantes, contenu dans la hotte et utilisé pour la consécration des gongs, est composé de jeunes tiges de *doro*, un médiateur naturel, nous le savons, assez puissant pour évacuer nombre de problèmes, de petites feuilles dentelées de rose du *kelek* qui rendent heureux en chassant bien des mauvaises pensées, de frondes légères de *sukgrusukgru* qui assurent, à la manière d'un volatile qui s'en revient rassasié, le retour des forces vitales et nourricières, de la tranquillisante foliole de *kainenean*, du réjouissant limbe lancéolé de *taibelekki*, du rafraîchissant *aileleppet* et, aussi, de longues et puissantes feuilles de *taipotsala* destinées à chasser le mal, parfois associées au *pangesele*, une plante experte pour désorienter les esprits néfastes, et, enfin, les jolies feuilles bienfaitrices et fortifiantes du *mumunen*[114].

Aman Beili commence par passer une feuille de *taipotsala* aux pouvoirs répulsifs dans tous les coins de l'*uma*. Il nettoie par son truchement la maison clanique et les objets qu'elle abrite de toutes les influences pernicieuses qui s'y sont infiltrées depuis la fin du précédent rituel. Il prête une attention particulière à l'espace ancestral de la *batnuma*, là où ont été suspendus les gongs en vue de leur consécration. Le *rimata* s'attarde bien sûr sur les objets du rituel. Il les couvre des feuilles magiques en adressant à leur âme une courte prière de réconfort : *Siginnu kina ngong, taipotsala bak pusala, salaakek lek simakataik, salaakek lek oringen* – « Belle âme du gong, que la feuille de *taipotsala* éloigne de toi les mauvaises intentions et te protège des maladies ». Il oint aussi du bout de l'index le bord de l'instrument avec de la graisse de cochon, relief de la cérémonie de cure dédiée à Taktak l'ancien.

Puis il passe le *mumunen* parfumé et les autres plantes contenues dans le bambou en murmurant, tandis que l'âme du gong s'exprime sous les coups légers donnés par Pasisik, une seconde et brève incantation : *Singinnu mumunen kuumun kai ekeu, kau lek kuumunkai purimanua* – « *Mumunen*, que ton bon pouvoir nous apporte la force, qu'il renforce nos énergies vitales ».

Le *rimata* poursuit la cérémonie en procédant successivement aux rituels de l'offrande du coco et des morceaux de poulet. Il offre, pour honorer et fortifier les gongs, les ancêtres et le clan, les principes vitaux contenus dans ces chairs végétales et animales.

La voix des gongs et des tambours *gajeumak* amplifie ses paroles et les emporte au loin dans les espaces ancestraux.

Les volailles tant aimées pour leur capacité à se régénérer et à pulluler sont par excellence des principes vitaux, un lien domestique avec la faune sauvage et un bien précieux porteur d'énergies, essentiel à la perpétuation de la vie. L'aura de ce volatile est telle qu'il est l'éponyme de la cérémonie primordiale des Mentawai, *lia*. Nous savons maintenant que le frôlement de ses ailes et plumes caudales transmet aux objets et aux hommes cette énergie positive *(gaud simaeruk)* indispensable au bien-être. Ce passage des influx animistes constitue la raison et le but ultime de chaque *lia*. Le métal le plus dur ne peut résister longtemps à cette onde insondable et mystérieuse. Chacun, même le plus incrédule des Occidentaux – j'en fais partie ! –, finit par devenir sensible au rituel, à ce qu'il dégage comme effets suggestifs salutaires.

Après les poulets, c'est aux cochons de Teu Taktak de rendre l'âme. Depuis sa dernière cure chamanique, l'ancien a retrouvé un semblant de vitalité et la cérémonie des gongs dilue la mélancolie qui paraît le submerger tous les jours davantage. À moitié chancelant sur ses frêles jambes rayées, il s'applique à guider l'âme porcine qui glisse au fil du couteau. Élevant le bambou fleuri au-dessus de la plaie du sacrifice, il remercie la bête de laisser partir ainsi son dernier souffle. Qu'elle rejoigne en paix les forêts collinaires ancestrales et que les présages qu'il emporte du fond de ses viscères nous soient favorables !

Les cochons vidés, grillés, et les poulets flambés sont découpés avec minutie en mille morceaux qui, une fois cuits dans les bambous et le grand wok, seront répartis, comme il se doit, de manière équitable entre chaque famille du clan. Cet art de l'échange et de la répartition égalitaires occupe traditionnellement à Siberut tous les champs d'activité et concerne l'ensemble des biens et cela, quelle que soit leur importance. Pas une décision, une tâche, un produit, n'échappe en principe à cette règle d'équité et d'entraide entre les membres du clan, dans les alliances entre clans et à l'intérieur des familles, y compris au sein du couple. Un mode de fonctionnement qui exige beaucoup de temps, d'attention et qui possède son lot de discussions mais dont l'objectif ultime est d'éviter les dissensions et les conflits afin de permettre la persistance du groupe de vie. Chacun dépendant de chacun et de tous, il serait en effet préjudiciable à la stabilité et à la survie du groupe clanique de vouloir se distinguer, s'individualiser coûte que coûte, en lésant par un comportement égoïste et injuste les autres membres de sa communauté. La réciprocité instituée dans l'échange comporte néanmoins des effets pervers, si je peux m'exprimer ainsi. Celui ou celle qui ne possède plus grand-chose, qui ne peut rétablir l'équilibre en rendant ce qu'on lui a donné (un prêté pour un rendu), n'a finalement le droit à rien ou presque. Il n'est pas rare de nos jours de voir dans les villages des vieillards sans famille et des gens sans ressource qui vivent délaissés et ne sont plus véritablement aidés par leur clan.

La règle étant donnée, il reste que parfois la réalité déborde aussi le cadre généralement admis et que des litiges apparaissent. De nos jours, le partage systématique, le don et le contre-don, devient davantage problématique en raison des influences extérieures toujours plus prégnantes et agissant sur les relations sociales. Ces apports matériels, monétaires et idéologiques aiguisent les appétits, engendrent et suscitent des manières d'être et de penser incompatibles avec une réelle égalité de traitement. Les termes des relations sociales se complexifient, se détériorent parfois, et leurs fondements se fragilisent sous l'effet corrosif de ces nouveaux vecteurs de développement. Les tentations de « faire bande à part » et de profiter des appels d'offre et de consommation tiraillent certains membres du clan. L'exemple de Teurocak flatté et instrumentalisé par le tourisme, les médias et leurs espèces trébuchantes, pourrait bien sonner un jour prochain l'heure des règlements de compte. Dans la même pirogue, *cash* et *clash* font bon commerce...

Pour l'heure, les gongs sont entrés dans le patrimoine du clan, ils sont maintenant investis de pouvoirs surnaturels, sont devenus des objets animés, dont l'âme protectrice et sonore intercédera en faveur de ses membres auprès des esprits et des ancêtres. Ils sont transformés en objets rituels.

En leur honneur, le repas de viandes, de sagou et de taros est servi et promptement consommé. Puis, pour agrémenter la digestion et clore la soirée, les chamans ont décidé d'offrir à l'assemblée repue un spectacle de danses.

Pour la circonstance, les *kerei*, en plus de leurs atours habituels, bandeaux et colliers, ont la taille ceinte à l'arrière de plumets de feuillages et portent sur le devant un petit pagne végétal décoré de figures géométriques vivement colorées[115].

Les danses traditionnelles présentées ce soir diffèrent de celles qui ont été effectuées au cours des cures chamaniques. Leur chorégraphie est principalement fondée sur l'expressivité et les déplacements des danseurs en rythmes saccadés. Elle s'inspire cette fois essentiellement de la gestuelle animale, des comportements des oiseaux, chauves-souris, singes et autres habitants des bois. Au son des tambours *gajeumak*, les danseurs se déplacent sur la scène en imitant les animaux, tapant et grattant du pied, brassant l'air de leurs bras devenus ailes, se poursuivant ou se défiant de face, le bec haut, les jambes et le torse à demi fléchis, affectant des expressions et des mimiques animalières suggestives. Ces danses traditionnelles sont souvent reçues comme un simple divertissement par les spectateurs. D'ailleurs, ce soir, en dehors de moi qui suis aux anges, la plupart d'entre eux ne jettent qu'un œil distrait sur les évolutions mimétiques des chamans et préfèrent inhaler leur petite fumée bleue chargée de nicotine – seule drogue naturelle en usage dans cette contrée –, le regard perdu dans quelque songe exténué.

Les danses ne se réduisent cependant pas à une pantomime bien réglée. Les chamans, dans leur élan et leur croyance, se laissent aisément envahir par des visions hallucinatoires. Ils parviennent rapidement à se mettre à l'écoute des animaux imités et à entrer en communication avec leur esprit. Cette faculté de transgresser le monde naturel leur permet de voyager au-delà du visible, les entraîne dans des états d'excitation qui se répercutent aux rythmes des percussions. Subitement, ces tensions extrasensorielles s'évacuent au travers de transes explosives spectaculaires.

Après une longue série de danses, les *kerei*, en sueur malgré la fraîcheur nocturne, s'arrêtent, visiblement épuisés par leur performance. Le temps terrestre s'appesantit avec la fatigue qui tombe sur l'assistance. La fête est terminée. Chacun installe sa couche dans l'*uma* ou regagne son domicile.

À la fin du séjour, Teurocak, qui n'a pas complètement digéré l'affaire des gongs, me fait parvenir une facture afin de régler son spectacle de danses ! Pas moins de 12 millions de roupies (autour de 800 euros) ! Une somme astronomique « savamment » calculée par Marius, fils de Pasisik, le second *kerei*, et consorts pour frais de représentation. De quoi corrompre, comme me le laisse deviner à demi-mot Aman Evia, le fonctionnaire ou le politicien le plus âpre au gain. Naturellement cette note salée, sans commune mesure avec les prestations offertes et que de surcroît j'estime indue – il n'est pas dans mes habitudes de passer commande – ne sera pas réglée. Mais cette tentative d'extorsion de fonds, de la part d'un chaman avec lequel je croyais avoir quelques affinités, me laisse un goût fort amer.

De retour à Muara Siberut, le fils de Teurocak, Aman Lusi, qui a tenu à nous accompagner comme second dans la pirogue, me réclame finalement et sans rancune apparente, pour tout dédommagement, une cartouche de cigarettes de luxe. Il a bien compris l'abus de son père et semble effacer l'ardoise. Je règle ensuite à Aman Evia les frais occasionnés par mon séjour en lui présentant, pour les défalquer, les factures des divers achats effectués lors de mon arrivée (riz, tabac, etc.). C'est comme cela que l'on procède habituellement, sans véritables embrouilles. Cette fois-ci, les gongs ayant à eux seuls suffisamment de valeur aux yeux des Mentawai, l'addition est vite arrêtée d'un commun accord, les deux tiers de la somme remise devant revenir à la famille Evia/Beili, le dernier tiers devant être distribué à parts égales entre les autres familles du clan[116]. Je fais mes adieux, l'esprit soulagé, tandis qu'Aman Evia insiste pour que je reparte avec lui sur le terrain qu'il est en train de défricher. Une prochaine fois.

Chapitre 11

LA CURE CHAMANIQUE

TAKTAK, le vieil homme, a beaucoup changé depuis mon dernier passage, l'année précédente. Il a maigri, perdu l'appétit, s'est considérablement affaibli. Ses cheveux ont encore blanchi. Il sent probablement venir le terme de son existence terrestre. Peut-être entend-il déjà le son des tambours *tuddukat* annoncer sa mort. Il a demandé aux deux chamans de son clan d'arranger pour lui une cérémonie de cure. Juste un peu d'attention à son égard, suffisamment pour apaiser les angoisses et les souffrances qui l'affectent sans répit, fatiguent son âme chaque jour davantage.

Dans l'après-midi, ils ont donc préparé un mélange savant de plantes *(dauk)*, dont les principes opposés et complémentaires évacueront les influences délétères avant d'apporter leurs énergies revitalisantes.

Le rituel, comme toute cérémonie traditionnelle, s'organise en plusieurs courtes séquences temporelles et spatiales.

La première séquence *(pasibitbit)* est destinée à chasser les influences néfastes et à soulager l'âme de la négativité qui la perturbe. La cérémonie se déroule dans la pièce centrale à gauche, côté négatif, de l'entrée de la *batnuma*. Les chamans accroupis disposent devant eux la cuvette émaillée dans laquelle ils triturent longuement une décoction de simples. Ils placent aussi juste à côté les différents bouquets de feuillages qui servent à chasser les esprits perturbateurs, une jeune tige de bambou destinée à emprisonner les maux du vieux Taktak et le crâne démantibulé et cramoisi d'un cervidé sans âge. L'âme de cet animal tué à la chasse communique depuis des lustres avec les ancêtres décédés.

C'est son esprit fort et coutumier que Pasisik invoque en premier. Il élève le plateau d'écorce de sagou où reposent les reliques en direction de Taktak. Le vieil homme est assis sur ses talons, tirant sur sa roulée jaunie, l'air étrangement absent. Se souvient-il du jour où il a suivi les traces du daim *sipurere*[117] ? Derrière lui, dans l'encadrement de la *batnuma*, Teurocak chasse les esprits de son balai de feuilles en psalmodiant et en agitant sa clochette de la main droite. Puis, à son tour, Pasisik, après avoir redéposé les os, l'aide à évacuer les esprits affligeants. Les chants des deux chamans et le son de leurs clochettes deviennent plus intenses. Ensemble, ils fouettent l'espace aérien qui entoure le vieillard. Taktak est assis en position fœtale. Avec sa peau parcheminée de tatouages, s'il n'y avait cette fumée sortant en longues bouffées de ses lèvres sèches, je pourrais croire qu'il est déjà momifié. Les souffles multiples, le bruissement des airs, les chants du vent apaisent l'âme du moribond en emportant au loin les ondes néfastes émanant des *sanitu*.

Son fils, le chaman Pasisik, lui enduit délicatement le visage avec la mixture qu'il a préparée. Il lui masse lentement les mains, les bras et les jambes, la poitrine et le dos. La lotion semble sur le coup faire du bien au vieux Taktak. À l'odeur, je devine que ce mélange d'herbes, de feuilles et de racines doit contenir certains principes actifs. Il semble le réchauffer, lui décontracter les muscles, soulager temporairement ses douleurs.

La composition du *dauk* est souvent complexe et variable. C'est un subtil mélange d'herbes aux vertus curatives et de plantes aux pouvoirs magiques. Les *kerei*, qui sont aussi des hommes médecine, savent utiliser une grande variété d'essences naturelles pour soulager ou soigner des maux spécifiques. Lors des séances de soin, ils mettent aussi en jeu certaines espèces végétales, principalement pour leur capacité médiumnique et symbolique. Les usages combinés de ces diverses plantes permettent d'obtenir un renforcement mutuel de leur pouvoir, améliorant ainsi leur efficacité. Thérapie et magie vont de pair.

Ainsi, pendant que Pasisik enduit son paternel de *dauk*, Teurocak recueille dans le tube de bambou les humeurs délétères qui s'échappent du corps du vieillard. Il les attire par un chant monocorde et par le tintement des clochettes *jejeneng*. À la fin de la séance, il brise le tube empli de principes négatifs au-dessus de la cuvette contenant la lotion. Le liquide saturé de sanies est ensuite jeté au pied d'un bananier. Les influences négatives sont enfin évacuées. Taktak, complètement vidé, part s'allonger sur une natte étalée du bon côté de la cloison mitoyenne.

La séquence suivante se déroule à l'entrée de l'*uma*[118]. Il s'agit de rappeler l'âme qui se tient à l'écart de ce corps maladif; la rassurer, la convaincre de revenir, attirer ses énergies bienfaitrices au moyen d'offrandes, d'incantations et de danses. Puis de la réincorporer par le biais de la nourriture.

Un porcelet, ramené dans la matinée du *sapou sainak* de Taktak, va être sacrifié pour cela. Pendant que le chaman Teurocak s'adresse à son esprit apeuré en passant au-dessus de lui une feuille de *taipotsala* dont la forte charge négative repousse les mauvaises ondes spirituelles, Aman Beili, le fils aîné de Taktak, le délivre de ses entraves de rotin. Puis, lui-même aidé par son propre fils qui empoigne fermement le groin de l'animal, le caresse du limbe frais de l'*aileleppet* avant de le saigner. Le chaman Pasisik, second fils de Taktak, assiste aussi au sacrifice, le bambou contenant le bouquet magique à la main. Il guide l'incorporel vers sa délivrance.

La dernière partie de la cure a lieu près de l'entrée droite de la *batnuma*, côté positif. Des morceaux de viande de cochon cuits dans un bambou sont offerts par le chaman Teurocak au vieillard affaibli sur sa couche. Son âme devrait être bientôt apaisée, son corps reposé. Le solo bienveillant du *kerei* accompagne son geste de sollicitude. Son chant d'offrande s'adresse aussi aux esprits ancestraux afin qu'ils aient de la compassion pour ce fils bientôt parvenu au seuil de sa vie.

La cure tout juste achevée, Taktak se redresse sur son séant pour se rouler une épaisse cigarette. Il semble avoir retrouvé un peu de vitalité et une forte envie de fumer.

Cette séance chamanique est ainsi parvenue à modifier sensiblement l'état d'abattement dans lequel était prostré le vieillard au début de cette journée. Elle a joué un rôle de thérapie psychique, lui remontant le moral et lui permettant de reprendre un temps le collier de la vie.

J'aurai par la suite maintes fois l'occasion d'assister à ce genre de cérémonies. En particulier dans le village de Politsoman où, paradoxalement et à ma grande surprise, bien que la tradition animiste ait été depuis longtemps mise à mal par les religions monothéistes, les cures chamaniques restent coutumières et fréquentes.

Nous allons donc à présent faire un saut dans le nord de l'île de Siberut et dans le temps, pour visiter le village de Politsoman et assister ensuite aux diverses cérémonies qui se sont succédé durant mon séjour.

Chapitre 12
POLITSOMAN, CHRONIQUE D'UNE SEMAINE ORDINAIRE

Après trois voyages dans le sud de l'île, me voilà pour quatre mois dans le nord, dans le bassin de la Sigep. Je contribue ici modestement, en qualité d'anthropologue, au projet SCP (Siberut Conservation Project) réalisé par le primatologue Christophe Abbeg : un projet global de préservation de la forêt, d'étude des primates et de développement social mis en œuvre avec la participation des habitants. Une histoire ponctuée de difficultés et de réussites mais poursuivie depuis des années avec détermination. Un combat sans cesse recommencé contre les compagnies de déforestation et leurs suppôts. Pour ma part, j'étudie, entre autres sujets, le rapport actuel des habitants du lieu à la tradition mentawai[119]. Ce travail descriptif s'appuie sur ma participation aux différents événements qui ont ponctué la vie du village de Politsoman au cours du trimestre. Il s'organise aussi à partir des informations que m'ont fournies, souvent avec beaucoup de patience, les habitants. Les échanges à propos des termes employés dans la langue mentawai usitée dans le nord de l'île, dans un jeu comparatif avec ceux du sud de Siberut qui m'étaient à mon arrivée plus familiers, sont la clé de cette ouverture amicale[120].

L'actuel village de Politsoman, situé dans le nord de l'île, compte près de 600 habitants. Construit au milieu des années 1980, il est le dernier avatar d'un projet, imposé dès les années 1950 par le jeune État fédérateur indonésien, de regroupement des neuf clans qui vivaient autrefois de manière autonome le long des berges de la rivière Sigep. Cette politique d'assimilation et d'intégration des peuples dits « isolés » s'est caractérisée ici, comme dans maints endroits de l'île, par le déplacement forcé et répété des populations locales : avant que le village de Politsoman ne soit construit sur le site actuel, les familles ont vécu successivement sur quatre autres emplacements. Beaucoup d'approximations et d'erreurs d'appréciation, voire de négations des conditions locales et des modes de vie traditionnels, ont alors gravement perturbé l'organisation sociale éprouvée depuis des millénaires par ces peuples de la forêt. Les répercussions de cette déstabilisation programmée sont toujours présentes et actives et les ruptures consécutives à ces bouleversements fondamentales pour comprendre les réalités actuelles.

La structuration de ce village ne diffère pas dans ses grandes lignes de celle de la soixantaine d'autres de l'île. Elle répond à des critères standardisés par une administration indonésienne soucieuse, avec une économie de moyens, de planifier de manière « fonctionnelle » l'existence de populations dites « isolées ». Euphémisme savant pour signifier aux « sauvages » reclus dans leur jungle ancestrale que la « civilisation » va enfin s'occuper d'eux et les sauver de ce milieu d'inculture en les transférant dans des endroits « propres », nettoyés de toute herbe folle, appelés localement, on s'en souvient, *barasi*. Le concept du village tel qu'il a été réfléchi et mis en œuvre par les premiers développeurs s'appuie donc sur une opposition culturelle et religieuse qui représente la vie dans la forêt, et par extension la forêt elle-même, comme une forme d'existence désorganisée et incontrôlable, antinomique de l'idéologie centralisatrice qui caractérise le nouveau pouvoir indonésien.

L'emplacement retenu pour édifier le village actuel est situé en aval de la Sigep, à un quart d'heure de pirogue à moteur de son embouchure, au confluent de la petite rivière appelée Betaep. C'est par cet affluent étroit que je suis parvenu avec l'équipe du SCP, après une sublime chevauchée maritime en pirogue à moteur depuis le port de Pokai, à l'entrée sud du village. Nous accostons au ponton près de la maison en bois construite pour l'hébergement des professionnels et des volontaires du projet. Un mince matelas en mousse dans une chambre partagée à deux avec, à l'extérieur, une « salle de bains » et des toilettes à la turque, toutes deux alimentées à grands seaux d'eau tirée d'un puits et filtrée dans un bac à sable, m'apporte un brin de confort inespéré. À l'écart de cette habitation, face au débarcadère où accostent les pirogues des villageois, débute le chemin bétonné central du village. Il est orienté vers le nord, dans le sens de la rivière principale.

Le tracé du village s'organise de manière symétrique de chaque côté de cet axe médian long d'environ 250 mètres. De part et d'autre et à égale distance de cet axe, deux autres chemins bétonnés desservent les côtés ouest et est du village. Ces trois voies parallèles sont reliées perpendiculairement dans leur partie médiane et supérieure (nord) par deux chemins également bétonnés et parallèles, d'une longueur de 400 mètres (200 mètres de chaque côté de l'axe médian). Le plan général du village s'inscrit ainsi de manière équidistante dans un quadrilatère. De chaque côté de ce quadrillage matérialisé par les voies en béton sont alignées, sur des parcelles de surface identique, une centaine de maisons familiales.

Cette géométrie rigoureuse et l'architecture des maisons, traditionnellement ouvertes sur l'extérieur, rendent visible tout déplacement. Personne ne passe inaperçu, moi le premier, et chacun a le loisir de regarder à l'intérieur des habitations, bien que les petites chambres et la cuisine soient cependant le plus souvent cloisonnées. Vie quotidienne sous haute surveillance, c'est parfois l'impression que je ressens à déambuler chaque jour dans les rues du village. Je ne peux pas faire un pas sans qu'on me demande gentiment où je vais. Cette structuration au carré engendre ainsi un effet panoptique qui renforce de fait l'interdépendance et l'autocontrôle des familles et des clans. Cette cohabitation forcée s'inscrit selon moi en porte-à-faux avec les structures claniques qui ordonnent, encore de nos jours, une grande partie de la vie des communautés villageoises.

Aux deux angles de l'extrémité nord du village, le temple protestant et l'église catholique veillent aussi fidèlement, chacun de leur côté, sur la vie locale. Cette distance et cette opposition spatiale des édifices religieux peuvent s'expliquer autant par une volonté de se différencier l'un de l'autre, de s'écarter même, que par la disponibilité de terrains libres dans cette zone intermédiaire située entre le bout du village et la forêt. L'emplacement de ces deux « phares spirituels » en lisière de jungle me semble aussi avoir une portée symbolique. Ce marquage de territoire relèverait de l'obsession missionnaire à toujours vouloir mettre à distance, à défaut de l'éradiquer, le monde primitif des esprits et des croyances animistes. Tours de garde sur l'échiquier des âmes conquises. Sorte de retournement magico-religieux de l'Esprit saint contre la nature insoumise, si proche et présente en dépit des apparences.

L'implantation des édifices religieux correspond en outre à leur zone d'influence principale auprès des unités familiales du village : côté ouest, 62 % des unités familiales se disent protestantes ; à l'est, 80 % sont catholiques.

De plus, l'appartenance aux deux grandes religions de la place recouvre de manière significative l'appartenance clanique et cette correspondance entre religions et clans – deux grands groupes religieux composés chacun de quatre clans – s'inscrit de manière distincte dans les deux moitiés symétriques de l'espace villageois[121].

Pendant la semaine, le village est déserté par de nombreuses familles. Le week-end terminé, elles regagnent leurs plantations, à mon grand dam car cet éloignement me coupe souvent de mes meilleurs informateurs, qu'il n'est pas toujours facile pour moi d'aller retrouver ensuite sur leur secteur. Chaque lundi matin, je les vois ainsi s'embarquer dans leurs pirogues à moteur avec hottes et sabres d'abattis tandis que je demeure penaud sur la jetée.

Certaines familles se dirigent vers l'amont de « la rivière aux fourmis », la Sigep, sur les berges de laquelle, à quelques heures de pirogue, est situé leur jardin avec « maison des cochons » attenante.

D'autres gagnent l'embouchure de la Sigep. Elles rejoignent ensuite à pied, en direction du village de Labuanbajo, par une longue plage de sable blanc, leur cocoteraie plantée en bord de mer[122]. Elles transportent ustensiles et outils, de jeunes enfants ou un vieillard affaibli, dans des carrioles à bras. J'aperçois aussi, de temps à autre, des jeunes hommes qui parcourent la grève sur un vélo tout-terrain. La plupart de ces gens vont travailler le coprah et résider sur leur lieu de travail la semaine entière, voire pendant quinze jours consécutifs[123]. Enfin, quelques hommes s'enfoncent dans la forêt pour aller couper du rotin[124] ou défricher et incendier une nouvelle parcelle à cultiver.

Durant la semaine, ne restent donc plus au village que les personnes les plus âgées ou trop malades pour bouger, des femmes gardant leurs enfants scolarisés et leur dernier-né et toute une flopée de marmots qui jouent, chantent et se baignent... Quelques hommes aussi, qui effectuent des travaux sur place, et deux commerçants qui tiennent boutique.

Pour les jeunes femmes et mères de famille restant à la maison, les journées se passent dans la répétition des tâches domestiques entre cuisine et lessive ; les jours s'épuisent en corvées de bois et coupes des bambous ; le temps s'écoule rythmé par le jardinage des parcelles proches du village et la cueillette de fruits et légumes. Plants de manioc et de patates douces, touffes de cannes à sucre et variétés de bananiers, un garde-manger de proximité qu'il faut entretenir et protéger des animaux gourmands de la forêt, comme les cochons et les écureuils.

Dans les tarodières humides ou inondées, seules les femmes plantent et arrachent les précieuses colocases, travail pénible, tabou pour les hommes. Rappelez-vous, l'eau douce est un espace avant tout féminin. Elles ont pourtant de moins en moins de temps à consacrer à la pêche en rivière, qui leur est aussi dévolue. Elles laissent ce plaisir, parfois bien ingrat, aux femmes plus âgées ou aux jeunes enfants, filles et garçons confondus. Les vieilles femmes partent le plus souvent seules, se protégeant du chaud soleil sous un chapeau conique en palmes effilochées[125], dans leurs petites pirogues actionnées à la pagaie.

Les enfants, dès leur plus jeune âge, sortent aussi en pirogue. Eux ne craignent pas de charger la barque. Par bandes de quatre, ils pagaient joyeux, en direction de l'embouchure. Les eaux alentour abondent en alevins et petits poissons de toutes sortes. Ainsi, des milliers de carangues juvéniles, remontant l'embouchure avec le flux, finissent au bout de l'hameçon, « la dent pour pêcher »[126], et dans un bain de friture. Cette cuisine à l'huile ou en sauce curry accompagnée de riz est d'origine indonésienne. Elle fait maintenant partie des habitudes alimentaires des habitants de Politsoman. La gentille cuisinière embauchée par le SCP nous mitonne d'ailleurs presque chaque jour de la semaine son infaillible recette de poissons pimentés et nous régale au petit-déjeuner de ses beignets, chips et autres friandises bien grasses. J'avoue cependant que ce menu invariable compense agréablement la frugalité de mon ordinaire sudiste composé de larves, de couenne et de sagou.

Les femmes et leurs filles utilisent aussi pour pêcher le long des rives des épuisettes aux mailles fines, aujourd'hui en fibres synthétiques multicolores tissées, ou posent au fond de l'eau, face au courant, la traditionnelle nasse en rotin. La chair de poisson complétera pour toute la famille les rations de riz quotidien, parfois en alternance avec du sagou, accompagné de feuilles de manioc, de divers tubercules bouillis, de bananes frites ou encore de chips faites à partir des amandes de *melinjo*[127].

De grosses coquilles noires bivalves, les *kodiai*, sont aussi récoltées, quand le niveau de la rivière s'y prête – idéalement après une crue –, pour agrémenter l'ordinaire. Personnellement, je n'en raffole pas car leur chair est un peu caoutchouteuse et leur estomac trop rempli de vase douteuse à mon goût. Pas de folies culinaires donc, la viande de cochon ou de poulet étant réservée aux occasions exceptionnelles. Pas d'œufs non plus, « trop chers (6 000 roupies la demi-douzaine), c'est pour les riches »[128]. Et puis, pour une si maigre pitance cela équivaudrait à sacrifier la vie d'un futur et beau poulet.

Le surplus de poisson est mis à sécher sur une plate-forme surélevée, pas loin des chips de manioc[129]. Au bord du chemin bétonné, femmes et enfants étalent aussi sur une natte placée au soleil les noix d'arec ouvertes par moitié et les fèves de cacao, toutes deux destinées à l'exportation. De quoi mettre de l'huile dans les épinards du cru.

Plusieurs fois par jour, je remonte l'allée centrale sur une centaine de mètres pour me rendre à l'épicerie principale. Elle est tenue par un couple de pentecôtistes entreprenants. L'esprit du capitalisme est descendu sur eux. Lui est mentawai et sa femme d'origine batak, du lac Toba à Sumatra. Je profite toujours de ces menues courses pour faire un brin de causette, sur la terrasse du magasin, avec les deux ou trois habitués du lieu. Sur mon passage, certains habitants me saluent machinalement, m'invitent à entrer chez eux pour discuter ou me demandent de leur acheter une gâterie à la boutique. Le rituel est d'une routine désarmante mais il me permet d'observer, de me renseigner et de prendre note.

Au large de la rue du milieu, deux sagoutiers rescapés du progrès enfoncent leur gros pied dans une terre gorgée d'eau. Malgré les canaux qui drainent l'eau des ruisseaux au bord de la rue, l'endroit est régulièrement inondé, pour le bonheur des canards de Barbarie, des plants de taro et de l'enfant jouant avec son bateau en noix de coco, et pour le courroux des chattes trois couleurs, à la queue atrophiée et tire-bouchonnée, marque de fabrique de cette espèce typiquement indonésienne, qui hésitent, comme partout, à se mouiller les pattes. Les mères poules toujours un peu stressées et les chiens roux à l'allure plutôt nonchalante font aussi le détour. Ils passent librement entre les haies de bambou des jardins fleuris, plantés de cultures vivrières et d'arbres fruitiers, ou traversent sans gêne les cours ouvertes. Je me souviens aussi d'avoir vu courir un jour un chien jaune ou rose, je ne sais plus. Son Gauguin de maître l'avait peint d'une poudre colorée naturelle pour l'embellir et peut-être le soigner de ses tiques.

Devant l'entrée de sa maison, une femme accroupie arrache à la machette les racines des mauvaises herbes rampantes. Elle me sourit et me demande comment je vais. En face d'elle, son petit garçon s'amuse à débroussailler la peste végétale qui envahit le fossé avec une petite hélice en bambou actionnée par une ficelle embobinée sur un noyau évidé. Les sauterelles vertes et les libellules rouges sont de la fête.

Trente mètres plus loin, une bande de copains et de cousins reviennent guillerets de la rivière, lance-pierres à la main. Le coucou ou *but but*, comme le laisse entendre son nom, chante inlassablement le même refrain depuis le matin[130]. Les chers bambins de l'école buissonnière pourraient bien l'atteindre. Ils sont adroits pour lancer des pierres aux oiseaux du coin. Ils font souvent mouche aussi avec les dures billes écailleuses des graines de palmier qui leur servent de munitions et qu'ils fourrent dans le bas replié de leur *tee-shirt*. Derrière les rangs des aréquiers au garde-à-vous et les plumets des cocotiers élancés, j'entends le cri des écoliers. C'est la récré, ils jouent au volley, le sport préféré dans la région.

Les grands enfants, à partir de 7-8 ans, sont scolarisés sur six niveaux à l'école primaire gouvernementale. Chaque matin, ces écoliers élèvent et saluent le drapeau indonésien qui arbore les mêmes couleurs que leurs uniformes, blancs et rouges. L'école en bois sous tôle rouille et pourrit lentement. Elle a pourtant connu son heure de gloire à l'époque des politiques de regroupement des indigènes, au temps des « plans sociaux », présentés par les administrateurs indonésiens en termes alléchants promettant confort, éducation et santé au pas de la porte ! Ainsi, dès les années 1970, une quinzaine d'années avant le dernier déménagement du village, la scolarisation des enfants fut assurée par sept ou huit instituteurs et institutrices débarqués des grandes îles d'Indonésie. Ils repartirent cependant bien vite, nostalgiques de leur famille et de leur île natale. Le taux de rotation est donc élevé, pour un personnel de faible qualification qui progressivement n'est plus remplacé. Lors de mon séjour, un instituteur originaire de l'île de Nias est responsable de l'école. Il est aidé par quelques personnes du village dévouées mais à la formation insuffisante. Le niveau scolaire est en moyenne assez faible quoique la plupart des enfants, comme bon nombre d'adultes des deux générations précédentes, sachent à peu près lire et écrire, léger progrès malgré les déficiences du système.

De nombreux jeunes gens deviennent ensuite internes au collège de Muara Sikabaluan. D'autres, peu nombreux, entament des formations techniques ou sont apprentis à Java ou Bali, en section cuisine. Plus rares encore sont ceux qui suivent des formations supérieures. La plupart des élèves et étudiants partis à Sumatra ou à Java pour leurs études sont pris en charge plus ou moins intégralement par des instituts religieux. Ils demeurent parfois plusieurs années en pension loin de leurs parents[131].

Depuis environ cinq ans, les plus petits peuvent être inscrits à la « maternelle », une classe aménagée dans l'*uma*, la grande maison de style traditionnel construite par et pour les villageois avec le soutien du SCP. L'institutrice originaire du village de Monganpola est rémunérée par le SCP. Elle est logée avec nous et remplace parfois en son absence notre cantinière attitrée. J'ai souvent l'occasion d'échanger avec elle mais sa foi bahaïe, religion d'origine persane, son éducation indonésienne et les séductions du monde occidental fragilisent ses racines mentawai, embrouillant ses réponses aux questions que je lui pose. Dans l'*uma*, des cours d'anglais sont aussi dispensés, de manière plus sporadique, aux enfants par les bénévoles français en congé solidarité envoyés par l'association « Planète Urgence ». Ces leçons de langue données par des gourous[132] étrangers revêtent un caractère prestigieux aux yeux des habitants. Les parents se précipitent en fin d'année scolaire pour inscrire leurs marmots dans cette « École des loisirs », scolarité gratuite qui, si je m'en réfère aux avis des enseignants de l'école publique, apporte aux élèves de bonnes bases pour débuter le primaire.

Les quelques hommes qui restent dans le village durant la semaine sont en principe retenus par des travaux prioritaires. Par exemple, poursuivre la construction d'une nouvelle maison. De manière pragmatique, à défaut d'autres tâches, je décide de faire le tour des chantiers et des cours d'habitation. L'état de l'habitat à Politsoman est inégal. Construites à l'origine sur un modèle standard et économique, la plupart des maisons en bois ont ensuite été progressivement modifiées, aménagées et agrandies au gré des familles, de leurs besoins et selon leurs moyens. Certaines particularités architecturales de l'habitat mentawai, comme la pièce d'entrée ouverte, sont néanmoins presque toujours conservées.

Actuellement, un essor immobilier est perceptible. Il est lié à la nécessité de renouveler et de moderniser des bicoques qui depuis une trentaine d'années n'en peuvent plus de résister aux pluies diluviennes, aux chaleurs étouffantes, aux rats et insectes qui les grignotent. Beaucoup de maisons neuves sont bâties dans le prolongement avant de l'ancien logement, de manière à gagner de la place et à continuer à se loger pendant les travaux. Ces derniers avancent au rythme irrégulier des rentrées d'argent, ce qui n'empêche pas les gens d'habiter leur nouvelle résidence dès que le plancher sur pilotis et le toit sont achevés. Dans les cours d'autres familles, les matériaux (planches, tôles en fibrociment, sable, etc.) s'entassent au fur et à mesure en prévision de travaux futurs. Pas de doute, l'économie locale a trouvé son allure de croisière. À vue d'œil, elle croît doucement en dépensant modestement. La vente du produit des plantations, les bénéfices tirés des activités annexes, jardinage, élevage ou pêche, et surtout les loyers et les salaires versés par le SCP au clan Salamanang pour la préservation de la forêt et de ses primates augmentent les revenus de bon nombre de familles.

Cependant, toutes ne sont pas parvenues à atteindre ce niveau d'aisance. Je m'en rends compte simplement en traînant dans les allées du village ou de façon plus précise en leur rendant visite à domicile. Beaucoup de maisons demeurent en piteux état, les murs crevés, rapiécés de lames de sagou, les toitures de palmes dépenaillées, les tôles percées par la rouille : taudis sordides dans lesquels de petits enfants sales sucent de la canne à sucre, ou bicoques de vieilles veuves tatouées, à bout de souffle. Visiblement, ici très peu d'argent circule.

Dans la matinée et l'après-midi du samedi, les piroguiers reviennent enfin les hottes chargées de bananes, de taros et de cocos. Le repos dominical et l'appel des offices religieux ramènent au village les fidèles pratiquants. Les rues et les maisons s'animent peu à peu. C'est la journée des ravitaillements, des petits travaux et du bricolage, le jour des réunions et des rencontres. J'espère, de mon côté, compléter ma petite semaine de récolte ethnographique en allant voir mes amis de retour.

Le *Simasin*, bateau de passagers et de marchandises qui assure en principe une liaison régulière deux fois par semaine entre Padang et Siberut nord et sud, parti jeudi soir de Padang est, quant à lui, arrivé vendredi matin à Pokai, le village portuaire de Sikabaluan. Ses cales cette fois sont pleines de sacs de riz. Chaque année, le gouvernement continue à offrir à prix réduit deux sacs de 50 kilos de riz à chaque famille[133]. Une forme de compensation, au début octroyée gratuitement pour inciter (« forcer », plutôt, avec « les meilleures intentions du monde »), les populations à se lancer dans la riziculture puis maintenue, après l'abandon rapide de cette expérimentation hasardeuse, avec dorénavant l'obligation pour les bénéficiaires de s'engager à planter rapidement davantage de cocotiers. À présent, les cocoteraies se sont étendues mais le don et la consommation de riz sont entrés dans les mœurs ; l'huile aussi, tirée du coprah, n'a pas tardé à faire partie des habitudes culinaires. Le principe de civilisation accordé au riz, de l'Asie à l'Indonésie, s'est imposé ici, essentiellement au nord de Siberut, au détriment du sagou, l'aliment « primitif » des Mentawai. Les sacs de riz ont été récupérés samedi au bateau et rapportés jusqu'à Politsoman en pirogue. La plupart sont trempés par les paquets de mer embarqués sur le trajet maritime entre Pokai et l'embouchure de la Sigep. Ce week-end, les précieux grains vont donc être étalés au soleil entre deux ondées. Le « gros » commerçant du coin est aussi du voyage. Voilà bientôt deux semaines qu'il est parti à Padang pour s'occuper de ses affaires florissantes et que sa femme reste seule à tenir une boutique à moitié vide. Il achète, traite et revend à Sumatra une grande partie de la production locale de rotin. Il en fait autant avec le coprah, la noix d'arec, les fèves de cacao et le miel. Les gens de Politsoman sont connus, m'a-t-on dit, pour être les plus grands récolteurs de miel de forêt de tout Siberut[134] et lui en est sans doute devenu le principal négociant.

Sylvius, un de mes fidèles interlocuteurs, est aussi rentré de sa cocoteraie. Sa grande pirogue commandée à un ami expert est maintenant terminée. Elle a été creusée dans un *katuka*, un gros arbre de la forêt primaire au grain roux et doux. Elle est profilée et belle comme un fauve. Sylvius profite de son samedi au village pour ajuster le gouvernail à son ingénieux support. Il me montre fièrement son travail : deux pièces magnifiquement sculptées, l'une dans un bois pâle et souple, l'autre dans le dense et solide bois clair de *baru*. Les eaux limoneuses et les rayons du soleil auront vite fait de teindre uniformément les veines de ces bois de couleur et leur beauté première finira par nous échapper. Aucune cérémonie, me dit-il légèrement gêné par cet aveu, n'est prévue pour inaugurer la grande pirogue neuve. De ce côté-là, la tradition s'est un peu perdue. L'âme des arbres et de la pirogue aussi.

Dans un bras de rivière, près du chantier naval et de la maison délabrée de Sylvius, j'aperçois les écolières qui lavent, en riant et en s'éclaboussant, leurs uniformes sur le dos lisse d'une autre pirogue. Autour d'elles, des petits garçons se baignent nus. L'un d'eux porte attaché au cou un sachet de tissu renfermant une substance magique, protection garantie contre le mauvais sort et la maladie. De nombreux enfants portent ce genre d'amulette. Côté santé et destinée, on s'en remet toujours aux remèdes d'antan. C'est toujours mieux que d'espérer vainement le passage d'un visiteur médical[135]. Quelques fillettes jouent aussi dans l'eau brune entièrement dénudées mais la plupart des jeunes filles se baignent en jupe, souvent avec un *tee-shirt* pour cacher ce sein naissant que je ne saurais voir, sentiment de pudeur hérité d'une éducation religieuse et familiale plus rigoureuse que nature. Seules les mères allaitant leur dernier-né dévoilent encore leur poitrine en public sans trop de gêne, de rares vieilles aussi, des survivantes parcheminées de tatouages qui n'ont jamais connu ce genre de pudibonderies.

Le samedi au village c'est aussi, disais-je, l'occasion de rendre visite à la famille et aux amis, à ceux de son clan ou des clans alliés. Passer de longs moments sur les banquettes de la terrasse à discuter et fumer entre hommes autour d'un verre de thé bien sucré. Évoquer les nouvelles du jour, régler les détails de la prochaine cérémonie, parler des travaux en cours. Pas de discussions enflammées : la voix posée de l'orateur est écoutée, de longs silences traversent l'assemblée pensive, les arguments maintes fois répétés sont examinés, réfléchis, la parole circule librement, entre deux bouffées, deux gorgées, et les décisions sont prises à l'unanimité. Ces discussions me semblent parfois interminables, mais l'accord de chaque membre est essentiel pour conserver la stabilité du groupe. L'art de la parole et de la rencontre communautaires persiste aussi dans cette partie de l'île et signe l'un des traits essentiels de la vie sociale et culturelle des clans mentawai.

À Politsoman, les femmes participent à ces prises de parole et de décision – au regard de la tradition, les hommes et les femmes devraient être à égalité sur ce plan –, mais le camp des hommes semble davantage vouloir s'imposer maintenant. La scission des sexes, la fameuse « sexion », semble opérer surtout dans les réunions concernant les affaires de la « cité », de la « paroisse » ou du « territoire ». Les rassemblements à caractère politique ou religieux sont ainsi souvent le fait des hommes. D'ailleurs, les postulants aux offices religieux appartiennent tous au « sexe fort ». Les hommes sont aussi les premiers à prendre position pour les élections de chef du village et à s'organiser pour construire une nouvelle chapelle, côté catholiques, ou pour bâtir la salle paroissiale des protestants, récolter de l'argent et répartir les tâches, chacun apportant sa contribution, à part égale, sans léser ni froisser personne[136]. Rude tâche. De sempiternelles et longues réunions nocturnes se tiennent pour régler aussi les litiges et les problèmes de terres. Conclure un bail de location de 5 000 hectares en forêt du Peleonan avec les Salamanang n'est jamais une mince affaire pour le directeur du SCP. Trouver des accords avec les autres clans possesseurs de terrains non plus. Dans ce domaine aussi la concurrence est rude entre les conservateurs de la nature et les libéraux du marché du bois et du cacao[137]. Rien n'est définitivement acquis. L'argent est devenu monnaie courante, la forêt trébuchante.

Dimanche a sonné. Il est 10 heures, les offices vont commencer. C'est un terrain d'étude singulier pour ma personne qui n'a pas mis les pieds à la messe depuis des décennies mais, comme l'ethnologie sait faire feu de tout bois, il n'y a pas de raison que je me prive de cette distraction matinale et ô combien intéressante pour sonder l'état des âmes mentawai. Les femmes, dans leurs robes à dentelles, sous leurs ombrelles colorées, les cheveux ramassés en chignon fleuris, maquillées et portant bijoux, sont belles et élégantes. Curieuse métamorphose qui me ramène par l'esprit au temple de Bora Bora où j'entends encore, vingt ans plus tard, les *himene* des vahinés en robe mission et blanche capeline. Les hommes, ici comme là-bas en Polynésie, dans leur chemise et leur pantalon impeccablement repassés font davantage endimanchés et paraissent moins à l'aise dans leurs souliers. De chaque côté du village, en petits groupes qui se croisent, cheminent les fidèles qui se rendent à la messe.

Les protestants semblent plus réguliers et nombreux à fréquenter le temple que les catholiques l'église. Dans le premier, une trentaine d'hommes dont la moitié de jeunes, une bonne quarantaine de femmes, plusieurs avec un bébé dans les bras, et une douzaine de jeunes filles assistent au service dominical. Les deux sexes sont séparés de chaque côté de l'allée centrale. Au plafond, sur toute la longueur, traîne une guirlande de Noël avec « la fête de la nuit » écrit en mentawai. Au fond, un faux sapin enguirlandé se tient sur sa réserve au pied d'une imposante chaire vernie. Quatre officiants animent les prières, les sermons et les chants des jeunes choristes (une douzaine de fillettes et trois guitaristes) et de la pieuse assemblée. Le culte est rendu en langue mentawai. Pendant une heure, la ferveur est palpable dans une ambiance bon enfant. L'office terminé, les hommes allument leur cigarette et restent sur leur banc pour s'informer du montant des donations, des dépenses et des projets.

Chez les catholiques, en temps habituel, le rendez-vous dominical rassemble moins de monde que chez les protestants. Une vingtaine d'hommes, une trentaine de femmes et une vingtaine de jeunes gens, tous sur leur trente et un, composent d'ordinaire l'assemblée. En revanche, les jours de fête religieuse, l'église est pleine comme un œuf. Ainsi, le dimanche des Rameaux, aux Pâques fleuries, dans la nef décorée de jeunes palmes de sagoutiers, plus d'une quarantaine d'hommes, davantage encore de femmes, et une bonne vingtaine d'adolescents et d'adolescentes sont présents. Le dimanche de Pâques, dans l'église embellie de bouquets de crotons et de roses de porcelaine, ils sont encore plus nombreux à se serrer séparément dans les rangs. Pour célébrer la résurrection du Christ, sur le mur derrière l'autel, au-dessus du crucifix, a été inscrite en indonésien, encadrée de trois longs rubans de couleurs, la prétentieuse devise « *Alva dan Omega* ». Quelques chants, interprétés par un chœur d'une demi-douzaine de jeunes filles et accompagnés à la guitare par deux grands garçons, et de nombreux sermons qui me semblent interminables, ponctuent le déroulement de la messe pascale. Elle est célébrée par un prêtre originaire du village. Il est vêtu d'une chasuble satinée rouge et blanche. Il est aidé pour les chants et les lectures par deux adolescentes, enfants de chœur portant elles aussi une aube rouge avec une grande croix jaune sur le devant, et par trois officiants adultes en tenue civile. Malgré la solennité de la cérémonie et les moments de recueillement « au nom du Père, du Fils et du Saint-Esprit » *(ka onim Ukkui samba Toga samba Sipunenan)*, il règne dans la petite église un léger brouhaha et un désordre certain. Une femme sort avec sa gamine impatiente et en rejoint d'autres assises sur le parvis, une mère calme son bébé en lui donnant la tétée tandis qu'un père récupère son lardon endormi... Va-et-vient et chuchotements. Au moment de la communion et de la quête, l'agitation est à son comble. La messe est dite.

Dans le lent défilé des familles qui rentrent chez elles, Émilius Sikaraja, l'ancien chef du village, est le premier arrivé à domicile. Il m'invite à le suivre chez lui. Sa maison, peinte en blanc, est située à une centaine de mètres de l'église. Au niveau de sa petite terrasse qui fait office de palier, juste au-dessus de la porte d'entrée, veille une Sainte Vierge en robe bleue. Il ne doit pas manquer de piété, l'homme qui a vu l'Italie et le pape, lors d'un voyage organisé il y a quelques années par un père italien pour ses ouailles mentawai. Sur la photo souvenir du Vatican, encadrée et accrochée au mur de son « salon » vide, il pose auprès de ses jeunes compagnons indigènes, deux femmes, quatre hommes et le curé. Tous en jeans, jupes et baskets avec, imprimé sur leur *tee-shirt* immaculé, le portrait en pied d'un authentique *kerei*, torse nu, tatoué et paré de tous ses attributs rituels. Émilius me dit qu'il est aussi *kerei*. Sur la photo, il porte en effet le bandeau tissé de perles de verre coloré et le pagne végétal décoré de frises géométriques utilisés traditionnellement par les chamans mentawai pour leurs danses ou lors des séances de cure et autres cérémonies rituelles. Un des hommes a aussi le front ceint d'un bandeau de chaman et les deux femmes portent la coiffe de plumes et de fleurs des femmes chamans. Folklorisés de la sorte, intimidés aux côtés d'un pape atteint de la maladie de Parkinson, ils me paraissent pathétiques, à la limite du ridicule. Face au cadre papal, un massacre de cerf teint en rouge me rappelle heureusement le goût de la chasse et l'arrière-fond animiste du pèlerin Émilius.

L'après-midi, près de l'église, les hommes jouent au volley. Ils s'entraînent pour les prochains tournois organisés entre équipes des villages alentour. Ils sont habiles et athlétiques. Beaucoup d'entre eux sont en tenue de sport avec maillot et short, parfois genouillères, quelques-uns portant même chaussettes et baskets, copie contrefaite d'une virgule mondialement connue. Entre deux matches, les plus mordus se détendent avec une partie de tennis de table. Cette dernière, de fabrication locale, n'est pas rigoureusement plane et le terrain est légèrement en pente mais les joueurs se débrouillent pas mal du tout avec les moyens du bord. Des groupes d'adolescents, filles et garçons ensemble, profitent du spectacle pour se rencontrer et se frôler discrètement.

Une semaine ordinaire s'achève à Politsoman. Demain, chacun repartira.

Le rythme hebdomadaire des villageois, pour régulier qu'il soit – et parfois quelque peu lassant à mon goût –, ne s'en trouve pas moins souvent modifié par les événements particuliers propres à l'existence humaine et à la vie sociale. Dans ces circonstances, les rituels traditionnels, et naturellement les *kerei*, reviennent au galop. Ainsi, au cours de mon séjour, j'eus à plusieurs reprises l'occasion d'assister à des cérémonies chamaniques organisées par les familles pour aider le corps et l'âme à combattre la maladie. La longue préparation de la fête prestigieuse entérinant le départ de la femme du clan de son père pour celui de son mari anime aussi de temps à autre la vie du village et rompt la monotonie de mes journées.

Chapitre 13
DANSES ET TRANSES DES CHAMANS

QUELLES NE SONT PAS ma surprise et mon incrédulité lorsque, pour la première fois à Politsoman, j'entends, depuis l'orée de la forêt d'où j'émerge, les tintements si caractéristiques des clochettes des *kerei*! Enfin, les rythmes animistes vibrent dans le village et font battre la chamade à mon cœur assiégé. Ces nuits de danses et de transes des chamans raniment les plus ancestrales manifestations de la culture mentawai. Et je m'efforce de n'en manquer aucune. Nuits blanches et magiques, alliance dramatique d'énergies vitales contre les forces obscures.

Les chamans du nord de l'île de Siberut ne sont cependant pas en tout point identiques à ceux du Sud. Beaucoup de ceux que j'ai rencontrés ne sont plus tatoués et aucun ne garde les cheveux longs et, ordinairement, ne se promène simplement vêtu d'un cache-sexe végétal. Certains d'entre eux portent néanmoins le *kabid* pendant les cérémonies rituelles. Les autres se contentent de nouer un sarong autour de la taille et de se passer un bout d'étoffe entre les jambes. Les femmes *kerei* officient, quant à elles, en soutien-gorge ou en corsage et portent une jupe sarong souvent de couleur rouge. Les coiffes en plumes de ces hommes et femmes sont artistiquement ornées de fibres synthétiques vivement colorées, de lanières en papier d'alu découpées dans les paquets de biscuits indonésiens et de fleurs artificielles entre lesquelles sont piqués quelques frais boutons d'hibiscus et feuilles de croton.

Malgré leur « déguisement »[138], ces *kerei* du nord de Siberut ne peuvent être assimilés à des chamans d'opérette. Ils sont en effet, en dépit de ces apparences quelque peu dénaturées, les continuateurs des *kerei* disparus à la suite de l'évangélisation forcée de l'île. Après la destruction forcenée de tout ce qui pouvait se rapprocher de près ou de loin des pratiques animistes, et après maints déboires et répressions, le rôle préventif et guérisseur des chamans et leurs références au culte *sabulungan* ont finalement été tolérés par les représentants des pouvoirs politiques et religieux. Ils leur servent ici de palliatif utile et peu coûteux au manque dramatique d'infrastructures sanitaires[139].

Aussi les *kerei* continuent-ils d'opérer dans le nord de l'île essentiellement en qualité d'hommes et de femmes médecine. Dans cette partie de Siberut, la mixité dans la fonction de *kerei* est courante, y compris parfois au sein d'un couple[140]. Quasiment autant de femmes que d'hommes ont été investis par ce pouvoir surnaturel qui, un jour, une nuit, s'est révélé à eux au cours d'une transe soudaine, d'un tremblement inexpliqué ou dans un rêve annonciateur. Accompagnés par leurs pairs et un maître *kerei (sipaumat)*, ils ont appris les plantes, les chants, les danses et les rituels qui chassent les influences délétères qui émanent des esprits environnants ou qui transmettent les énergies vitales au corps et à l'âme affaiblis. Ils ont été initiés à communiquer avec les ancêtres, à composer avec les forces invisibles présentes dans tous les êtres et les choses.

Une dizaine de cures chamaniques *(panogai)* se déroulent à Politsoman au cours du trimestre que dure mon séjour. La plupart de ces interventions sont organisées à l'occasion de la présence dans le village de *kerei* venus d'autres coins du nord de l'île (Sigapokna, Terekan, etc.). L'un d'entre eux est requis pour officier dans le rôle de chaman principal, celui dont le pouvoir et l'expérience sont reconnus par tous. Il se charge à la nuit tombée de donner à la cérémonie toute son ampleur avec l'aide de ses confrères du village et de la région. L'appel à d'autres chamans que ceux de la place se produit en particulier lorsque le mal qui affecte le patient perdure malgré la répétition des cures.

Chaque chaman possède en effet des pouvoirs et des remèdes spécifiques et, quand l'un d'eux ne parvient pas à soulager le malade de manière durable, un autre *kerei* peut être sollicité[141].

Par ailleurs, la maladie n'est pas toujours identifiée de façon certaine. Une personne peut ne pas être en forme ou se dire souffrante sans pour autant connaître la cause exacte de ses douleurs. Les *kerei* qui se succèdent dans les cérémonies de cure essaient donc différents remèdes et procédés. Par exemple, si pour un mal de ventre – ce qui a souvent été le cas dans les cures auxquelles j'ai assisté – une série de préparations médicinales appelées *aggot* à Politsoman et *laggek* dans le Sud, en principe efficaces pour évacuer les vers parasites et apaiser les maux, se révèle sans effet notable, d'autres remèdes seront proposés au cours d'une prochaine séance.

En outre, une maladie étrange s'explique aussi souvent par des origines surnaturelles ou magiques. La personne atteinte peut ainsi avoir été empoisonnée par un acte malveillant de magie noire, avoir été victime de l'influence délétère d'un esprit, subir les conséquences néfastes d'une transgression. La maladie ne se réduit donc pas à ses symptômes physiques. Quand le corps est affecté, l'âme en souffre terriblement. Elle peut même, en cas de chute d'un arbre ou dans la rivière, s'échapper de frayeur du corps tombé, errer dans la forêt ou sur les berges, et son abandon peut provoquer le dépérissement physique du sujet. La cure, au sens « médical » du terme, s'adresse donc au corps principalement à travers son âme.

Pour contrer ces malheurs, les *kerei* mettent en jeu de manière scénique toute une gamme ordonnée de rituels. Une grande variété de plantes est utilisée, nous l'avons vu, sous forme de bouquets de feuillages ou de potions diverses. Ces compositions végétales sont employées tant pour leurs vertus médicinales réelles ou supposées que pour la puissance symbolique et le pouvoir médiumnique qui leur sont attribués. Leur énergie négative et répulsive chasse les esprits nocifs et malveillants tandis que leurs principes positifs, emplis de vitalité, soignent et soulagent le corps et l'âme du patient. Ces deux forces ambivalentes permettent aussi de communiquer avec l'esprit des ancêtres disparus pour qu'ils intercèdent en faveur du malade. Des offrandes, des sacrifices, des chants, des danses rythment, pendant des heures durant, la cérémonie de cure.

Sur la dizaine de *panogai* auxquels j'assiste à Politsoman, près de la moitié d'entre eux sont destinés à soulager les souffrances d'un même homme, le *kerei* Teu Lemba. Cet enchaînement de cures chamaniques, outre une quête désespérée et coûteuse de la part de sa famille pour remédier à la douleur et au désarroi d'un individu gravement malade, indique *ipso facto* que la condition de *kerei* ne met pas sa personne à l'abri des microbes, ni des influences néfastes émanant des esprits rôdant alentour, et que la force et l'art des chamans se heurtent aux puissances de l'invisible et du méconnu, d'un existant qu'ils ne maîtrisent pas toujours. Aucun chaman ne se targue d'ailleurs de superpuissance face aux capacités et aux mystères de la nature. Dans cet exemple, malgré les interventions rapprochées d'un nombre important de *kerei* et la mise en œuvre de procédés chamaniques variés, Teu Lemba et sa famille se résolvent au bout du compte à ce qu'il aille consulter un médecin à l'hôpital de Padang. Il s'en retourne après examen avec un diagnostic sans appel et sans aucun soin ni prescription. Les cures chamaniques à répétition représentent ainsi sa seule espérance et son seul secours. Elles ont sans doute pour principal mérite de l'accompagner dignement en fin de vie.

Tous les *panogai* chez Teu Lemba ont commencé en début de nuit pour s'achever au petit matin. Les *kerei* sont allés auparavant cueillir dans la nature les simples, les écorces et les racines qui soulagent et guérissent les maux du corps et de l'âme et qui leur ouvrent les portes de la communication spirituelle. Ils sont chaque fois entre six et dix à préparer soigneusement leurs bouquets et mixtures diverses. La complexité et la variabilité de ces compositions (plusieurs dizaines de plantes) me rendent difficile une identification précise des plantes employées. Lors d'une de ces séances de cure, pas moins de sept préparations médicinales sont élaborées, sans compter les confections variées à base de feuillages destinées à chasser les influences négatives ou à transmettre des énergies positives. Je reconnais néanmoins certaines plantes usuelles. Telles les grandes feuilles rouges (ou vertes) du *saileppet simakalabo* (ou *saileppet sibulau*) dont les pouvoirs positifs sont employés pour refroidir l'ardeur malsaine des esprits. Les petites feuilles pointues du *mumunen* qui portent chance et rendent fort dans la vie. Celles du croton aux couleurs rasta (vert, rouge et jaune) qui apportent la joie. De belles corolles d'hibiscus et plusieurs espèces de zingibéracées pour se parer, attirer l'âme du patient et parvenir à le soigner.

La plupart des adultes connaissent les vertus thérapeutiques de nombreuses plantes et les utilisent pour se soigner mais ils ignorent souvent les appellations et les pouvoirs de celles encore plus nombreuses qu'emploient les chamans. Leurs préparations gardent donc un aspect mystérieux, occulte, accessible par définition aux seuls initiés. Le caractère ésotérique des savoirs chamaniques, concernant la définition des plantes et de leurs pouvoirs, est aussi accentué par l'emploi d'un langage spécifique, en particulier dans les chants. Un long apprentissage est ainsi nécessaire pour appréhender tous les secrets et les subtilités de cet art. C'est donc avec toute l'humilité qui sied au non-initié que je suis qu'il convient de poursuivre cette évocation des *panogai*.

Lorsque les *kerei* en ont fini de trier les plantes, de confectionner les divers bouquets de feuillages, de hacher et râper tous les ingrédients, d'en remplir les cuvettes, les bambous et les jeunes noix de coco, ils entament un chant qui soigne *(urai aggot)* ou un chant bénéfique *(urai pameruk)* pour consacrer et renforcer leurs préparations et en éliminer tout principe hostile. Puis la cérémonie de cure proprement dite peut commencer.

La première séquence, appelée *pasibibit*, consiste, on s'en souvient, à débarrasser la maison et ses habitants des esprits perturbateurs, surchargés d'ondes négatives, et par conséquent jugés impropres à la sérénité de l'âme et au bien-être corporel, l'harmonie de ces deux entités étant, on l'aura compris, primordiale dans la pensée mentawai pour garder vitalité et bonheur. Les chamans balaient le mal en agitant de la main gauche leurs bouquets magiques près du malade et de sa famille. Ils fouillent du regard les recoins de la maison et scandent un chant sourd, intériorisé, aux paroles inaudibles. Elles sont adressées aux esprits des ancêtres afin qu'ils les aident à combattre le mal. Ils accompagnent leur chant du tintement des clochettes tenues dans la main droite et parfois de grelots accrochés aux bras. Les sons et les mouvements de ces instruments sont autant de signes de vitalité qui plaisent aux âmes et effraient les esprits.

Le *kerei* Teu Lemba, amaigri et le ventre gonflé par la maladie, entre rapidement dans un état de transe, le corps tétanisé, l'esprit égaré ; sa femme tombe aussi à la renverse, figée dans un état second, preuves de l'intensité de leur lutte intérieure pour expulser la négativité qui les mine. Les chamans précipitent alors leur gestuelle et le rythme de leur chant. Ils aident leur confrère pris de convulsions en se rapprochant puis en s'éloignant simultanément de lui, mimant la sortie, invisible au commun, des entités malsaines.

Ils apaisent ensuite le malade en lui fortifiant le corps par de légers et brefs massages. Ils le purifient avec un bain composé d'herbes infusées dans de l'eau chaude et lui prescrivent des potions, souvent de composition semblable aux eaux de bain, destinées à évacuer la maladie.

Cette brève et intensive entrée en matière fait aussi son effet sur l'assistance. Les paroles ont cessé, seuls les regards semblent parler. Je me sens moi-même imprégné d'une sorte d'empathie muette vis-à-vis du malade et de son entourage. Je connais l'homme et crains que sa maladie ne soit incurable. N'empêche, les efforts des chamans et les espoirs qu'ils soulèvent, au-delà de leur pathos, suscitent mon respect et allègent mon incrédulité. Il va sans dire que l'atmosphère rare et le décorum des lieux jouent également sur ma perméabilité du moment.

La seconde séquence, appelée *pasisogai simagre* (« l'appel de l'âme »)[142], se déroule devant l'entrée de la maison. Pour l'occasion, le haut de la porte est décoré d'un arceau protecteur constitué de jeunes palmes effrangées qui place ceux qui le franchissent sous les bons auspices ancestraux. Tous les chamans sont rassemblés, assis en cercle autour d'une assiette qui contient des offrandes de nourriture : des boulettes de taro enrobées de noix de coco râpée, localement appelées *tinemei* (les *subbet* du Sud), un ou plusieurs œufs durs, parfois du riz et quelques boutons d'hibiscus rouge.

Les *kerei* se remettent à chanter des odes à l'âme, longuement, en faisant tinter leurs clochettes. Ils l'appellent pour qu'elle revienne donner de la force vitale au malade et à ses proches. Elle s'est éloignée du corps malade parce que celui-ci n'a pas su la retenir. Il a enfreint un tabou, négligé les règles de la bienséance, s'est peut-être montré imprudent ou injuste.

Dans la croyance animiste *sabulungan*, l'âme ne supporte pas que son hôte, l'homme qu'elle anime, ne soit pas continuellement dans un état de séduction et d'attention à son égard. Un corps en désaccord avec son âme tombe malade, peut subir un accident, être entraîné vers la mort. Il n'est plus protégé des influences néfastes et mortifères des esprits rôdeurs. L'âme choquée peut ainsi errer hors du corps affaibli ou blessé. Sans rituels appropriés pour la faire réintégrer son enveloppe charnelle, aucune guérison n'est possible.

Soudain, sentant sa présence dans l'espace domestique, les *kerei* se concentrent au seuil de l'habitation, accentuent leur chant d'appel et accélèrent le rythme de leurs clochettes autour de l'assiette d'offrande.

Puis, estimant que l'âme rassurée a pénétré l'enceinte de la maison, ils se redressent, l'un ou l'une d'eux tenant l'assiette dans la main droite, pour se lancer dans une danse chamanique envoûtante. Le buste légèrement voûté, les bras repliés comme des ailes, ils cadencent leur mélopée d'un pas sonore que rythme le roulement des tambours *katembuk*, nom local des *gajeumak*, appelés aussi *kateuba* dans le Nord.

La chorégraphie de cette « ronde de l'assiette » *(mai palajo pingan)* cherche à circonscrire l'âme du patient en l'entraînant progressivement dans un puissant tourbillon aérien. Sous l'effet de la force centripète et persuasive dégagée par les chamans, elle finit par se déposer dans le récipient et par imprégner de façon substantielle la nourriture offerte. Plus poétiquement, cette « danse de l'âme » planant et virevoltant dans le vent est appelée *lajo simagre*[143].

La puissance suggestive de ce tournoiement de l'âme figuré par le ballet endiablé des chamans déclenche chez moi, et je suppose dans le reste de l'assistance, une légère montée d'adrénaline. Les battements saccadés des tambours et des pieds résonnent dans nos corps, et nos esprits cavalcadent de concert. L'esprit de l'âme appelée entre dans la danse, se matérialise quasiment dans mes pensées vagabondes. Et si c'était vrai ? Si la vie se ranimait pour de bon, même un court instant, dans cette ronde des corps ?

Ce retour de l'âme apaisée s'achève par son incorporation à l'intérieur du corps du malade et dans celui de ses proches affligés. Le *kerei* présente alors l'assiette au-dessus des têtes des protagonistes en leur insufflant ce nouveau souffle de vie à l'aide de ses incantations. Chacun d'eux ingère ensuite une pincée de la nourriture offerte (ce don de l'âme est nommé *pasikau simagre*). Le sérieux et la gravité des visages s'effacent sous les sourires et la bonne humeur revenus. La décompensation qui s'opère, après la tension effrénée de ces premières séances, me redonne un semblant d'espoir. Le chaman malade semble retrouver le goût de vivre. Sa bru, dans un élan d'excitation, confie aux bras noueux du vieil homme son petit-fils endormi, repu de lait maternel. C'est la dernière photo que je lui offrirai avant sa mort.

Des variations plus élaborées de ces rituels de purification et de réincorporation de l'âme sont parfois mises en œuvre lorsque le malade et ses proches continuent d'être affectés par les énergies malsaines, et cela malgré les cures chamaniques successives qu'ils ont demandées. Après un énième *panogai* sans résultat notable, un couple de *kerei* réputés pour la puissance de leur être et de leur savoir, Teu Salek et Teu Meo, de Sigapokna, sont sollicités par la famille de Teu Lemba. Assistés de huit autres confrères et consœurs, ils vont animer de main de maîtres un rituel qui va s'étaler sur un après-midi, une nuit et la matinée du lendemain. Au cours de cette cérémonie particulière, de nouveaux remèdes et vecteurs symboliques sont utilisés dans plusieurs endroits différents.

Ainsi, le premier acte, après la préparation minutieuse des végétaux dans la maison, se déroule de nuit au bord de la rivière en présence de tous les *kerei*. Tout en agitant leurs bouquets et leurs clochettes pour tenir à l'écart les mauvais esprits, ils aident Teu Lemba et sa femme à s'asseoir, elle derrière lui, dans une petite pirogue. Tous deux, coiffés d'une couronne de feuillages protecteurs, vont y être baignés et purifiés à l'aide d'une décoction aux principes vivifiants. Sous l'effet du bain et des massages, le *kerei* souffrant et trempé sent immédiatement la transe, *gobok*, l'envahir. Il tente de réprimer ses tremblements en s'accrochant fermement des deux mains aux bords de la pirogue.

Puis, alors que les autres chamans se mettent en retrait, le *kerei* Salek entre à nouveau dans l'eau jusqu'aux genoux. En psalmodiant d'étranges formules rituelles, il pointe à plusieurs reprises au-dessus de la tête de Teu Lamba de longs et fins bambous qu'il a préalablement chauffés sur un petit feu allumé sur la berge. Ces bambous sont emplis d'un mélange aqueux de végétaux capable d'extirper à travers la force attractive du chaman les substances pathogènes et les mauvais influx. Sans attendre, il frappe d'un coup sec les tiges saturées de maléfices au creux de sa large paume puis les brise net avant de les jeter dans le courant de la rivière. Le *kerei* Teu Lamba paraît épuisé par cette purge expéditive. Son fils l'aide à sortir de l'embarcation avant que le *kerei* Salek ne la retourne complètement pour la vider et la nettoyer de tout résidu néfaste.

Ce dernier remonte ensuite sur la berge pour rejoindre le cercle des chamans en extase, chantant et vibrant au rythme de leurs clochettes autour d'un demi-tronc de bananier à la tête panachée de feuilles, de fleurs d'hibiscus et de rose de porcelaine et au pied fiché sur un piquet planté au bord de l'eau (assemblage végétal appelé *jinuirat*). L'emploi de cet artifice végétal rappelle la gravité du mal qui débilite le chaman Teu Lamba. A-t-il enfreint un tabou ? Son âme est-elle tombée en errance sur les rives de ces eaux troublées ? Le malheur qui le vide est-il remonté de leurs profondeurs insalubres ? En tout cas, les *kerei* mettent toute leur énergie pour attirer les mauvais génies et les forces invisibles de la maladie au cœur de l'inflorescence.

Plusieurs d'entre eux titubent sous l'effet de la transe et doivent être retenus pour ne pas chuter dans la rivière. Le paroxysme est atteint lorsque le fils aîné de Teu Lamba sabre en plusieurs tronçons le bananier. Ses gestes sont si déterminés et si puissants que les lourds morceaux sont éjectés au milieu de l'eau. La découpe brutale de ce fétiche équivaut à trancher la maladie et à la jeter dans la rivière, son élément naturel. La séquence qui consiste à soigner par le truchement de cet objet métaphorique se nomme *simabeisi jinuirat*.

Je ne sais si c'est la démence des transes sous la flamme des torches, la violence du sabrage ou la proximité d'une eau sombre aux reflets de lune qui me fait frissonner mais je viens d'assister à une des scènes les plus « primitives » à mes yeux de la cure chamanique. Je reste subjugué par tant de dévotion rituelle, d'épuisement personnel pour affronter les maux d'une nature se montrant aussi ingrate que généreuse. Ces hommes, dans leur dénuement cérémoniel et leur ferveur pour la vie partagée, ont de quoi émouvoir le plus blindé des civilisés.

Le deuxième temps fort de cette cérémonie spéciale se déroule dans le jardin, à l'entrée du logis de Teu Lamba et de sa famille. Tous les chamans sont maintenant réunis, assis autour du *tutupa*. Il s'agit d'un nouvel ensemble végétal que les chamans ont planté dans la terre. Il se compose de deux pousses de croton et de *turmeric* et d'une fine tige de bambou ornée d'un bouquet de croton, de feuilles et de roses de porcelaine avec en son centre, posé dans un petit nid, un œuf de poule. La symbolique de ces jeunes plantes vivaces et résistantes enracinées dans le sol et de cet œuf élevé vers le ciel dans un calice de feuilles et de fleurs vivement colorées apparaît fortement reliée à une quête d'énergies vitales, le *tutupa* faisant office de capteur et de transmetteur de ces énergies. Cette antenne naturelle doit en outre permettre à l'âme esseulée de retrouver le chemin de son enveloppe domestique, lui redonner le goût de la vie qui se régénère et se perpétue[144].

Les *kerei*, après que chacun d'eux a délicatement effleuré entre le pouce et l'index un pétale, un limbe du bouquet ou un grain de terre au pied du fétiche, se remettent donc à chanter et à « grelotter » pour appeler cette âme promesse de vitalité. Après l'avoir longuement priée de revenir, la sentant proche, ils se relèvent et se concentrent autour du fétiche en lui présentant l'assiette chargée d'offrandes. L'exaltation devient perceptible.

Après cet intermède à l'extérieur du logis, « l'appel de l'âme » reprend son cours habituel dans l'espace avant de la maison, rappel qui sera suivi de l'impressionnante danse tournoyante de l'âme et de la réintégration du souffle vital dans le corps du patient.

La troisième partie remarquable du *panogai* comprend le sacrifice d'un animal domestique, poulet ou cochon, selon les moyens de la famille et l'enjeu de la cure. Le sacrifice de trois poulets, lors du premier *panogai* de Teu Lamba auquel j'ai assisté, a été exécuté sans grand cérémonial dans l'obscurité du jardin. Les fils du *kerei* leur ont tranché le cou avec la petite lame triangulaire de leur couteau courbe. Cette manière de saigner les poulets ne correspond cependant pas aux pratiques coutumières des Mentawai qui exigent de rompre le cou des volailles, sacrifices rituels qui se font donc habituellement sans effusion de sang[145]. Au départ, j'avais d'ailleurs mis cette préférence pour le poulet, plutôt que pour le porc, sur le compte de l'appartenance religieuse de cette famille à l'islam, une religion qui, chacun le sait, interdit de manger de la viande de porc et qui, en outre, ordonne de suivre les rites *halal* (l'égorgement) pour le sacrifice des animaux destinés à la consommation humaine. Cette hypothèse, au moins dans sa première proposition se rapportant à l'interdiction du cochon, se trouve infirmée dès le *panogai* suivant au cours duquel est sacrifié, sur l'autel des ancêtres et pour le bonheur des invités, un petit porc noir bien gras.

Pour préparer la mise à mort de cet animal tant prisé par la culture mentawai, les *kerei* l'ont placé, garrotté par des tresses de palmes, sous l'arceau protecteur accroché au-dessus de l'entrée. Ils font cercle autour de la bête en l'éventant avec une feuille de *tainao* tandis que le maître de cérémonie récite un chant pour remercier et apaiser son âme apeurée. Aucun tintement de clochette ne vient troubler cet instant de recueillement.

Puis, dès que le chant cesse, le cochon est emporté dans la petite pièce du fond noircie par les fumées du foyer. Ce soir, à ma grande surprise, c'est le curé du village qui officie. Il soulève le cochon pour le caler fermement sur un de ses genoux. Il faut être costaud et déterminé pour parvenir à immobiliser ce genre d'animal à moitié sauvage libéré de sa camisole de force (seuls les pieds restent entravés) et qui sent la mort approcher. L'homme pieux, assis sur un tabouret bas, les jambes écartées et ses larges pieds collés au plancher, le saisit d'une main par la cuisse arrière et de l'autre lui agrippe l'oreille. Un de ses aides ferme des deux mains la gueule de l'animal en dirigeant le garrot au-dessus d'un large wok posé au sol destiné à recueillir le sang, tandis qu'un autre comparse, armé d'un coutelas à lame pointue, perce de part en part la gorge de l'animal hurlant.

Il retire ensuite son couteau et passe d'un geste fugace, sous le flot rouge vif qui s'échappe de la béance jugulaire, une tige de *tainao* comprenant feuilles et racines. Cette brève action symbolique vise à refroidir et à calmer l'âme du cochon sacrifié[146]. Selon la tradition, cette zingibéracée, considérée comme une plante particulièrement vivace et à croissance rapide, est ainsi utilisée de manière propitiatoire chaque fois qu'un cochon est tué afin que son esprit puisse partir en paix et pour que les siens soient toujours en nombre suffisant[147]. En outre, la capacité de ses rhizomes à s'étendre sous la terre *(porak)* les rend synonymes de la notion de territoire. Faire *« urep ka porak »* ou *« urep ka tainao »* reviendrait donc aussi à rappeler l'appartenance clanique des terres nourricières sur lesquelles se reproduisent et croissent les animaux domestiques. Des feuillages variés disposés dans deux gros tubes de bambou contenant une décoction sont aussi aspergés de quelques gouttes du sang sacrificiel. Ces préparations seront utilisées le lendemain matin pour purifier une dernière fois le malade et le protéger, lui, sa famille et les *kerei*.

En attendant que le cochon soit cuit, les chamans et l'assemblée se reposent en fumant et en sirotant un thé brûlant et bien sucré. Ils discutent et, par moments, certains rient de bon cœur tandis que d'autres commencent à somnoler. L'atmosphère dans les *panogai*, bien qu'empreinte d'une certaine gravité, n'est ni au recueillement total ni à la tristesse absolue. Les participants et spectateurs invités se montrent en général plutôt détendus et parfois même assez distraits. Les *kerei* et la famille organisatrice sont, quant à eux, davantage absorbés par leur rôle mais ne s'offusquent pas pour autant des bavardages ni du manque d'attention alentour. Il leur arrive parfois d'être eux-mêmes légèrement dissipés, en particulier, comme on l'a vu, après les moments de vives tensions. Quant à moi, tout en aspirant de mes lèvres en cœur un filet de thé bouillant comme un *spaghetti al dente*, je ne perds pas une goutte de ce qui se passe.

Quand le cochon est cuit, avant d'entamer pour de bon le repas, une nouvelle offrande de nourriture est faite aux ancêtres. Les *kerei* reprennent alors leur concert de clochettes autour d'une assiette remplie de boulettes de taro piquées de plumes blanches de poulet, et garnie en son centre de morceaux de viande de porc.

Les chamans se sont assis autour du petit récipient posé cette fois-ci au centre de la salle commune, preuve que les âmes sont là, présentes à l'intérieur de la pièce à vivre de la maison. Après avoir convié les mânes à ce partage symbolique, le repas des vivants peut débuter. Âmes, mânes et chamans, un condensé des cultes mentawai ! Les parts de viande et de taro à la pulpe de coco sont posées dans de grands plats ou sur des feuilles de bananier. Chaque convive s'accroupit autour pour manger de la main droite, avec délectation, ces morceaux de choix accompagnés de ficelles de sagou trempées dans le bouillon gras de la viande. Moment de grâce à cette heure avancée de la nuit auquel je participe sans me faire prier.

Le repas expédié, les chants et les danses des *kerei* reprennent de plus belle. L'intensité et le rythme de leurs girations vont *crescendo*, entraînant certains d'entre eux, dont Teu Lamba qui s'est joint au groupe des danseurs, dans de profonds et spectaculaires états de transe. Je me laisse volontiers emporter par les fulgurances hypnotiques qui traînent dans le sillage des danseurs. Les colifichets colorés des coiffes, l'écarlate des pagnes, les ocelles des plumes, les cuivres des grelots étincellent sur la patine des peaux tatouées, fondent leurs ombres dans les flammes vacillantes des bougies, composant les mélanges lumineux d'une peinture abstraite, envoûtante, qui se tord en volutes nerveuses, zèbre la toile de lambeaux d'orage, dessine le vertige que je ressens. Et la fatigue.

Les résonances amplifiées par l'obscurité ne s'éteindront que tard dans la nuit. Les chamans épuisés par tant d'énergies dépensées devront encore, avant que le *panogai* ne s'achève définitivement, procéder au partage des filets de pêche, verres et assiettes que la famille et l'assistance leur ont offerts en échange de leurs précieux services. La séance est en général levée après cette distribution.

Je retourne au bercail éclairé par des millions d'étoiles. Dans mon sommeil agacé, j'entends les rats grignoter nos vivres et rêve de les trucider.

Lors du grand *panogai* organisé pour le *kerei* Teu Lamba, après un bref répit, le jour à peine levé, les chamans reprennent leurs chants et leurs danses pour convoquer une ultime fois les esprits bienveillants. Depuis ma couche, j'entends leurs psalmodies et le répons mélodieux du gibbon nain *bileu*. Je me laisse attirer. À nouveau, certains d'entre eux entrent rapidement en transe et s'affalent lourdement sur le plancher, agités de convulsions. Le *kerei* malade est particulièrement éprouvé par ces voyages paroxystiques à répétition dans le monde de l'au-delà. Il gît de longs instants, la conscience abandonnée, intériorisant une communication particulière avec les esprits de son passé. Ils sont là-bas à l'attendre, patiemment.

Après ces danses extatiques qui marquent l'aube d'un jour nouveau, on apporte les bambous et la noix de coco verte aux feuillages tachés de sang du cochon, remisés la veille dans l'arrière-salle. Le *kerei* Teu Salek explique à son confrère malade comment utiliser les différents breuvages médicamenteux qu'ils contiennent, avant d'en verser une partie sur la tête puis sur les jambes et les pieds de Teu Lamba et de son épouse, assis côte à côte sur le seuil de leur *sapeu*.

Durant cette aspersion, un poulet vivant, offert par le couple au chaman guérisseur, est aussi placé au-dessus de leur tête, par Teu Meo, la femme de Teu Salek : c'est une façon de leur transmettre les énergies positives du volatile.

Puis c'est aux *kerei* encore présents et aux trois fils de Teu Lamba de recevoir, chacun à son tour en se tenant debout sur les marches extérieures, le bain de pieds purificateur.

Ce rituel, destiné à les remettre en forme, est aussi considéré comme une protection corporelle contre le mauvais sort. Il s'agit de contrer les effets néfastes de la magie noire, de l'empêcher d'atteindre quiconque. Le liquide contenu dans les bambous agit comme une « barrière », me dit-on, qui empêche les gens de devenir jaloux les uns des autres et de provoquer une fracture entre eux.

Le *panogai* est terminé pour de bon. Les *kerei* fatigués rentrent chez eux, chargés des offrandes offertes par le malade et sa famille en échange de leurs prestations. Je les accompagne dans la pirogue qui les mène à l'embouchure de la Sigep avant qu'ils ne regagnent, après 7 kilomètres par la plage, le village de Sigapokna. En voyant s'éloigner ces chamans, dignes continuateurs, vaille que vaille, d'une tradition régulièrement mise à mal par les spéculations spirituelles et économiques d'un monde cannibale, je ne puis hélas songer simultanément qu'à la fragilité de leur existence. L'amertume monte en moi comme une marée océane.

L'âme du *kerei* Teu Lamba a désormais rejoint le territoire céleste de ses ancêtres.

Chapitre 14
FÊTE DE DÉPART DE LA FEMME POUR LE CLAN DE SON MARI

LA VIE A REPRIS SON COURS tranquille et le temps s'éternise. Après les intenses moments de spiritualité et d'excitation visuelle des cures chamaniques, je retombe à chaque fois dans la révision sans éclat de mes notes et questions. Entre deux tasses de café soluble sans sucre, mes carnets se remplissent d'anecdotes et de termes vernaculaires. Ma méthode, si l'on peut dire, vise l'accumulation car je suis avide non de sciences mais de connaissances humaines. Pour m'insérer dans cette vie indigène – condition première à mon sens pour appréhender les hommes, leur milieu et leur culture –, j'essaie de me mettre à son école. Comme l'élève consciencieux, je suis curieux de leçons et affectionne une ethnologie aventureuse sans autre prétention que la rencontre et l'apprentissage de l'autre. J'aime parcourir ses territoires méconnus et fertiles. Je n'ai pas fait le vœu d'entrer dans les ordres en m'adonnant à ce genre d'études, et aucun sacerdoce ne m'oblige à endurer la vie monastique du chercheur impénitent. C'est pourtant l'impression que je ressens parfois, coincé par un ennui silencieux sur la banquette de la terrasse. Mon horloge cérébrale ne sait plus très bien sur quel fuseau horaire se régler, et mes pensées ramollissent comme chandelles au soleil. Longs moments d'expectative dans la touffeur de mon cloître tropical... Pour contrarier ce ralenti de la grande aiguille, je vaque à mes petits passe-temps quotidiens et, après deux lessives et trois ratures, je remets ma défroque d'ethnologue ! Par bonheur, lorsqu'un nouveau coup de feu festif s'annonce, je cours.

La fête traditionnelle appelée *pakandei*[148], qui rompt à trois reprises et pendant plusieurs jours la monotonie de mon existence à Politsoman, formalise le départ de la femme de sa maison paternelle pour la maison de son mari. Cette alliance exogamique, conclue entre familles appartenant à deux clans distincts, conduit ainsi la jeune femme à changer de clan, rituel de transition et de changement de statut au cours duquel elle fait ses adieux aux membres de sa lignée paternelle avant de devenir membre à part entière du clan marital. C'est une fête onéreuse qui n'a lieu que lorsque toutes les choses nécessaires à son bon déroulement sont rassemblées – cochons, poulets, taro, et cadeaux[149]. Aussi faut-il patienter, parfois plusieurs années, avant qu'elle puisse se dérouler. La cérémonie ne commence que lorsque les deux parties sont parvenues à s'accorder après de nombreuses délibérations sur les préparatifs de la fête dans leurs moindres détails et se sont assurées qu'il n'existe aucun litige entre elles[150]. On peut dire que j'ai de la chance en cette saison.

L'essentiel de la cérémonie se tient dans la maison familiale de la jeune épousée. Son père, le vieux *kerei* catholique Pak Joan, est l'un de mes interlocuteurs réguliers car il est souvent retenu ainsi que sa femme, *kerei* elle aussi, par les cures chamaniques ; lui-même se sent parfois trop mal en point pour quitter le village. Cette liaison amicale et une modeste offrande de friandises et de cigarettes me permettent d'être de la partie.

Les invités des clans apparentés, qui vivent à l'extérieur de Politsoman, arrivent de bon matin dans des pirogues surchargées de victuailles. Pour cette occasion, les hommes du clan paternel de la jeune femme se sont aussi chargés de rassembler un nombre important de cochons, une trentaine en moyenne[151]. Quelques jours avant la fête, ils ont construit une cage pour les entreposer et une plate-forme, un gril fabriqué avec les nervures centrales des palmes de sagou, qui est utilisé pour fumer les meilleurs morceaux de l'animal. Je suis impressionné par l'abondance des provisions de bouche. L'eau me monte au palais quand je les compare aux maigres repas qui me contentent habituellement.

L'habileté et la dépense d'énergie des convives m'épatent tout autant. Les hommes s'occupent d'aller chercher du bois tandis que les femmes vont couper les bambous destinés à cuire les différents repas, composés essentiellement de cochon, riz, sagou et tubercules. L'ambiance est au labeur, mêlé d'un sens certain du bonheur. Les femmes surtout, tout en épluchant leurs légumes, plaisantent entre elles, se taquinent, font semblant de se chamailler et s'esclaffent de bon cœur.

Dans le courant de la matinée, grand moment attendu, une douzaine de cochons noirs sont extraits de la cage, non sans difficulté, pour être exposés, ligotés dans un panier de palmes artistement tressées, sur une estrade posée à terre. Elle a été construite à l'improviste, en un clin d'œil, la pluie s'étant invitée à la fête, pour nous éviter de trop patauger dans la gadoue et de souiller les quartiers de viande. Les hommes se recueillent en cercle autour des bêtes pour une courte prière qui s'achève sur le *met met*, l'« amen » du *kerei* commis d'office. Puis ils passent aussitôt à l'action : ils délient les cochons, les bloquent sur leurs genoux et les égorgent l'un après l'autre. Le sang gicle et coule à flots, hurlements et gargouillis, âme sensible s'abstenir ! Le *kerei* accompagne celle du cochon, l'aide à quitter son enveloppe charnelle, en passant le « refroidissant » composé d'une tige de *tainao* et d'un brin de *doro*, substitut à l'âme vive du cochon qui évoque par sa dureté, sa souplesse et sa jeunesse, la capacité de « résilience »[152].

Quand tous les cochons sont morts, ces plantes ensanglantées sont rangées précieusement sous la toiture de la maison. Les crânes et mandibules des sacrifiés en revanche ne sont pas conservés, comme me l'explique avec énergie et conviction l'un des convives masculins venu de Malancan. Selon lui, cette pratique n'existe plus que dans le Sud et serait contraire à la religion d'ici ; sans doute est-il protestant pour être aussi véhément. Le cochon n'a pas d'âme, soutient-il. Et ses os redeviendront poussière, ai-je pensé... De nombreux signes contredisent cependant ce discours officiel et religieux. La pratique des substituts et médiums végétaux en est un. Les incantations des *kerei* adressées au cochon sacrifié lors des cures chamaniques en sont un autre.

Les bêtes vidées sont ensuite transportées, embrochées sur un pieu, jusqu'au grilloir en bois, un barbecue géant sous lequel est allumé, pour leur brûler les soies, un grand feu de palmes sèches. Les hommes s'activent comme des sapeurs dans les fumées. Les flammes graisseuses lèchent les peaux. Les carcasses chauffées se boursouflent et noircissent. L'incendie de ces corps de porcs, dont les cris de frayeur me traversent encore l'échine, semble promettre d'infernales saturnales. Rien de tel, pourtant. Juste une vision ou un effet de style de ma part. Les repas sont hélas des plus sages…

Une fois leur couenne bien grillée et grattée, les porcs sont débités à la machette par les hommes sur une terrasse construite en surplomb de la rivière. La boucherie, avec ses monceaux rosâtres et ses groins noircis, ne m'apparaît pas des plus ragoûtantes. La viande est ensuite fourrée dans des tubes de bambou ou mise dans les grands woks remplis d'eau posés sur des trépieds fabriqués avec des tronçons de cocotiers. Les tripes, curées puis mélangées, grossièrement coupées, avec le sang caillé, sont à leur tour enfournées dans des bambous. Les cervelles sont préparées à part, de délicates cervelles de macaques, plaisantent avec moi d'aimables sauvageons[153]. D'autres petits malins gonflent les vessies pour en faire des baudruches. C'est la fête ! Des brochettes de couenne et de graisse, amuse-gueules pour les amateurs en cas de petit creux, sont posées directement sur les braises. Les poulets, plumés au-dessus des flammes par les gamins, sont découpés et mis à bouillir avec le cochon. Les femmes en laissent aussi mijoter à part, cuisinés à la mode indonésienne dans une sauce au curry et lait de coco.

Elles cuisent encore les tubercules, ainsi que la purée de taro des *tinemei*, à l'étouffée dans de gros bambous posés sur de longs tréteaux en bois. Hommes et femmes se répartissent les tâches : pendant qu'ils tuent et découpent les bêtes, remplissent les bambous et fendent les bûches, elles épluchent les racines, préparent le sagou et surveillent la cuisson. Tous deux se donnent aussi la main pour ouvrir et râper les noix de coco, pétrir la pâte de taro, alimenter les feux gourmands, grignoter quelques grillades… dans une ambiance plutôt bon enfant.

Dans cette immense cuisine en plein air, les préparatifs de ce prestigieux festin et l'effervescence qu'ils suscitent comblent mes appétits d'insolite. Je n'ai rien d'autre à faire que de regarder, écouter et noter. J'en arrive presque à oublier la faim qui me titille.

La viande cuite est partagée de manière précise et équitable. Les différents morceaux sont répartis dans les cavités d'un gros chaume de bambou sectionné en deux dans le sens de la longueur. Cette répartition se fait sous la conduite d'un homme qui, à la lecture d'une liste des convives, veille scrupuleusement à ce que les morceaux choisis par ses aides correspondent bien en quantité et en qualité à ce que chacun est en droit d'attendre. Chacun reçoit donc sa part en viande avec graisse, couenne et os. Plusieurs repas de ce type sont ainsi organisés pendant ces deux ou trois jours de liesse.

Dès l'aube, à nouveau les hurlements des cochons égorgés se mêlent aux rires des femmes et me réveillent. La veille, jusqu'à une heure tardive de la nuit, elles ont pourtant continué à travailler. Elles ont effilé les tiges de roses des bois et ont longuement peigné les fibres obtenues avant de les teindre avec du curcuma. Les longs filaments jaunes *(kikiniban)* ont ensuite été mis à sécher jusqu'au lendemain. Ils vont être utilisés ce jour pour confectionner les parures du couple pour la grande procession qui va conduire la jeune fiancée de la maison de son père à celle de son mari.

Les costumes des mariés sont préparés dans la matinée, et le couple habillé par les parents de la fille. Le plus remarquable dans cet habit cérémonial est la parure de tête. La fille est casquée d'une coiffure ronde confectionnée de plumes de poulets, de fleurs fraîches, de feuilles sèches ciselées, de papiers colorés, de perles et autres fanfreluches et d'une queue de *kikiniban*[154]. Elle a aussi le cou lourdement paré d'une multitude de fins colliers de petites perles bleu ciel sur lesquels se détachent deux gros colliers en verroterie rouge et jaune. Cet ornement, qui lui emprisonne le cou du menton aux épaules comme une minerve, l'oblige à maintenir un port altier pendant la procession.

La coiffure du garçon ressemble, quant à elle, à une perruque teinte en jaune aux longs cheveux de *kikiniban*. Au-dessus de la frange coupée au ras des yeux, son front est ceint d'un bandeau de perles orné de plumes blanches, d'hibiscus rouges et de vert feuillage. Cachée par la perruque, une cordelette de *kikiniban* a d'abord été tressée, au tout début de la séance de coiffure, autour de la tête du jeune homme. Elle se termine à l'arrière par une longue queue constituée d'un rouleau d'étoffes serrées dans un étui de tissu rouge surmonté des habituels plumets, bouquets et colifichets[155]. Cet ornement est considéré comme un bijou, un cadeau porte-bonheur qui à l'origine était décoré principalement de plumes d'oiseaux, ces mêmes oiseaux sculptés, les « jouets de l'âme », accrochés sous les toits des *uma* et dont les plumes magiques embellissent et protègent toujours les *kerei*.

Pour le reste, les deux jeunes gens ont recouvert de fibres jaunes, attachées respectivement par une ceinture de perles ou un sarong noué autour de la taille, la femme, sa jupe ou son bermuda, le garçon son short. L'homme est torse nu ; la fille garde un soutien-gorge. Leurs bras sont ornés de bracelets et de *kikiniban* piqués de fleurs. Dernière touche de maquillage avant le départ de la procession, de grosses mouches rondes dessinées sur le front, le nez, les joues et le menton ! Ces points noirs sont destinés, me dit le chef de famille, à repousser les fantômes et esprits mal intentionnés qui pourraient attendre les époux au détour du chemin pendant la procession.

Avant cela, le mari qui prétend emmener son aimée dans la demeure de ses pères doit affronter les plaisanteries des femmes du clan allié et montrer combien il est fort et habile à danser. Combien, aussi, il sait se faire apprécier de tout un chacun, de ceux et celles qui, en gage de reconnaissance, lui offrent qui un billet de 1 000 roupies qui un nouveau sarong ou une chemise neuve. Il y a beaucoup de théâtralisation dans les gestes et les paroles de l'assemblée. L'ire et l'hilarité des femmes des deux clans sont à leur comble. Elles miment de fausses disputes et bagarres et se réjouissent bruyamment de leurs joutes victorieuses. Le valeureux preneur de femme se lance, au son des tambours et des gamelles, dans une danse frénétique en duo avec son beau-frère. Pour ses efforts, il réclame son dû d'un geste autoritaire presque menaçant et, pour faire rire la galerie, se hausse sur la pointe des pieds en désignant de son index la personne mise à contribution. *Gilei ka jei!* « Apporte ici ! » lance-t-il de tout son haut en se gaussant d'elle. Cette gestuelle injonctive et très expressive pour obtenir une petite offrande est dite *manoknok*. Je n'échappe pas à la coutume, me fais interpeller « Aman Juli ! » et pointer du doigt par Aman Julianus, le fier et solide danseur à qui je glisse un billet dans la ceinture. Il faut le voir ensuite défier son beau-père dans une pose à faire pâlir un coq de combat !

L'excitation monte à mesure que la danse et les jeux s'accélèrent. Les membres du clan donneur d'épouse bousculent gentiment ceux du clan marital qui se laissent rouler à terre en riant. Ces derniers sont soudain recouverts d'une moustiquaire par le clan adverse car, paraît-il, à présent ils sentent mauvais. Ils sont apparentés au clan Sabuteiba, littéralement « Ceux qui puent ». Les gens de ce clan, habitant autrefois près de l'embouchure de la rivière, avaient en effet pour habitude d'offrir, après un long voyage en pirogue, des petits poissons pas toujours très frais à leurs familles de l'amont.

La maison devient bientôt trop petite tant il y a de monde. Près d'une centaine de parents et amis sont réunis et la température croît. Toute cette mise en scène a, selon moi, un effet compensatoire. Elle prépare et facilite le départ de la jeune femme vers son autre demeure et résonne comme un adieu joyeux dans le cœur de ceux qu'elle va quitter.

Pendant ces démonstrations bruyantes, les hommes chargés de transporter les cochons offerts par la famille paternelle de la jeune fille à celle de son mari tressent des palmes pour fabriquer de solides sacs à dos dans lesquels une demi-douzaine de gros verrats et de truies sont étroitement saucissonnés. Avant que ses bêtes ne soient emmenées, le père de la fille prélève avec minutie sur chacune d'elles, à différents endroits de leur corps – queue, pieds, oreilles –, quelques soies qu'il enferme dans une feuille pliée et nouée : il s'agit d'une sorte de talisman dont le pouvoir magique représente pour lui la garantie de toujours posséder un grand nombre de cochons et la promesse de pouvoir en offrir généreusement lors des cérémonies qui ponctuent la vie de son clan et de sa famille. Je trouve particulièrement touchante la simplicité de ce geste pour conjurer les incertitudes du destin. Je croise les doigts pour que ça marche.

Sous la protection d'une palme souple effilée et décorée de fleurs d'hibiscus, la procession va commencer. À l'avant du défilé, les hommes courbés sous le poids des énormes cochons ; le père suit sous l'arceau fleuri, le front ceint d'un turban de fibres jaunes, et ouvre la voie à sa fille ; elle avance, une poule posée sur un bras, tenant de l'autre un panier de volailles ; derrière elle marche son mari, portant de même un coq et un panier de volailles. Les poulets mâles et femelles symbolisent la nature du lien qui unit l'homme et la femme et indiquent aussi les efforts à accomplir pour s'approvisionner en nourriture et assurer les besoins vitaux de sa propre famille. Puis, à la suite de son gendre, avance la mère de la fille. Elle aussi porte une longue tresse jaune de *kikiniban*. Tous les invités et curieux ferment la marche. Quant à moi, je parcours le défilé d'avant en arrière et inversement en jouant le photographe de service. Les mariés et leurs parents m'ont d'ailleurs passé commande pour la photo souvenir, ce qui me donne le champ libre – façon de dire car il y a du monde partout – pour mitrailler. Hélas, une bruine perfide floute bientôt mon objectif, et je dois me résoudre à ranger mon reflex. L'allure devient plus soutenue et la gravité de l'instant se lit sur les visages fermés du couple, des parents et des amis. Les marches de la maison paternelle du jeune marié ont été refaites en l'honneur des hôtes du moment et surtout pour marquer symboliquement l'entrée de la jeune épouse dans le clan de son mari.

Le couple et quelques invités s'installent sur la banquette à l'intérieur de la maison. Les autres s'assoient sur le plancher. Du thé et diverses boissons sucrées sont offerts aux arrivants. La jeune femme et ses parents ne cachent pas leur tristesse de devoir bientôt se séparer. Ils pleurent ensemble et se consolent mutuellement. Le père semble particulièrement éploré d'avoir dû céder sa fille à un autre clan. L'aspect dramatique de cette séparation me semble être volontairement accentué comme, tout à l'heure, le jeu des femmes se chamaillant avant le départ de la procession. Pour compenser cette perte et le don de cochons[156], en signe de bienvenue, les hommes du clan du mari déballent en les énumérant les cadeaux qu'ils offrent aux parents de la fille : une série complète de woks, divers ustensiles (seaux, bassines, pichets, verres, assiettes) et outils (machettes, râpes, filets), des tissus (sarongs) et autres objets utilitaires manufacturés sont ainsi échangés.

Puis c'est au tour des cochons d'y passer. La jeune femme, qui a retrouvé son aplomb, invective les tueurs en leur rappelant que ces beaux porcs ont été engraissés par les hommes de son clan paternel et qu'ils peuvent se réjouir et les apprécier à leur juste valeur, ce qu'ils font sans se faire prier davantage. La fête prend fin le lendemain matin après la distribution des viandes fumées et des présents – verres, assiettes, filets, linge, etc. – offerts par la famille de son père à tous ceux, parents et amis qui, grâce à leur aide, ont contribué à son bon déroulement. Désormais, l'épousée doit vivre dans le clan de son mari.

D'autres cérémonies collectives sont ensuite organisées à l'intérieur du clan lorsque les enfants naissent et grandissent. Je n'ai cependant pas eu connaissance de tels événements durant ma présence dans le village. Ce n'est pourtant pas faute d'avoir rencontré des femmes enceintes ou aperçu nombre de nouveau-nés accrochés au sein de leur mère. Les informations que j'ai recueillies proviennent uniquement d'échanges verbaux et restent donc partielles.

La femme accouche dans sa maison, aidée par d'autres femmes. Traditionnellement, sa belle-sœur, la sœur de son mari, offre du poisson à la famille de la parturiente[157]. De même, le frère de la femme, le beau-frère de son mari, apporte un cochon. Son beau-père offre aussi des victuailles. Le baptême religieux a lieu plusieurs mois après la naissance. L'enfant porte alors un nom christianisé, différent du nom mentawai qui lui a été attribué à sa venue au monde. Ainsi, quelque temps avant mon deuxième séjour, la petite Tagaisosok, d'Alimoi, a été baptisée Lena. Un bracelet mis à la cheville ou au poignet de l'enfant atteste ce passage. À cette occasion, tout le clan est réuni et se concerte pour préparer la fête. La famille de l'enfant offre des cochons et des poulets aux convives. Différents tubercules et fruits sont aussi donnés, à la demande, en petites quantités par les autres membres du clan. La religion s'est invitée à la table de la tradition !

La pluie a éteint le dernier foyer. Les cendres de la fête se sont figées en amas humides d'où émergent des moignons de bois calcinés et des côtes de palmes rongées. Je pars me réfugier dans ma maison des célibataires, isolée au bord du ponton. Le temps redevient pesant. Demain, j'essaierai d'aller à Labuanbajo. Je tenterai de téléphoner à ma femme restée, loin de ses terres bretonnes, là-bas à l'autre bout de l'océan Indien, dans l'île de la Réunion. En grimpant sur le cocotier près de la cabane de pêcheurs, je réussis parfois à capter le « signal » de l'antenne de Muara Sikabaluan. C'est un coup de poker car elle est souvent hors-service. Quand ça marche, je profite pendant deux minutes d'une communication tout juste audible. Malgré ma frustration à l'issue de ce bref échange, je garde l'impression d'avoir bien rempli ma journée. Je ne suis pas un fervent utilisateur du téléphone portable – je n'en possède d'ailleurs pas excepté celui à bon marché que j'ai acheté à Kuala Lumpur en prévision de ce long séjour à Siberut et qui me sert depuis de réveil et de lampe –, mais j'avoue que ce petit objet créateur d'ubiquité produit toujours sur moi, utilisateur occasionnel, ses effets magiques. Des voix d'outre-mer portées par les ondes qui me parlent et que je sens proches de moi, voilà qui me sidère toujours un peu. Ma pensée restant naïve et ludique en ce domaine, il me plaît alors d'imaginer les chamans, avec leurs médiations d'outre-tombe, comme autant de mobiles d'un autre temps !

D'autres distractions viennent régulièrement occuper mes soirées du samedi et du dimanche. Les DVD projetés par le SCP à l'*uma* font, au propre comme au figuré, un véritable tabac ! C'est la surprise du chef. Le spectacle est d'ailleurs pour moi autant dans la salle bondée et enfumée que sur l'écran. Je m'amuse à regarder les gamins et les adultes se tordre de rire et s'esclaffer quand Buster Keaton est pourchassé par les Indiens. Des sauvages dénudés sans doute plus vrais que nature pour les Mentawai policés de Politsoman ! Mêmes éclats inattendus devant une scène d'épouvante. Les meurtres et les batailles débrident les spectateurs, provoquant un vacarme d'enfer. Fièvre du samedi soir à Politsoman ! Le silence revient légèrement avec le merveilleux et le fantastique, et une émotion indécise flotte dans l'assistance quand, dans un dessin animé, un cochon se met à parler. Je ne manque aucune séance. L'évasion est possible aussi via la mauvaise télé du boutiquier qui diffuse chaque soir des séries indonésiennes à l'eau de rose devant une assemblée scotchée, à majorité féminine.

Mais je préfère me rendre chaque dimanche soir à l'*uma* pour regarder les évolutions des danseurs. Au centre, une plate-forme de danses *(laperat)* encadrée par quatre gros poteaux est en effet, depuis peu, utilisée pour des formations aux danses traditionnelles. Les séances sont animées par le *simata kerei*, le « gardien de la culture et de la tradition ». Les deux danseurs, le professeur et son élève, ont le front ceint d'un bandeau de perles orné de fleurs et de feuilles. Torse nu, ils ont mis leurs colliers et bracelets colorés et ont couvert l'arrière de leur sarong d'une parure de feuillages. Ces ornements imitent le plumage des oiseaux dont les danseurs vont aussi mimer les parades amoureuses.

La danse est rythmée par les battements rapides des tambours cylindriques *katembuk*. Les deux danseurs se font face, immobiles, un bouquet de feuilles dans la main droite, les jambes et le corps à demi fléchis. De temps à autre, ils détournent la tête d'un geste affecté en soulevant, comme deux ailes, leurs bras pliés au niveau des hanches, les mains tournées vers l'intérieur. Puis le *simata* se met à chanter d'une voix de tête intériorisée, à peine perceptible pour l'auditoire. Son partenaire se rapproche comme pour mieux l'entendre et soudain, le rythme des tambours s'accélère.

Tous deux, comme dans un défi cadencé par le *tempo* des percussions, se mettent à taper vigoureusement de leurs pieds calleux le plancher du *laperat*. La scène encaisse et renvoie les frappes rapides et sonores des larges battoirs, les muscles sont tendus, les peaux ruissellent, les visages concentrés au maximum. Les corps insensiblement se rapprochent, avancent de concert, se frôlent au niveau des épaules et des coudes, entament une lente giration. Les danseurs deviennent oiseaux. Ils reprennent la même chorégraphie plusieurs fois avant de s'arrêter, épuisés, pour une pause tabagique arrosée de thé sucré. Les nombreux spectateurs, dont je suis, adossés aux banquettes latérales ou assis sur le plancher, ne se sont pas privés tout du long de commenter en plaisantant le moindre faux pas ou rythme décalé. Beaucoup reconnaissent pourtant, en réponse à mes questions, ne pas savoir ni vouloir danser comme cela : « C'est bien trop compliqué et éprouvant », disent-ils. Pendant l'intermède, les danseurs discutent et critiquent aussi leur prestation en reprenant leur souffle à grandes bouffées de cigarette.

Le temps de retendre la peau des tambours en la chauffant auprès d'un feu de bois et les voilà repartis dans la ronde. Ils recommencent ainsi jusqu'à une heure avancée de la nuit. À chaque reprise, les figures et les rythmes évoluent, devenant toujours plus spectaculaires et entraînants.

Je rentre souvent avant la fin, transporté par la grâce virile de ces oiseaux de nuit. Ma vie quotidienne à Politsoman n'a pourtant rien de vraiment idyllique. En dehors de ces moments intenses que représentent pour moi les cures chamaniques, les cérémonies *pakandei*, les cours de danses traditionnelles, et dans un autre genre les séances de cinéma, elle s'organise dans un repli autour des moments basiques de l'existence. Chaque petit temps consacré au bien-être personnel prend alors de l'importance et aucun ne semble devoir m'entraîner dans une routine contraignante. Manger, boire, me laver et laver mon linge, aller à la boutique, rencontrer le voisinage, partir dans la forêt proche ou marcher sur la plage, discuter avec mes compagnons de route, lire, écrire et dormir, autant de petites choses primordiales qui prennent ici, dans cette île située à 10 000 kilomètres de mes habitudes, une valeur nouvelle. Le moindre geste accompli vide le sablier de mon trimestre insulaire. Avant de m'en retourner dans ma case de l'île Bourbon, pour terminer en beauté mon périple de « Siberoutard », parfaire mes connaissances et profiter, je l'espère, d'une découverte rare, je décide de rejoindre la région de Simatalu, connue pour être le berceau du peuplement et de la tradition de Siberut.

Chapitre 15

EXPÉDITION À SIMATALU

ATTEINDRE LA RÉGION de Simatalu, située au centre ouest de l'île, n'est pas une mince affaire : cela demande huit jours d'expédition, une centaine de kilomètres à pied, une cinquantaine en pirogue, dans des conditions parfois très difficiles, voire périlleuses. Mais qu'à cela ne tienne, avec Jean-Baptiste Marre, étudiant stagiaire à Politsoman, et nos deux guides Darmanto et son collègue Aman Jotam, originaire de Simatalu, nous sommes parvenus au bout de nos peines et gardons dorénavant en mémoire une aventure extraordinaire, riche en découvertes.

À l'origine de cette expédition dans cette partie isolée de l'île, mon envie de remonter jusqu'au berceau du peuplement de Siberut avec pour objectif principal d'observer *in situ* l'état de la tradition mentawai et, faut-il l'avouer ?, de goûter aux plaisirs que procure le privilège de pénétrer en territoire méconnu. Cette semaine intense nous conduisit dans des paysages et chez des peuples rarement visités par l'homme occidental, au cours d'une sorte de remontée dans le temps, à travers une jungle hors d'âge, chez des autochtones encore fortement imprégnés de leurs origines « néolithiques »[158].

Le parcours commence sur les plages nord et ouest de l'île. Nos deux guides sont pile à l'heure au rendez-vous matinal fixé à l'embouchure de la Sigep. Ils arrivent de Labuanbajo (Lobajau) à 7 kilomètres de là. Jean-Baptiste et moi avons rencontré la première fois Darmanto dans ce village, situé à la pointe orientale de la côte nord, à l'occasion d'une visite du Teluk, une entrée maritime dans les terres qui forme un immense lac aux contours arrondis.

Ses fonds sous-marins abrités et tapissés d'herbes serviraient de garde-manger et de refuge aux dugongs. Une plongée de reconnaissance ne nous permettra de distinguer que quelques rares poissons planant dans le fort courant entrant. Aucune chance hélas d'être emportés par le chant des sirènes. Les rives de ce lac sont frangées de mangroves racinées d'arcs-boutants gothiques où se faufilent en silence crabes et pythons. De multiples chenaux permettent de pénétrer, en petite pirogue, cet univers végétal.

Entre les arches noueuses et les arbres tordus, la transparence sombre de l'eau et le vert profond de la forêt se confondent. Dans les rais lumineux, filtrant à travers les vitraux de feuillage, vrombissent des milliers de minuscules *agas* (j'aimerais écrire « agaces ») et moustiques voraces[159]. Aucun répit pour nos chairs attendries par la beauté étrange du lieu. Nous restons admiratifs malgré la douleur des piqûres, tandis que seul le clapotis de la perche de bambou s'enfonçant dans la boue grise avertit la faune aux aguets de notre présence. Au vol jacassant d'un grand martin-chasseur gurial, bel oiseau bleu de rivière au bec rouge corail, répondent les envolées fugaces des chevaliers aboyeurs au-dessus de la lagune. Les eaux et leurs oiseaux se répondent. Les reptiles enroulés en haut des grosses branches somnolent. Excepté par ces veines liquides, qui rapidement se ramifient en d'innombrables capillaires enchevêtrés de lianes et d'épines, aucune entrée n'est possible, il n'est point de passage terrestre nous permettant de progresser à l'intérieur de cette inextricable végétation d'entre-deux eaux, nasse attirante d'où nous aurions par aventure bien du mal à nous échapper.

Darmanto nous conduit aussi un autre jour du côté de l'îlot Simasin, en face du village de Labuanbajo, près de la barrière de corail. Il n'y a pas grand-chose à voir, à part quelques cocotiers, arbres de fer et pandanus qui servent de nichoirs aux nombreux oiseaux de mer dont les œufs sont, à chaque couvée, pillés par les pêcheurs. Le sable blanc coquille est aussi jonché de strombes sept doigts brisés ; c'est un péché mignon désastreux que cette gourmandise ! Il est impossible de nager au bord de la plage, le récif est frangeant et les courants désordonnés et puissants. Nous gagnons donc le tombant en pirogue à moteur. Des requins à pointes noires remontent aussitôt voir les intrus entrés dans l'eau et des raies s'envolent avec grâce. Tandis que nous filons dans le jusant, de beaux poissons perroquets et des carangues argentées à grosses têtes se laissent glisser dans la houle qui reflue. Des balistes, tétrodons et diodons, flottent indolents, ballottés dans le bleu au-dessus d'un bénitier géant, gisant vide et béant sur le bord du récif, une quinzaine de mètres en dessous de nous. Le spectacle est grandiose et angoissant. Je me revois plongeant aux Tuamotu.

Malheureusement, ces endroits encore intacts et pleins de vie sont devenus rares. Dans le coin, comme dans de nombreux autres endroits de la côte, le corail a été détruit par la pêche à la dynamite longtemps pratiquée par les pêcheurs sans scrupule venus de Padang et d'ailleurs. Le corail mort est maintenant utilisé pour construire les fondations et les murs des maisons ou des églises.

Darmanto habite le village de pêcheurs cultivateurs de Labuanbajo, où il vit avec sa petite famille essentiellement du travail de sa cocoteraie. Il est d'un abord sympathique et possède quelques notions d'anglais. Nous décidons de lui proposer de nous accompagner à Simatalu, une région considérée par de nombreux locaux « civilisés » comme encore peuplée de sauvages dangereux (un meurtre, fait rarissime dans cette île, a été commis dans le coin il y a quelque temps). Notre choix est on ne peut plus judicieux car Darmanto nous apprend que son père est originaire de Simatalu et qu'il a migré voici une trentaine d'années vers la côte nord, imitant en cela nombre de ses parents et amis attirés par les promesses des compagnies forestières et des techniciens agricoles indonésiens. Darmanto possède encore de la famille dans cette région où il s'est rendu une seule fois, une quinzaine d'années auparavant, en pirogue à partir de Monganpola, village situé à l'intérieur des terres, côté nord-est, à une heure de Muara Sikabaluan.

« Imprégné que j'étais des livres de circumnavigation, des récits de Cook, de Lapérouse ou de Bougainville, des romans de Melville et de Stevenson, le dessin de ces îles oubliées dans les immensités abyssales, de ces territoires inconnus de l'Occident depuis des temps immémoriaux, me semblait étrangement familier. Comme à l'époque où j'acceptais volontiers que Tahiti me renvoie son image rousseauiste de Nouvelle-Cythère, je décidai d'aborder Siberut, l'île "Bonne Fortune" des premiers navigateurs, avec toute la latitude qui sied à un esprit curieux et charmé d'avance. »

{p. 18}

SABLE DE BOIS

Une succession de criques et de falaises façonne des arches de roc et de secrètes arènes. Le paysage devient sauvage. À chaque estuaire, les plages sont jonchées d'arbres morts et, sous l'action du jusant, un sable de bois aux grains roussâtres achève de se décomposer. Aucun doute : le décor du mythe de création des Mentawai est planté.

ENFANCE HEUREUSE
L'éducation des enfants est balisée de repères spirituels et culturels en symbiose avec leur environnement. Ils sont élevés au contact constant de leurs aînés, ce qui leur donne paradoxalement une marge de liberté et leur permet d'imiter les gestes et les attitudes des adultes. Ils deviennent ainsi rapidement habiles et autonomes.

CHEMIN FAISANT

Au village, à petits pas, deux femmes rentrent de la rivière avec des taros et des bambous plein la hotte. Visions furtives de passants irréels à la beauté antique et sauvage, à l'image de ce chaman qui avance, belle sculpture de marbre zébré, presque efféminé avec son lourd collier et son petit panier à poules sous le bras.

LES RIVIÈRES POUR CANAUX

La forêt est saignée d'innombrables ruisseaux et rivières qu'il faut enjamber, passer à gué ou en dérapant sur les troncs et dans la glaise avant de déboucher dans les tunnels chauds et mouvants d'une végétation folle. Les multiples chenaux navigables au creux des vallées permettent aussi aux pirogues de défier ces profondeurs végétales.

AU BORD DE L'EAU

Les Mentawai ont maison sur berge. Aires de travail et de jeu, les cours d'eau irriguent leur vie et leurs mythes. La pêche est l'affaire des femmes, qui portent des jupes en feuilles de bananier, utilisent épuisettes ou nasses en rotin, et placent leurs prises dans un bambou en bandoulière. Les enfants sont comme des poissons dans l'eau.

LE BRUISSEMENT DES PALMES

Les rais de lumière filtrent à travers l'ombrelle végétale, accentuant les contours de chaque plante, attendrissant le vert des feuilles, aiguisant la découpe des palmes et des fougères. Les troncs élancés des cocotiers luisent sous leur vernis humide, et de petites nappes lumineuses se coulent entre l'écorce et les sentiers toujours boueux.

LA JUNGLE POUR JARDIN

Le durian, fruit roi des jardins de la forêt, convie chacun à sa cueillette. Le corps hâlé des chamans, paré de perles et de tissus colorés, se détache avec intensité sur le fond vert des bois. Ils sont fleurs, la forêt est leur, ils sont à elle : belles fleurs sylvestres. Naturels fondus dans leur nature, ils cheminent ainsi depuis des millénaires.

SAGOU QUOTIDIEN

Qui aurait songé à manger du bois, ces ficelles de farine de sagou nature ou trempées dans du bouillon ? Le sagoutier, arbre de vie et symbole de la foi animiste des Mentawai, est à l'origine d'une surprenante industrie de proximité. Il sert aussi à nourrir porcs et volailles. Avec l'écorce et les palmes sont fabriqués divers objets utilitaires.

LA CANOPÉE POUR CIEL

Rumeur dans les sombres nuages arrimés à la canopée : présage d'un bel orage. Une lumière concentrée raye le paysage. La nature gagne en densité et en contraste. Les premières gouttes de pluie cinglées par un vent fouettard s'abattent. Entre les arches noueuses des arbres, les verts de la forêt se mirent dans la transparence de l'eau…

La forêt s'est radoucie au matin. Des entrelacs embués par les nuées s'évaporent des rayons de lumière mordorée. Cathédrale kaléidoscopique aux hautes colonnes, éblouissante et mystérieuse. La chevelure ébouriffée des arbres se teint de mèches aurore. L'âme cherche son éden dans leurs chants, et ses forces dans la forêt océane.

LA MAISON DU CLAN

Dans la grande maison, espace fondateur du clan, les crânes de cerfs, singes et porcs, les bouquets séchés, les plats, les coffres et les tambours témoignent des cérémonies passées. Sur les cloisons sont peintes des silhouettes animales. Au plafond virevoltent les oiseaux de balsa. Arcs et objets en rotin ou bambou complètent le décor.

LE SANCTUAIRE DES ANCÊTRES

Dans le clair-obscur du sanctuaire, sur le côté réservé aux âmes ancestrales, sont entreposés les objets rituels qui composent l'héritage commun et sacré du clan. L'ornementation en bois peint, qui représente symboliquement les volutes du sagou, rappelle que le lieu est dédié au culte animiste.

UNE HÉCATOMBE DE COCHONS

Une douzaine de porcs noirs sont exposés, ligotés dans des paniers tressés, sur une estrade posée à terre. Les hommes se recueillent en cercle autour des bêtes pour une courte prière puis passent à l'action. Ils délient les cochons, les coincent sur leurs genoux et les égorgent l'un après l'autre. Le partage de la viande est égalitaire.

DÉPART POUR LE CLAN MARITAL

Sous la protection d'une palme, la procession s'avance. En tête, les hommes ploient sous le poids des cochons. Le père ouvre la voie à sa fille, qui chemine avec une poule sur un bras et son panier de volailles pendu à l'autre. Derrière elle, son mari porte coq et panier à poules. L'épousée fait son entrée dans le clan de son homme.

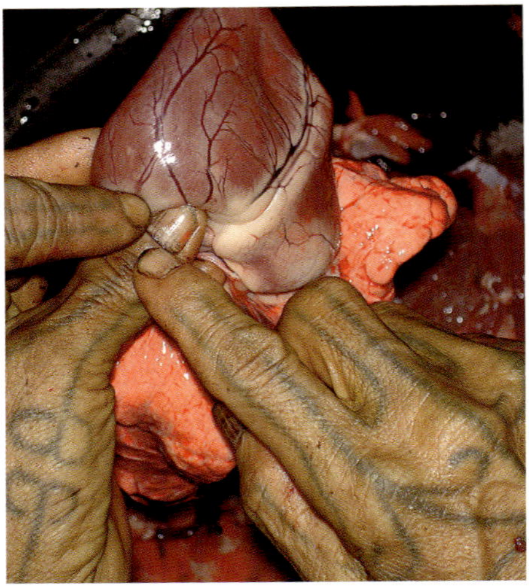

CURE CHAMANIQUE
Pour contrer le malheur et la maladie, les chamans disposent d'une large gamme de rituels. De nombreuses plantes sont utilisées en bouquets ou en décoctions. Leur énergie négative chasse les esprits nocifs tandis que leurs principes positifs soulagent le corps et l'âme du patient. Transes, sacrifices et festin ponctuent la cure.

À L'ARC, AU FUSIL OU À LA LANCE

La chasse est une activité masculine, collective et codifiée, que de nombreux tabous réglementent et qui participe du bon déroulement des cérémonies rituelles. La consommation de la viande du gibier de la forêt, en particulier des singes, clôt l'acte cérémoniel. De nos jours, le fusil à plomb remplace souvent l'arc et la lance.

PLAIRE AUX ESPRITS

Les chamans sont empreints d'une grâce inattendue. Cette esthétique de l'apparence corporelle révèle leur désir de plaire aux esprits. Leurs incantations emplissent la grande maison puis, portées par la nuit, imperceptibles à l'oreille humaine, elles pénètrent la forêt, volent parmi les esprits des arbres, des cours d'eau et des collines.

LA DANSE DE L'ÂME

Les chamans cadencent leur mélopée d'un pas sonore rythmé par le roulement des tambours. La ronde de l'assiette vise à circonscrire l'âme du patient en l'entraînant dans une danse centripète qui a pour effet de la déposer apaisée sur le plat, puis de la réintégrer par le biais de la nourriture à l'intérieur du corps du malade.

QUEL AVENIR POUR LES MENTAWAI ?
En voyant s'éloigner ces chamans, dignes héritiers d'une tradition régulièrement malmenée par les spéculations spirituelles et économiques d'un monde cannibale, on ne peut hélas oublier la fragilité de leur mode de vie. L'âme des hommes-fleurs risque-t-elle un jour de se faner et de ne plus inspirer les poètes et les écrivains ?

Quant à son ami Aman Jotam, qui vit lui aussi depuis quinze ans à Labuanbajo, il est originaire de Simatalu. C'est un coup de chance inespéré pour nous que de tomber sur un vrai gars du pays ! Sans lui, il aurait été impossible de trouver les passages, relais et ressources indispensables à notre périple. Sans sa connaissance de la forêt, son sens aigu de l'orientation, sa capacité à décrypter les moindres traces de pas, sans l'appui et l'accueil de ses réseaux claniques et familiaux, nous n'aurions pu atteindre que difficilement notre but. Darmanto étant bien incapable, à lui tout seul, de réunir autant d'atouts et de compétences, nous devions absolument embaucher ce guide local, un bonhomme court et solide sur pattes, aux dents affûtées, peu loquace et le regard fuyant, mais qui se révèle, malgré quelques déconvenues, d'une efficacité à toute épreuve.

Nous entamons donc la balade côté plage. Le sable durci par la marée descendante sert de chaussée inclinée à nos pieds nus. La marche de bon matin est agréable et va bon train. Nous ne sommes que légèrement chargés, 5 à 7 kilos tout au plus : un change de vêtements propres et secs qui le soir remplace nos effets trempés et boueux que nous renfilons le lendemain matin dans le même état. Dans mon sac, un poncho pour la pluie, un minimum d'affaires de toilette et de pharmacie, une lampe frontale et des piles, un couteau de poche, une gourde, un hamac, l'argent, le carnet de notes, l'appareil photo et un chouia de nourriture. Darmanto nous étonne : il a prévu des vêtements de rechange pour quasiment tous les jours et sa brosse à dents, basta ! Jotam, lui, se contente des habits qu'il porte, d'une machette, d'un parapluie ombrelle et d'un petit sac à dos vide et mal en point, apporté en prévision des quelques provisions indispensables que nous devrons acheter à la boutique de Sigapokna.

En moins d'une heure, nous arrivons devant l'*ecolodge* de Paleu Leuk Leuk, construit il y a quelques années déjà par le SCP entre bord de mer et lisière de forêt primaire pour un projet de tourisme équitable. C'est une coquille vide, que les éléments dégradent et qui, de temps à autre, est dévalisée et vandalisée. Les structures en bois sont bâties sur pilotis et rejointes entre elles par des passerelles aujourd'hui rongées par les termites et vermoulues par les pluies. Je suis passé à travers jusqu'au cou – qui lui heureusement ne s'est pas rompu – la première fois que je les ai empruntées. D'après Darmanto, l'endroit a été mal choisi car construit au-dessus d'une brousse marécageuse toujours inondée. Derrière le *lodge*, l'accès à la forêt est devenu quasiment impossible. La passerelle, construite sur plus de 300 mètres pour y pénétrer sans encombre et se mettre à l'abri d'un éventuel tsunami, s'est aussi transformée en un piège redoutable qui se dérobe au moindre faux pas. Des milliers de fourmis dévoreuses se jetèrent un jour sur mes mollets lorsque malencontreusement je chus en plein milieu de leur nid ! Je m'aperçois qu'une vitre a encore été brisée récemment et que les planches du ponton conduisant au bâtiment principal sont de plus en plus pourries et dangereuses. J'y retrouve deux vieilles connaissances qui se reposent sur la terrasse, deux femmes *kerei* habitant Sigapokna, le principal village du secteur, notre première étape.

Nous longeons un moment l'estuaire de la rivière rouillée par les palmiers nipa[160], avant de la traverser sur le long ponton qui conduit au village. À la petite boutique, située à l'entrée du chemin bétonné, nous nous approvisionnons en denrées diverses : riz, nouilles et soupes chinoises instantanées, café, thé, sucre, biscuits, sardines en boîte… sans oublier, oh que non, une bonne quantité de plaques de tabac dit « Panorama », pour les offrir à nos futurs hôtes. Cette plante magique et puissante, qui relaxe l'âme en la rendant insidieusement dépendante, est un véritable laissez-passer, un cadeau indispensable au protocole des rencontres avec tout Mentawai qui se respecte, une monnaie d'échange et de prestige. Pour satisfaire l'addiction et le plaisir de nos amis guides nous leur offrons aussi quelques cartouches de luxueuses cigarettes aux clous de girofle. Jotam en est tout sourire. C'est lui qui portera l'essentiel de nos achats et qui devra gérer les consommations et les donations. Nous achetons aussi à sa demande une petite marmite en alu. Elle servira à faire bouillir l'eau du thé et des autres chinoiseries.

Peu de monde circule dans le village : la plupart des familles l'ont déserté pour la semaine. À la boutique vient cependant me saluer un jeune rencontré à Politsoman lors d'un *pakandei*. Il travaille, me dit-il, légèrement gêné aux entournures, pour une compagnie de déboisement. Le secteur a déjà été exploité il y a une trentaine d'années et, aujourd'hui que la forêt a repoussé, les tronçonneuses s'en donnent de nouveau à cœur joie. C'est reparti de plus belle.

Quand nous parvenons à Tinitit en fin de matinée, la pluie s'est mise à tomber dru. Les énormes billes de bois entreposées le long de la plage et le ponton flottant sur l'océan nous préviennent que nous entrons dans la zone stratégique des compagnies forestières indonésiennes, la chasse gardée de leurs exactions. Le village est constitué de baraquements, de cabanes et de tripots construits autour d'une place boueuse, une glaise épaisse et jaunâtre, irisée d'huile et de gasoil et labourée de profondes ornières de pneus et de chenilles. Le drapeau national hissé sur un mât flotte en son centre. Au fond de la place, après les camions-citernes et les engins de chantier, une large saignée dans la forêt marque la voie des vandales. On nous avait prévenus : restez discrets, passez mine de rien et surtout ne prenez pas de photos. Personne n'a l'esprit tranquille dans le coin, mieux vaut éviter les embrouilles. Les compagnies de déforestation n'apprécient pas le moins du monde les pressions exercées sur elles par les associations de protection des forêts et des primates et autres groupes écolos. Alors gare.

Comme de bien entendu, la discrétion trouva vite ses limites. Quelques photos innocemment volées entre deux averses et puis celle de trop, la dernière, juste au moment où se retourne le jeune gardien des fûts coupés qui s'en allait au loin signaler notre présence à ses petits chefs jouant aux cartes. À peine cinq minutes plus tard et nous voilà rattrapés par deux types essoufflés et passablement excités qui nous accusent d'avoir pris des photos, autrement dit d'avoir espionné leur lucrative exploitation, et qui demandent, sans vergogne, réparation, un dessous-de-table, s'il se pouvait. Nous nions, faisons encore les innocents, jurons crachons que tout cela n'est que pur mensonge. Darmanto, un peu gêné, ne peut qu'acquiescer en opinant du chef et de son chapeau conique. Les deux acolytes finissent par s'en retourner capot mais nous craignons que l'affaire ne soit pas close et pressentons qu'ils vont revenir à la charge.

Nous poursuivons notre chemin avec ce grain de sable coincé dans nos pensées. La marche s'en trouve ralentie et beaucoup moins sereine qu'au début. Nous quittons la plage chaude, dans laquelle nos pas s'enfoncent et nous éreintent, pour emprunter le sentier mieux stabilisé qui longe la cocoteraie quand, soudain, nous entendons courir dans notre dos. Cela n'a pas fait un pli, nos deux énergumènes sont de retour. Cette fois-ci, ils nous présentent un document, officialisé par les cachets et signatures du chef du village et de son subalterne, sur lequel nos généreuses donations pourront figurer en bonne et première place de la liste. Nos deux fois 25 000 roupies serviront à l'équipe de volley locale. Rien à redire, la partie est pour eux. Nous avons gagné notre droit d'entrée.

La plage entrecoupée de cours d'eau limoneux s'étend à perte de vue. Nous avançons le plus souvent sur la dalle sableuse lissée par la marée mais, à force, nos plantes de pied commencent à chauffer et à se rétracter douloureusement. De plus, le bord de l'eau devient par endroits si pentu que nous claudiquons pour rattraper la déclivité et notre hanche droite s'en ressent. Pourtant, pas question de ralentir la cadence et d'aller s'ensabler plus haut. L'épuisement viendrait vite. Jotam et Darmanto, eux, n'ont pas l'air de beaucoup souffrir. Leurs semelles plantaires sont faites d'une corne épaisse et résistante tannée par des chemins plus rudes. Ils avancent d'un pas tranquille, abrités, l'un sous le cône de son chapeau asiate, l'autre sous les ronds roses et vert d'eau de son élégante ombrelle.

Bientôt huit heures que nous sommes partis. Le bord de mer et notre marche perdent à présent de leur régularité. Les nipa, avides de nutriments et de sel, enfoncent à l'horizontale leurs stipes au plus près du bord de mer, nous obligeant à nous frayer un passage entre leurs palmes et à jouer avec les vagues. Par fortes marées, il n'est pas évident de passer par là. Les fruits lanternes des vieux *Barringtonia*[161] s'éteignent sur la plage tandis que les longues étamines de leurs fleurs, comme d'innombrables fibres optiques, scintillent dans le halo fluorescent des embruns. Signe de bonne santé, la forêt vierge se rapproche aussi de la côte. Les cris d'un singe dans les hautes frondaisons et le vol lourd d'un calao me ramènent avec bonheur à cette nature envoûtante. J'ai vraiment l'impression maintenant de participer à une randonnée inédite, d'avoir le privilège d'entrer une fois de plus dans un monde plein de secrets et de merveilles, un espace où les éléments vivants, solides et liquides, se côtoient comme aux premiers temps, un biotope préservé de toute intrusion nocive.

Plus avant, nous devons contourner les falaises blanches, qui se dressent aux frontières nord et ouest de la côte, et leurs énormes rochers gris sur lesquels brisent les déferlantes. Nous grimpons par des sentiers abrupts et glissants enlacés par des racines tourmentées. La jungle transpire en nous de tous ses pores. Ses ombres agitées par le vent marin subjuguent mon imaginaire. Quelle vie cachée nous épie dans ces entrelacs végétaux ? L'odeur des excréments de *makobu* est perceptible. Sans doute les singes se cachent-ils, silencieux, dans la canopée juste au-dessus de nos têtes mouillées.

De l'autre côté du corridor, encore des plages d'or et des collines boisées à perte d'horizon : nous venons d'atteindre la côte ouest. Le vaste océan Indien roule sans complexe ses mécaniques en frayant avec cette terre isolée aux franges de l'archipel indonésien : Siberut, la dernière île que j'aperçois quand je suis dans l'avion de Kuala Lumpur pour rentrer, via l'île Maurice, à la Réunion. Je ne peux m'empêcher de penser qu'en face, là-bas à l'autre bout de cet océan, ces îles créoles sont directement voisines des Mentawai ; qu'en huit heures de vol, je passe des unes aux autres, et qu'une fois arrivé, assis sur les galets de la côte est de la Réunion, je songe à mes amis et lointains voisins de Siberut. Drôle d'impression que cette rétraction de l'espace par la pensée. Qui ne rêve comme moi de posséder le don d'ubiquité ?

En fin d'après-midi, nous atteignons la dernière courbe, une interminable plage cuivrée par un soleil déclinant cerné d'inquiétants nuages. L'orage rincera nos vêtements et nos corps saturés de sueur. Qu'il vienne ! Que nous puissions nous reposer un instant à l'abri des cocotiers en nous désaltérant de l'eau et en nous fortifiant de la pulpe de leur fruit béni. La nature est bien faite, surtout quand elle est plantée juste à nos pieds ! Ces plantations nous indiquent d'ailleurs que, dans les parages, la vie humaine a repris son cours. J'aperçois un rapace futé planant au-dessus des panaches de palmes à la recherche d'un poulet égaré. Peu de temps après, nous rattrapons, comme de juste, deux jeunes hommes qui s'en retournent, hotte sur le dos, dans leurs plantations situées dans le secteur de Simalegi. L'un d'eux porte élégamment sous le bras un chaton dans un petit panier de rotin. Nous partageons un bout de chemin ensemble avant de nous séparer à proximité de la rivière Bolot.

À cet endroit demeure un ami de Darmanto nommé Teu Berigou, du clan Tapoleuru de Simalegi. Lui et ceux de son clan ont ouvert une nouvelle et grande plantation en bordure de l'océan. De gros arbres, qu'il nous faut enjamber, jonchent le sol et, dans le fouillis des mauvaises herbes, sont plantés quelques carreaux de légumes et de tubercules. Apparemment, aucun feu n'a été allumé pour défricher et nettoyer l'endroit. Comme dans le sud de Siberut, et contrairement à ce qui se pratique à Politsoman, c'est la technique de « l'abattis et compost » et non celle de « l'abattis et brûlis » qu'ont retenue ces planteurs. C'est dans leur gîte que nous allons passer la nuit et soulager nos petons endoloris. Leur plante calleuse, chauffée à blanc pendant des heures, ne supporte plus, en se refroidissant, le moindre contact un peu dur. Les présentations finies, après une séance de jacuzzi dans la mer, direction le *mandi*, un trou d'eau saumâtre à l'écart de l'habitation, pour la « douche » et le décrassage. Il n'est pas commode de se laver en pataugeant dans la boue et sans laisser tomber le seau et le savon au fond du puits mais, quand la corvée prend fin, nous nous sentons tout de même ragaillardis. Un confort inattendu et fort appréciable dans ces contrées.

Notre étape à Bolot n'est pourtant pas simplement motivée par le recueil d'anecdotes à propos des commodités locales. Nous avons surtout prévu de nous rendre le lendemain matin, à partir de ce campement de base, au lac Gobjit, situé à quelque distance de là dans la forêt. Nous voulons nous rendre compte *de visu* s'il existe encore des crocodiles dans ses eaux, comme le laissent entendre certaines rumeurs persistantes.

Le crocodile est un animal mythique aux Mentawai, que l'on retrouve dans de nombreuses légendes. J'ai parlé du crocodile géant, Sikaoinan, qui se vautre dans l'obscurité du soleil couchant, celui aussi qui participe à la construction de la première *uma*. La renommée mythique de cet animal, de son esprit hantant les rivières et marécages, paraît double, présenté qu'il est à la fois comme un dévoreur d'hommes et de charognes, un vecteur de maladies et un protecteur d'enfants, un esprit bon et guérisseur. Ainsi du mythe sur les origines de Sikamainan où il fait figure de bonne tante paternelle veillant sur ses neveux et nièces qui jouent au bord de la rivière tandis que leur père surveille la maison familiale. Quand il souffre de maladie, l'homme mentawai a encore pour habitude de descendre à la rivière, de prendre de l'eau dans le creux de ses deux mains en invoquant Sikamainan'oinan[162]. Certaines cures chamaniques comportent en outre une séquence au cours de laquelle est invoqué l'esprit fantôme de Sikaoinan[163]. Des offrandes et des incantations sont ordonnées par les *kerei* pour le convaincre de soulager les souffrances de l'homme qui l'a malencontreusement croisé. Ce même esprit interdit aussi aux hommes de manger seuls la viande. Ils sont tenus de la partager avec leur communauté[164]. Halte au gâchis égoïste ! L'appétit humain n'a rien de saurien !

Les crocos grouillaient, il n'y a pas si longtemps, dans les eaux de Siberut. On m'a dit qu'il y en avait même dans la Betaep, la petite rivière qui conduit à Politsoman. S'agit-il d'une énième légende, colportée de bonne foi par le premier missionnaire italien à avoir posé sa soutane à Siberut, et qui jure être tombé nez à nez avec un énorme crocodile qui « selon le bon plaisir de Dieu [...] entra dans l'eau, se mit à nager à contre-courant pour se soustraire à ma vue et à ma peur et m'épargner la honte d'une fuite précipitée[165] », ou bien ces animaux étaient-ils vraiment placides et courtois comme le laissent aussi entendre cet homme d'Église et la mythologie mentawai ? En tout cas, mal leur en prit d'être si nombreux mais si sages. Ils ont été décimés par des chasseurs sans foi ni loi de Sumatra.

L'espèce aurait disparu sauf, peut-être, et c'est l'objet de notre visite, dans le lac Gobjit. Le soir, après « souper », une réunion est organisée à ce sujet. Le lac est situé sur le territoire du père de Teu Berigou. C'est lui qui prendra la décision de nous autoriser à y aller ou non. La discussion commence, comme il se doit, par des histoires de crocodiles. Le paternel nous certifie que le lac est bourré de ces sympathiques bestioles. Il en a souvent aperçu. D'après lui, il faut vraiment faire attention quand on s'aventure dans les parages. C'est dangereux. La bête peut surgir de n'importe où, à n'importe quel moment. Il en existe de très grosses. Pour les observer, c'est mieux d'y aller la nuit. Le jour, pour avoir une chance de les voir, il faut les appâter avec un cochon ou un singe. À l'écouter parler ainsi, soufflant le chaud et le froid, je me demande à la longue où il veut en venir. Cherche-t-il à nous décourager ou au contraire à nous inciter à partir à leur recherche ?

Il finit par nous avouer qu'il n'est pas vraiment emballé par notre idée. Il la ressent comme une intrusion dans son territoire. Il se méfie. Il craint, dit-il, que nous soyons venus ici dans la seule intention d'acheter ses terres, que l'histoire des crocos ne soit qu'un prétexte fallacieux. Il a été approché autrefois par le SCP et désapprouve la location des terres du clan Salamanang. Pour lui, il est hors de question que nous nous immiscions à notre tour dans ses affaires. Pour quelles raisons tient-il un discours aussi ferme ? Je l'ignore. Toujours est-il que cette étiquette de promoteurs de la protection des espèces en danger que l'on nous colle dessert notre projet de visite au lac. Dans l'assemblée qui nous entoure, beaucoup ont l'air d'être d'accord avec lui, les signes de tête et le tirage ostensible sur les cigarettes ne laissent aucun doute là-dessus. La discussion devient serrée. Nous essayons de rassurer chacun, une nouvelle fois, sur nos intentions. Nous voulons juste aller faire une balade au lac, comme de simples touristes curieux ; s'il y a des crocodiles, tant mieux, sinon tant pis.

Devant notre insistance et nos efforts de persuasion, le vieux finit par se ranger à nos arguments et nous accorde son sauf-conduit. Nouveau problème cependant : il nous réclame, pour le dérangement et les accompagnateurs, 300 000 roupies par tête ! Comme à l'accoutumée, la barre est fixée bien trop haut, sans doute un art du marchandage lui aussi importé du pays voisin. Pour nous deux, à ce prix exorbitant, c'est réglé, nous le faisons savoir : demain matin nous poursuivons notre chemin, faisant l'impasse sur l'excursion lacustre. L'effet est immédiat : le plancher s'effondre. Le prix tombe du sixième étage au rez-de-chaussée, ou plutôt au ras du sol. Dernier frisson, l'affaire est dans le sac. Il ne faut jamais désespérer de l'art de la discussion : le compromis, pourvu qu'il soit équitable, est au bout du compte toujours recherché avec patience par les Mentawai.

Il faut dire que le lendemain nous ne sommes pas déçus du voyage. Après environ une heure et demie de marche dans une belle forêt primaire, au début en longeant la rivière Bolot, puis en gravissant le flanc des collines, nous parvenons à proximité du lac. L'excursion, bien qu'assez facile et agréable, n'est cependant pas de tout repos, et met à l'épreuve nos facultés d'équilibristes. À plusieurs reprises, il fallait bien sûr s'y attendre car cela fait partie du décor, il nous faut traverser les cours d'eau et les mares sur des rondins instables et glissants, nous frayer des passages à travers les buissons épineux, nous accrocher aux lianes pour ne pas dévaler la pente, sauter sur les souches pour éviter de trop nous enfoncer dans la boue, être attentifs au moindre faux pas, à la moindre racine disposée à nous crocher le pied… Bref, la marche en forêt mentawai, nous ne l'oublierons jamais, c'est du pur effort et du bonheur garanti.

Les chiens qui courent à nos côtés se mettent soudainement à filer devant nous. Ils ont senti l'odeur des singes et répondent aux aboiements rauques des macaques *(bokoi)* pour les effrayer et les faire descendre de leur perchoir. Le comportement de fuite de ces singes les met en danger depuis que les chiens et les fusils sont de la partie. Dans le fouillis végétal, j'ai juste le temps d'apercevoir un gros singe grimpant à la liane, cherchant une issue pour échapper à la hargne des cabots qui l'attendent au pied de l'arbre. Le chasseur le tient dans sa ligne de mire le temps d'une seconde. La seconde suivante, le macaque a disparu. Les cris des animaux ont cessé. La forêt reprend sa respiration et retrouve son calme.

Le lac est là. Pourtant, il n'y a pas moyen de l'entrevoir. Il faut escalader le tronc lisse d'un arbre pour savoir à quoi il ressemble, ce que sont parvenus à faire sans problème les jeunes guides qui nous incitent à les rejoindre là-haut. Autrement, il est *a priori* impossible de franchir la barrière végétale d'une centaine de mètres d'épaisseur qui nous sépare de cette étendue d'eau. Des milliers de pandanus aux racines aériennes et subaquatiques enchevêtrées comme des chevaux de frise barrent toute velléité d'entrer dans ce marais infesté de reptiles. Quant à monter au mirador en s'agrippant à ce pylône sans prise, c'est plutôt risqué et ardu pour mon physique de Crocodile Dundee amateur. Je ne peux qu'exprimer un instant mon exaspération face à ce que je ressens comme une tromperie, un piège dans lequel je me suis laissé bêtement fourvoyer. Qu'à cela ne tienne, je n'ai pas encore dit mon dernier mot. Je décide d'ouvrir une brèche dans le réseau de barbelés, de passer de l'autre côté du grillage végétal. Ma détermination à vouloir pénétrer dans cette zone interdite par la nature et réputée dangereuse finit par convaincre le fils de Teu Berigou – se sentant sans doute responsable de ma personne et plein de curiosité malgré ses fortes inquiétudes – de passer devant moi avec son sabre d'abattis.

Nous progressons prudemment dans un marécage aux eaux étonnamment limpides. Une masse liquide pas très profonde mais sous laquelle le sol n'est qu'un mélange spongieux ou vaseux qui vous avale, si l'on n'y prend garde, jusqu'à mi-cuisses. Chaque pas doit donc réfléchir où se poser, calculer la résistance de la racine tordue qui l'attend, ne pas se fier à cette branche flottante, regarder à deux fois la souche pourrie dont les nœuds seuls émergent de l'eau. Les mains n'ont qu'à bien se tenir aussi malgré les ardillons des feuilles de pandanus et les clous qui tapissent leurs échasses arc-boutées. Le corps doit user de contorsions et de volonté pour s'extirper de ce maillage inquiétant. Le sabrage continu de notre éclaireur nous évite le pire.

Toujours aucune lumière donnant sur le lac. À l'estime, nous avons dû nous rapprocher d'une cinquantaine de mètres, et effectuer pour cela quatre fois plus de zigzags. Pas de mauvaises rencontres heureusement, hormis des escadrilles d'insectes anthropophages. Nos épidermes ruissellent de sueur et de sang, et nos corpuscules paraissent bien fragiles dans cet espace réticulaire envoûtant, comme des intrus microscopiques dans un tissu neuronal empli de dendrites et de synapses géantes, minuscules corps étrangers pris dans les plis et villosités des parois intestinales. Les comparaisons ne manquent pas d'affluer dans ma cervelle en ébullition. Ma nuit passée à chercher le sommeil sur le plancher commence à faire sentir ses effets. La tentation de renoncer devient perceptible. Mon jeune collègue aussi en a littéralement plein les bottes.

De cet antre touffu soudain jaillit, fier comme un phallus en érection, un arbre. Droit comme un « i » et long comme un « l ». À son pied nous stoppons. Le sabreur, après en avoir évalué à vue d'œil les dimensions respectables, décide de l'abattre sur-le-champ. Une vingtaine de coups bien placés et le tronc s'affale de tout son long dans l'alignement du lac. La lumière, soudain, jaillit. Une immensité bleue se découvre à nous. Nous restons ébahis par la beauté inattendue du site. Les Mentawai restés en arrière, près de leur tour de guet, et Darmanto ont fini par nous rejoindre dès qu'ils ont entendu puis vu l'arbre fendre le dernier passage. Eux non plus n'ont jamais contemplé le lac de si près.

Le tronc abattu nous sert de passerelle pour atteindre la rive et ses branches d'échelle de coupée pour entrer dans l'eau. Car je tiens absolument à m'immerger dans ce liquide cristallin, à purifier mon corps de toutes les souillures qu'il a subies pour parvenir à l'atteindre, à sentir sur mon épiderme sa délicieuse fraîcheur. J'aime à penser que je suis peut-être le premier Européen à plonger dans ce lac et, par forfanterie légère mélangée d'un soupçon d'inconscience, j'imagine que je pourrais réveiller le vieux saurien qui dort dans le coin depuis des siècles. Une véritable bénédiction de la nature que ce bain. Point de crocodile en vue, mais je préfère néanmoins ne pas jouer les prolongations et me garde de nager trop loin de ma branche. Sait-on jamais, si la magie opérait...

Le lac est vaste et profond, une réserve d'eau douce considérable et d'une pureté étonnante. Je comprends que les propriétaires des lieux ne tiennent pas à s'en défaire. Quant aux crocodiles qui hantent ce lac et aux histoires qui y sont associées, peut-être existent-ils vraiment, mais aucun de nos accompagnateurs n'a eu l'occasion d'en voir, contrairement aux anciens qui affirment l'inverse. Quelques-uns de ces animaux auraient-ils, mettant à profit le volume et le caractère excentré du plan d'eau, survécu à la rapacité des hommes ? Nous n'aurons ni le temps ni les moyens de le vérifier.

Au retour, je m'aperçois avec plaisir que les gars restés derrière nous en ont profité pour construire en un tournemain une échelle afin que nous puissions, au cas où, admirer le lac sans trop de risques. Brave attention à notre égard, mais qui prouve aussi qu'ils doutaient de notre entreprise pour atteindre la rive. Le chemin jusqu'au *sapeu* me paraît maintenant presque trop facile. Nous sommes gâtés. Le père de notre hôte a sacrifié un petit cochon à notre attention. Nous le mangeons avec du manioc cuit en papillotes. De quoi reprendre des forces pour le chemin qui va nous conduire, tout au long de l'après-midi et de la côte ouest, jusqu'à Simalegi.

J'ai décidé de garder mes chaussures de marche et mes chaussettes car mes pieds, pourtant habitués à rester nus, sont devenus extrêmement sensibles. Ils ont les nerfs à vif et les ligaments hypertendus. J'ai l'impression que mes voûtes plantaires se sont décollées à force d'avoir été abrasées par la meule brûlante du sable. Devant nous, l'horizon côtier laisse encore présager une rude journée de randonnée. Les plages et les falaises, bordées d'une mer agitée et couverte de cumulonimbus, malgré les distances qui nous en séparent, nous font signe d'approcher. Je me sens irrémédiablement attiré par elles. Plus le temps de gémir : il nous faut repartir. Nous atteignons l'embouchure de Simalegi en fin de journée. La marche a tenu ses promesses de dépaysement garanti et de récompense pour nos efforts. Une succession de criques blondes et de monts abrupts qui par places façonnent ensemble des arches de roc et de secrètes arènes. Le paysage devient sauvage, aussi brut que l'océan qui lui fracasse les côtes. À chaque estuaire traversé, les plages sont jonchées d'arbres morts et, sous le pas de la mer qui se retire, un sable de bois aux grains roussâtres achève de se décomposer. Aucun doute, le décor du mythe de création des Mentawai est planté là, aux limites du monde connu, face à cette immensité marine où se rejoignent les souterrains empruntés par les astres. Les portes taillées dans la roche par les eaux primordiales s'ouvrent sur cette éternité. J'imagine aisément dans ces lieux le bestiaire sculpté qui hante les esprits, le reptile noir avalant le Soleil, la masse géante du dugong, la carapace de la tortue imbriquée.

L'entrée maritime de Muara Simalegi est gardée par un îlot rocheux détaché de la falaise. Les vagues s'engouffrent dans cette passe avec une énergie décuplée par les alizés qui les chevauchent depuis les confins de l'océan Indien. L'accostage et les sorties en mer sont ici particulièrement périlleux, et affaire de marins aguerris. Avant l'arrivée au village, la baie me paraît interminable. Pendant des kilomètres nous fixons cette sombre falaise, trempés par les averses et les ardeurs du soleil. L'intervalle entre les marcheurs augmente avec la lassitude qui envahit chacun de nous. Il est temps d'en finir pour aujourd'hui. Nous coupons par la cocoteraie et parvenons enfin sur le chemin central, bétonné comme il se doit, de Simalegi. *Anda anailevita !*

Le caractère « civilisé » et inattendu du lieu me surprend agréablement et me rassure quelque peu sur le degré de notre isolement mais, en même temps, il me paraît incongru, presque désobligeant, après tant d'efforts et de kilomètres parcourus.

Malgré la fatigue, rien ici ne semble vouloir retenir nos accompagnateurs. Sans doute n'ont-ils dans le coin aucun affin ou cousin susceptible de nous héberger. Il va donc falloir déménager sans tarder, et trouver une pirogue qui nous conduise à Simalegi Tengah, village situé, comme son nom l'indique, dans la partie mitoyenne de cette région. Deux heures plus tard, le temps de négocier les prix en buvant un thé sucré et de dégoter une essence devenue rare et coûteuse, nous voilà pris en charge par trois jeunes aux allures de petites frappes sympathiques. Simalegi, avec son ouverture sur la mer, sert, paraît-il, de base arrière à pas mal de trafics et sa réputation n'est guère fameuse. L'embarcadère des pirogues est situé assez loin à l'extérieur du village, par mesure de précaution car, si la rivière canalise la furie de la houle, les accélérations conjuguées du courant et de la marée deviennent parfois d'une grande brutalité. Le ponton est relié au village par un ruban de ciment qui longe de modestes habitations construites au milieu des plantations de bananiers, cocotiers, cacaoyers et autres variétés d'arbres, de fleurs, de fruits et de légumes. Ces jardins d'abondance sont bien entretenus, et l'atmosphère qui s'en dégage plutôt tranquille. Hélas, malgré la sérénité de l'endroit, cette descente vers la rivière me paraît pénible tant mes pieds refroidis et déchaussés supportent mal ces nouvelles frictions sur le béton.

Trois heures de remontée, pas moins, sont nécessaires pour atteindre le prochain havre. La nuit tombe vite et c'est bientôt sous le dôme étoilé de la forêt et à la lueur des lampes torches que nous naviguons. Le bruit du *pong pong* effraie le petit duc des Mentawai *(tobat)* qui s'envole, silencieux comme une ombre, pour se reposer aussitôt dans l'obscurité d'une branche. La rivière présente de belles courbes, aisées à négocier, et la pirogue file à bonne allure. Soudain, le nocher, surpris par un gros bambou flottant à l'avant de l'embarcation, provoque une embardée qui réveille les passagers à moitié somnolents. Il ne peut réprimer un retentissant *tilei!*, « vulve », un juron de tous les diables, en s'apercevant qu'il s'agit d'un python de belle taille qui nage vers la berge. Le reptile est déjà loin derrière nous quand, nouvelle et mauvaise surprise, le moteur se met à crachoter, à s'étouffer et, faute de carburant, à s'éteindre pour de bon. Il n'y a pas de réserve : l'essence, je l'ai déjà signalé, est rare dans les parages et l'approvisionnement aléatoire. C'est à la pagaie que nous terminons le voyage. Heureusement, la consommation du moteur a été assez justement calculée et il ne nous faut qu'un quart d'heure supplémentaire pour arriver à bon port.

Du débarcadère à la maison du chef du village de Simalegi Tengah, la côte bétonnée est raide et glissante et l'obscurité quasi totale. Pas un groupe électrogène ne tourne : seules les flammes tremblotantes des bougies découpent de vagues silhouettes à l'intérieur des maisons. C'est chez ce représentant officiel que nous allons être hébergés. Sa demeure est à côté du temple protestant. Tous ses administrés étant convertis à cette religion, il ne peut être mieux logé qu'à cette enseigne. Il est à prendre l'air sur le banc de la terrasse, en compagnie de ses fidèles, quand nous arrivons à son domicile. Il ne semble pas particulièrement avenant. Son air abruti et indolent – tout juste s'il nous salue, le petit notable – n'inspire pas vraiment confiance. C'est le genre d'individu qui peut nous poser des difficultés et nous empêcher de circuler librement sur son territoire. Mieux vaut donc rester diplomate. Darmanto joue ce rôle avec talent et conviction. Le chef nous fait préparer, après un long moment de présentation et d'explication, le thé que nous avons apporté, et nous offre ensuite du riz blanc pour accompagner nos sardines en boîte. Le puits pour le bain est à l'autre bout du terrain de foot derrière le temple, corvée indispensable et bienfait mérité avant le coucher tant espéré sur un bon plancher bien dur.

Nuit brève mais sommeil réparateur ; cependant, la journée débute mal pour moi. Mes chaussures de randonnée, posées naïvement sous la terrasse pour ne pas salir la baraque, se sont envolées ! C'est sans doute l'équipe de Muara Simalegi, d'après le chef du village, qui m'annonce cela d'un ton détaché et sans bouger le petit doigt. Décidément, mes impressions se confirment. Je lui fais poliment remarquer qu'il est censé représenter la loi dans son village et dans son logis avec l'espoir ténu qu'il va s'efforcer de régler l'affaire avec les gars de Muara qui, partis acheter l'essence du retour, seraient aux dernières nouvelles toujours à Simalegi Tengah. En vain : il ne décolle pas de son siège. Sa réputation, Simalegi ne l'a donc pas volée !

Reste que je ne vais pas continuer comme un va-nu-pieds ! Tout à l'heure, c'est la forêt qui nous attend, et je ne m'appelle pas Jotam. Je fais donc le tour du village à la recherche d'une paire de « savates cacahuètes », sortes de tennis à crampons, moulées d'un seul tenant dans un plastique noir assez résistant. Ces chaussures bon marché sont fabriquées, entre autres, pour les petits planteurs d'arachides indonésiens. Légères et antidérapantes, elles se révèlent à l'usage parfaitement adaptées aux conditions climatiques de Siberut, bien davantage que nos chères chaussures spécialement conçues pour le *trek*. Faciles à mettre, à enlever et à entretenir, c'est l'idéal pour marcher dans cette jungle boueuse ou jouer au foot sur des terrains détrempés. Je finis par en dégoter une paire correspondant à peu près à ma pointure. Chouette ! me voilà soulagé dans tous les sens du terme !

Le troisième jour de marche peut enfin débuter. Nous quittons Simalegi Tengah pour descendre vers la région de Simatalu. Dès la petite école dépassée, à la sortie du village, nous pénétrons sous le couvert d'une forêt dense et vaporeuse comme si les éléments végétaux et liquides s'étaient concertés pour créer un univers empli d'ambiguïté et de mystère. La trace du sentier tente de longer au plus près les éclaircies de la rivière pour nous épargner les déchirures de ses épaisseurs boisées. Cependant, on a beau sans arrêt la fouiller des yeux, elle finit par se perdre dans les fourrés et buissons épineux. La ligne droite n'étant jamais en ces lieux le plus sûr chemin, en un demi-tour nous contournons ces obstacles pour aller inaugurer une nouvelle voie dépistée par Jotam. Nous nous enfonçons cette fois-ci en plein dans la brousse et la boue. Bien que chaussés et bottés comme des pros, nous sommes obligés de nous cramponner à tout ce qui dépasse. Le terrain emprunté est une véritable patinoire. Jotam, qui avance comme si de rien n'était, finit par nous couper, à ma demande, deux tiges de rose de porcelaine. Ces longs bâtons, légers, souples et résistants, sont idéaux pour marcher et s'équilibrer dans les passages difficiles. Surtout ne jamais utiliser le bambou qui peut, en cas de chute, se révéler très dangereux, devenir une pique tranchante comme un rasoir. Nos tuteurs sont d'un grand secours pour nous aider, médiocres funambules que nous sommes, à traverser sans arrêt les cours d'eau sur des troncs maigrelets, instables et glissants. Quant à nos guides, ils filent dessus, les orteils en éventail et presque « les doigts dans le nez ».

Nous découvrons plus tard deux grandes mares aux eaux limpides. Trois grosses poules d'eau ou canards sauvages qui nageaient tranquilles s'envolent bruyamment à notre approche, juste avant que je puisse les identifier et les immortaliser en photo. Nous entrons aussi dans les allées découvertes et fleuries d'hibiscus et de crotons de quelques jardins épars et maisons à cochons. Leurs habitants, hommes et animaux, sont absents lors de notre passage. Seul un jeune homme nommé Tatorai et sa femme sont chez eux avec leur bébé quand nous arrivons près de leur modeste *sapou sainak*. Ils nous invitent à entrer pour causer et nous reposer un peu. La hutte sur pilotis est faite de rondins et de branches taillées grossièrement. À l'intérieur de l'unique pièce ouverte à tous vents, un gros bouquet de plumes et de becs de calao tournoie comme un mobile suspendu à la poutre d'entrée. Sous le toit sont alignés plusieurs crânes de singes, surtout des *bokoi*, et des mandibules de porcs. De petites mâchoires dentelées, de reptile ou de poisson, difficile à déterminer, sont aussi coincées entre les palmes. Autrement, il paraîtrait, selon la femme, qu'il y aurait encore des crocodiles dans les mares aperçues en arrivant.

Après cette courte pause tabagique, nous retrouvons la rivière principale qui serpente dans son paysage vallonné. Ses rives pentues, hautes et fangeuses, constituent un vrai calvaire pour le marcheur. Il s'y enfonce jusqu'aux genoux et chacun de ses pas doit être arraché à la succion de la boue. Retrouver ensuite ses bottes et chaussures aspirées par une gadoue qui, sitôt le pied levé, se referme sur elles, n'est pas non plus de tout repos. Il nous faudra traverser les coudes de cette rivière épuisante à maintes reprises en évitant les courants trop forts et les endroits profonds. Ce n'est pas toujours évident car le fond est rempli de pièges. Des trous et des troncs invisibles attendent de nous rompre les tibias et de nous jeter à la baille. Une bonne partie de la matinée s'écoule ainsi à franchir les ravines, à descendre et à remonter les déclivités abruptes, à patauger dans les trous d'eau et à nous enliser dans d'infâmes bourbiers.

Nous finissons par passer pour de bon sur l'autre rive et profitons de la terrasse d'un *sapou* pour faire une nouvelle halte. La hutte est inoccupée mais des ustensiles et outils en fer et rotin, ainsi que quelques fripes, sont accrochés ou remisés à l'intérieur. Le propriétaire n'est peut-être pas très loin. Après quelques biscuits et gorgées d'eau, et une bonne cigarette pour nos compagnons d'aventure, nous reprenons notre course sans attendre. Il reste encore d'après Jotam pas mal de chemin à parcourir. C'est un pisteur hors pair. Je me demande comment il parvient avec si peu d'indices à déchiffrer le terrain et à trouver la moindre brèche dans la végétation la plus folle. Je saisis aussi pourquoi Darmanto lui a demandé de venir car, sans son aide, il lui aurait été bien difficile de nous conduire dans des coins aussi reculés.

Les traces de vie sont pourtant omniprésentes le long du chemin. En témoignent les herbes foulées, des défrichages récents et plantations éparses, des rangs de sagoutiers et le tamis mis à sécher près de la mare, une pirogue amarrée, les « maisons à cochons » implantées à distance régulière, les tronçons de sagou dans la bauge, les pierres d'affûtage et les germoirs à cocos. Mais tous ces éléments sont tellement imbriqués dans la densité végétale, éparpillés entre les méandres de multiples cours d'eau, dissimulés dans des directions et selon des distances inconnues, qu'ils ne sont lisibles et compréhensibles que pour un natif expérimenté. Même Jotam fait montre parfois de quelques brèves hésitations avant de s'engager dans telle ou telle voie et encore, il ne se trompe que sur l'accessibilité et la qualité du passage choisi, jamais sur la direction principale. Il a la topographie de son île gravée en tête.

La forêt continue à nous balader sans ménagement dans ses innombrables dédales. J'ai l'impression diffuse et décourageante de suivre à vive allure le fil de liage d'un écheveau inextricablement embrouillé dont je ne distingue pas le début de la fin. Et puis, après maints détours et franchissements de ruisseaux et bras de rivière, dans une clairière inattendue, une *uma* se détache à la lisière des grands arbres. Seuls les femmes et les enfants sont présents mais l'attitude de Jotam nous indique qu'il reconnaît l'endroit et que ces gens font partie, sinon de sa famille, du moins de ses proches connaissances. Nous sommes sur la bonne voie. Rassuré, je me laisse une fois de plus emporter par Sa Majesté la forêt : un jardin tropical comme chacun en rêve, où l'exubérance est reine. En dépit de mon épuisement, la séduction reste forte, l'endroit envahi de mille charmes. Je parviens même à distinguer sur le sol, à travers la sueur qui me brouille la vue, un phasme d'une brindille. C'est bon signe.

Soudain, dans la lumière oblique du sous-bois apparaissent trois « naturels » tatoués du menton aux chevilles, juste couverts d'un morceau de sarong et ceints d'une poche de tissu. Ils portent sur l'épaule un étui de bambou pour ramasser leur cueillette et une longue torche de *totonan* avec sa boule de fruits juteux et acides. Nous venons de franchir une invisible ligne de démarcation. *Era leucita !* Nous voilà enfin du côté de Simatalu. Plus exactement, au « pays du Bouclier », à Langgai Koraibik. C'est un rappel d'un autre âge que cette arme défensive inscrite dans la toponymie du lieu, du temps où les querelles entre clans de Simalegi et de Simatalu pouvaient parfois dégénérer en embuscades et batailles sanglantes[166]. Cet objet est constitué d'une plaque de bois effilée vers le bas, sculptée d'esses ou de motifs spiroïdaux, et garnie en son centre d'une demi-noix de coco pour placer la main et pour dévier les flèches et les lances. Aujourd'hui, les boucliers sont devenus rares. Certains sont encore fabriqués en tant qu'objets décoratifs parfois vendus ou offerts comme souvenirs aux visiteurs.

Les trois hommes, à qui nous offrons le tabac tant prisé, nous disent appartenir au clan Sakela de Lubaga. Selon eux, un touriste serait déjà venu leur rendre visite dans ce village, situé à plusieurs heures de marche, vers le sud, près des rives de la Simatalu. Curieusement, malgré leur apparence traditionnelle, ils ont une coupe de cheveux quasi réglementaire. Les poux et la tondeuse des missionnaires ont dû rappliquer par là, un jour béni par les autorités[167]. Depuis, la mode de la coiffure en brosse s'est imposée. L'image de leur corps dénudé surligné de bleu dégage pourtant une beauté originelle rayonnante qui aiguillonne mon envie d'aller toujours plus avant découvrir leur pays.

Jotam se montre impatient de retrouver les siens. Cette rencontre avec les autochtones ne l'émeut guère et il n'a pas envie de prolonger plus que ça les présentations et les paroles d'usage. Il sait qu'à moins d'une heure de là, nous pourrons nous arrêter et passer la nuit chez l'un de ses frères. Le sentier qui conduit à sa « maison à cochons » est bien tracé et, une fois parti, notre rythme s'accélère donc sans difficulté. En bout de course, nous traversons sur un tronc immergé la mare qui alimente la petite fabrique à sagou[168] de son frère, le nommé Ainsaiggit, du clan Salakoba[169].

Son *sapou* est construit juste après le gué sur un étroit plateau entouré de sagoutiers qui surplombent une rivière navigable, sans doute un des affluents de la Simalegi. La hutte est basique, constituée d'une plate-forme montée à hauteur d'homme avec plancher et toiture fabriqués à partir de palmes de sagoutiers. Elle paraît avoir été refaite récemment. Les chiens et l'attirail de chasse (arcs, lance et fusil) complètent la décoration intérieure.

Vivent dans cette modeste demeure Ainsaiggit et sa femme avec leurs cinq enfants. Est aussi présent quand nous arrivons Teu Nui Nui, du clan Saponduru, le demi-frère maternel d'Ainsaiggit. Ce dernier a les dents limées comme Jotam. Ces canines aiguisées leur donnent à tous deux le même air carnassier quand ils consentent à sourire. Ce limage des dents, assez répandu chez de nombreuses ethnies d'Indonésie et d'Asie, est une épreuve de beauté. Les deux frères se ressemblent aussi curieusement par l'absence de tatouages ethniques. Ainsaiggit porte seulement, tatoués sur les épaules et le bras, le dessin vu de face d'un étrange oiseau aux ailes déployées et deux représentations grossières de fruits en forme de durian ou de corossol, tandis que Jotam n'a que trois petits croissants renversés, gravés les uns au-dessus des autres, sur son épaule droite et son nom maladroitement calligraphié à l'intérieur de l'avant-bras gauche. À croire qu'ils ont mené autrefois une vie de marin ou de prisonnier ! Teu Nui Nui, en revanche, est couvert, comme nos précédents compagnons de rencontre, de belles arborescences bleutées.

Juste à côté de la maison s'élève une petite terrasse couverte sur laquelle le fils aîné vêtu d'un simple cache-sexe de coton et sa petite sœur d'aspect chétif sont occupés à râper et hacher un tronçon de sagou. La mère de famille, à l'air aussi souffreteux que celui de sa fille, me dit qu'elles font toutes deux de l'asthme et qu'il n'existe ici aucun médicament pour les soulager. Elle cuisine, ce qui n'arrange rien, accroupie près d'un foyer rudimentaire situé par terre à l'arrière du *sapou* et la fumée qui s'en dégage la fait suffoquer et larmoyer. Une autre de ses enfants se plaint de maux de ventre. Pour la soigner, elle lui prépare une décoction de petits fruits rouges appelés *godjo* à Simatalu et réputés pour leurs vertus tonifiantes.

Elle a aussi fait bouillir de l'eau pour le thé sucré. Avec le tabac, ces denrées, le thé et le sucre, sont rares et précieuses pour des gens isolés qui ne possèdent pas ou peu d'argent. Elles agrémentent leur ordinaire et sont considérées comme bénéfiques pour la santé du corps et de l'esprit. Des cadeaux fort appréciés qu'il nous faut, et c'est notre principal souci, transporter et dont nous devons apprendre à gérer la distribution jusqu'à la fin de notre périple.

Ils nous en remercient aussitôt, en plus de nous héberger, en tuant un porcelet. Après notre décrassage dans la rivière pas très nette du bas (surtout ne pas ouvrir la bouche), cette viande cuite à l'étouffée dans des bambous, accompagnée de baguettes de sagou trempées dans du bouillon, est un vrai régal pour nous. En dessert, des rayons de miel sauvage avec, dans certains alvéoles, des larves et nymphes d'abeilles. Un délice...

Autour de la hutte et de la place aux cochons, la ronde des sagoutiers, qui isole de la forêt, est plutôt rassurante et donne un aspect propret à l'endroit. Vu l'étroitesse du *sapou* et le monde à loger, je choisis d'installer mon hamac et ma moustiquaire entre deux jeunes arbres pour passer la nuit à la belle étoile. Mes compagnons dormiront juste à côté sur la petite terrasse à sagou qui vient de nous servir de table pour le festin.

La soirée se prolonge tard dans la nuit par des discussions à bâtons rompus. Darmanto est le plus prolixe d'entre nous. Il commence par nous faire des confidences sur son père originaire de Lubaga. C'est un *kerei* réputé pour ses dons pour maîtriser le surnaturel. Lors de son initiation *(pukereijat)*, pour éprouver sa résistance physique et sa puissance mentale, il est resté seul pendant quinze jours en plein milieu de la forêt. Sa force et ses pouvoirs magiques *(kere)* sont devenus tellement extraordinaires qu'il est depuis capable de manger des braises sans broncher.

Les pouvoirs du chaman prennent corps dans le mythe de Pageta Sabau, le premier et le plus puissant d'entre eux, l'ancêtre commun de tous les Mentawai[170]. Cet ancêtre fondateur serait le bâtard d'une princesse de Sumatra déchue par son père pour s'être trouvée enceinte avant son mariage, d'un amant ou d'un chien[171]. Bannie de son île natale, elle aurait échoué dans la passe de Simatalu. Son fils, devenu adulte, après avoir parcouru en vain, pendant une éternité, l'île entière à la recherche d'une épouse, revint, sans le savoir, à son point de départ. Il revit sa mère mais ne la reconnut point. Le visage de l'enfant s'était aussi estompé dans la mémoire maternelle. C'est ainsi qu'ils purent s'épouser et avoir de nombreux enfants[172]. Dans une autre version, du temps où les hommes vivaient immortels et sans croyances magiques, un puissant sorcier nommé Pageta Sabau apparut et réussit, grâce à ses immenses pouvoirs, à franchir sans encombre la redoutable barre à l'embouchure de Simatalu. D'autres légendes, rejoignant les pistes incertaines de la recherche phylogénétique, disent aussi que les premiers arrivants dans l'île étaient d'habiles pêcheurs venus des îles voisines, Sumatra, Nias, Batu[173].

La figure et l'œuvre du père fondateur, et maître *kerei*, se déclinent ensuite de plusieurs manières. Dans un récit, il initie les hommes à la magie et les met à rude épreuve. Un jour, les hommes perdirent leur pouvoir d'immortalité après s'être trompés de réponse à la question posée par leur maître : « Préférez-vous manger du poisson aux plantains ou des crevettes aux tubercules ? » Ils choisirent la première proposition sans réfléchir que le bananier meurt après une seule fructification tandis que les tubercules continuent à croître. Pageta Sabau le puissant s'était emparé de l'immortalité humaine et il était maintenant seul capable de ressusciter les morts. Son pouvoir accru sur les hommes le rendait pourtant fragile lui aussi. Il ne pouvait les rencontrer dans leur demeure au risque d'y perdre lui aussi son existence terrestre. En dépit ou à cause de ce risque, les hommes l'invitèrent pour l'inauguration de leur nouvelle *uma* et il mourut comme prévu. Les *kerei* novices furent alors subitement hantés par la vision effrayante d'un double se détachant du cadavre de Pageta Sabau. Ils s'enfuirent apeurés en rejetant même le repas offert en l'honneur de leur maître. L'âme du maître *kerei*, terriblement vexée qu'on la confonde avec un esprit maléfique, et que pour la seconde fois les hommes se montrent désinvoltes à propos de la nourriture, déclencha une tempête mémorable sur le chemin de retour des jeunes *kerei*. Sur la plage découverte par le vent gisaient leurs défunts. Jamais plus ces morts ne reviendraient à la vie. Puis, d'un geste sans appel,

Pageta Sabau agglutina les grains de sable en une falaise abrupte murant à jamais ces ancêtres disparus.

L'admiration que voue ce fils à son *kerei* de père me semble assez inattendue de la part de Darmanto, lui qui paraît si éloigné, par son mode de vie et son appartenance religieuse, de cette foi animiste et de ces traditions « primitives ». Il est en effet devenu disciple de Baha'u'llah, surnom du Persan Mirzâ Husayn' Alî (1817-1892), fondateur en 1863 de la religion bahaïe. Selon Darmanto, ce mouvement religieux, auquel appartient également son père, était, aussi étonnant que cela puisse paraître, assez bien implanté dans la région de Simatalu depuis les années 1950[174]. Persécutés par les autorités indonésiennes, qui interdisent cette croyance à leurs yeux schismatique de l'islam, ses adeptes ont fui la région pour se réfugier principalement du côté nord de l'île. Les clans se sont dispersés. J'ai rencontré des communautés bahaïes assez bien constituées dans les environs de Muara Sikabaluan (Monganpola, Pokai, Labuanbajo, etc.). Comme je l'ai signalé précédemment, l'institutrice du SCP à Politsoman est aussi adepte de cette religion ; elle est d'ailleurs une amie de Darmanto. À Labuanbajo, village d'accueil de la famille de Darmanto, près de 30 % de la population appartiendraient à cette religion[175]. Il existe même à Padang un pensionnat bahaï pour les enfants mentawai[176]. Le bahaïsme se donne pour but ultime d'unir tous les peuples du monde en une forme de syncrétisme religieux final et universel[177]. Une utopie œcuménique internationale. Pour ces adeptes, il n'y a donc pas de contradiction entre être *kerei* et se déclarer bahaï car, dans le contexte d'isolement propre à Siberut, les chamans mentawai sont restés, toujours selon la logique de ce mouvement, à un stade de croyance primitive qui ne saurait qu'évoluer au contact d'autres révélations et enseignements divins. Les religions de toutes obédiences ne se privent pas de profiter de la bonne foi et de la crédulité des indigènes. Le père de Darmanto, malgré sa foi bahaïe, exerce toujours ses talents de guérisseur quand il est sollicité. Il a atteint la soixantaine mais il n'est pas tatoué, contrairement à ses parents qui portaient tous les deux des tatouages sur la totalité du corps. Effacées les marques identitaires trop voyantes, refoulées les mythologies fondatrices.

Dans la suite du récit mythique, quelque temps après le décès de Pageta Sabau, sa femme mourut à son tour en accouchant d'un garçon. Ne trouvant aucune nourrice pour allaiter le nouveau-né et pas une famille pour l'adopter, les gens de son clan décidèrent, après avoir évidé deux demi-troncs pour fabriquer le cercueil, d'abandonner l'enfant à l'intérieur, la tête posée sur la poitrine de sa défunte mère. Puis ils placèrent, comme il convient, le cercueil sur les branches d'un arbre proche de la rivière, et s'éloignèrent. Plus tard, à l'heure où l'air fraîchit et frôle en silence les eaux, un couple âgé remontant la rivière embuée crut percevoir en amont, entre les clapotis de leurs pagaies, d'étranges vagissements. La vieille femme imagina avec angoisse qu'ils provenaient de l'esprit de la tante paternelle crocodile, gardienne de la rivière et protectrice des enfants, Sikamainan'oinan. Un drame s'était certainement produit. Le couple accéléra la cadence pour vaincre le courant et chasser sa frayeur mais une force invisible faisait dériver la pirogue et la tirait irrémédiablement vers la rive. Contraints de mettre pied à terre, les deux vieux découvrirent, sidérés, le cercueil pleurant entre les lianes du grand arbre. Ce moment de stupéfaction passé, leur premier réflexe fut de s'enfuir au plus vite mais, encore une fois, ils furent attirés par une force inexplicable. Jamais ils n'auraient pensé un instant que ces petits cris plaintifs étaient ceux d'un enfant enfermé vivant dans le cercueil de sa mère. Pour eux, ces gémissements lugubres ne pouvaient que provenir d'un esprit chagrin de la forêt, *taikaleleu*, ou d'une âme en peine errant dans le domaine des eaux, *taikaoinan*. Entrer dans ces espaces hantés pouvait leur être fatal mais l'attirance était plus puissante que la peur. Ils s'approchèrent lentement pour ouvrir le cercueil. Quel ne furent pas alors leur surprise et leur bonheur d'y trouver un beau et vigoureux bébé ! L'homme comprit en reconnaissant la mère qu'il était l'oncle maternel de l'enfant. Sans hésitation, sa femme et lui décidèrent de l'adopter et le nommèrent Maliggai.

Dans la nuit qui avance, sous un ciel aussi étoilé que ma moustiquaire, ressurgissent d'autres histoires de morts et de fantômes. Le lieu est propice, il faut l'avouer, à ce genre de veillées emplies de mystères, de superstitions et de frayeurs, et auxquelles on a tôt fait de convier les défunts et les ancêtres. À l'heure de minuit, la question des funérailles s'invite d'elle-même en des endroits aussi retirés. Que peut-on bien faire des morts en pareilles contrées ?

Comme il est dit dans la légende de Maliggai, il y a encore quelques décennies à Simatalu, mais aussi dans d'autres endroits isolés de l'île, on plaçait les cadavres lavés dans un couffin de bois ou sur une civière en écorce qu'on allait suspendre, près d'une rivière et en contrebas des zones habitées, dans un arbre ou sur une plate-forme à environ 2 mètres du sol. À mesure que le corps se décomposait, un homme de la famille était chargé d'enlever les chairs putrides et de nettoyer les os. Cette purification achevée, on inhumait les ossements dans la forêt, enveloppés dans un linceul d'écorce. Il n'y a pas de lieu collectif de sépulture, l'enterrement des reliques se faisait de manière individualisée dans un coin du territoire occupé par la famille du défunt. Les cérémonies de deuil duraient deux semaines en moyenne, mais jusqu'à un mois pour les proches. Les voix des grands tambours de bois annonçaient le décès au voisinage. Les empreintes des pieds et des mains du mort étaient découpées en souvenir dans l'écorce d'un sagoutier ou gravées dans une planche[178]. Il y avait beaucoup de pleurs, de poulets et de cochons sacrifiés pour conjurer les démons nécrophages, *pitok*, et accompagner l'âme du mort vers le monde de ses ancêtres, le domaine des mânes *(saikamanua)*[179].

Ces méthodes funéraires ont été interdites dans les années 1960 par les autorités gouvernementales et religieuses (qui décidément aiment marcher main dans la main) pour raisons sanitaires après une flambée d'épidémies (choléra, peste, tuberculose, dysenterie, malaria) et de parasitoses, cette tradition de recueil des os après décomposition des cadavres à l'air libre ayant été jugée responsable de la propagation des maladies. Mais on peut penser qu'au-delà des miasmes engendrés par ce traitement de la mort, c'est la désorganisation de la vie traditionnelle des Mentawai qui est à l'origine de ces terribles épidémies. Chacun sait de fait ici que la concentration des populations et des cochons dans des zones aussi restreintes que celles des villages gouvernementaux a provoqué une pollution des cours d'eau et multiplié les risques de maladies infectieuses[180]. Des milliers de personnes sont décédées après avoir contracté ces infections nouvelles. Comment alors maintenir une tradition funéraire, relevant du culte des ancêtres et limitée dans ses manifestations, face à cette prolifération subite de cadavres ? C'est impossible car, du coup, les morts, par leur nombre et les causes de leur décès, deviennent réellement dangereux pour les vivants. En quelque sorte, l'occasion ne pouvait pas mieux tomber pour convaincre les survivants d'enterrer de manière chrétienne et civilisée leurs défunts. Depuis, à l'écart des villages, les cimetières alignent leurs modestes tombes, surmontées de croix ou de croissants qui rappellent parfois le nom du défunt.

Tous ces morts mal enterrés, sans doubles obsèques, dont le squelette confiné dans la putréfaction des chairs n'a pu être blanchi de ses souillures, sont-ils parvenus à se sublimer en ancêtres protecteurs ? Sans ces ultimes marques de respect, que l'on accorde aussi aux animaux en récurant méticuleusement leurs crânes, ces aïeux défunts ont-ils réussi à devenir malgré tout des mânes dotés de belles âmes ? Ou bien leur esprit indisposé par tant de négligence et d'oubli se venge-t-il en hantant la mémoire et les rêves des vivants ? Darmanto en tout cas est inspiré par ces récits d'outre-tombe. Il nous raconte l'histoire d'une jeune fille sans jambes qui devient invisible aussitôt qu'on essaie de l'éclairer. D'après lui, la lumière de la lampe ne parvient pas à atteindre cette apparition, elle reste bloquée à distance par une force qui émane d'elle, fantôme errant aux intentions parfois obscures, comme lorsque cet homme, parti pêcher en pirogue dans la mangrove, a failli être écrasé par un arbre abattu par un esprit malfaisant. Choqué d'avoir frôlé de si près la mort, le pêcheur infortuné s'en remettra fort heureusement, pour la paix de son âme et le réconfort de son corps, au papa chaman de notre conteur. Après ces paroles rassurantes, je rentre me protéger des mauvaises rencontres au creux de mon filet à baldaquin.

Maliggai poursuit sa légende à travers mes pensées somnolentes. Durant l'enfance, son entourage avait souvent été intrigué par le magnétisme qui émanait de lui. Son regard et sa prestance inspiraient un grand respect, même de la part des personnes les plus âgées. Il se montrait aussi parfois capable d'anticiper les événements, de distinguer des sons imperceptibles à l'oreille humaine. D'autres fois, il semblait se perdre dans des rêves étranges, être détaché de l'animation de la vie quotidienne, parcourir en tremblant des espaces inconnus. Pour ceux qui le côtoyaient, il communiquait, à n'en pas douter, avec un monde de l'au-delà. On dit que sa mère lui avait transmis ces dons d'extralucide. Maliggai était aussi initié par l'esprit de son père Pageta Sabau. Il devint premier *kerei*. Doté de ses pouvoirs magiques et se fiant aux enseignements paternels, il apprit à son peuple à construire la première *uma*, à traiter la chair du sagoutier, à élever les cochons tombés des cieux et les oiseaux devenus poulets. Il inventa l'art du tatouage afin que les corps plaisent aux âmes, dit les tabous qui les préservent du danger, communiqua sa science des simples et partagea avec chacun ses croyances animistes.

La vie terrestre organisée ainsi semblait plus facile, la nature plus accommodante. L'esprit de Pageta Sabau se réjouissait de voir Maliggai accomplir son œuvre. Les âmes des êtres aux os blanchis étaient honorées au cours de fastueuses *lia*, les esprits dérangeants chassés des corps malades, les âmes des vivants emplies de bonnes énergies. L'aura et les pouvoirs magiques de Maliggai le *kerei* attiraient nombre d'adeptes. La transmission de l'*arat sabulungan* et des savoirs chamaniques semblait assurée. Une version plus dramatique de l'histoire raconte que Maliggai, après avoir réussi une série d'épreuves pour le mieux-être de son clan, fut une dernière fois défié par le maître Pageta Sabau et qu'il perdit la vie au cours de ce duel magique.

Je me souviens d'avoir rencontré un jour Pageta Sabau et Maliggai du côté d'Ugai, un village situé dans la vallée de la Rereiket. Le père, vieux chaman décharné couvert de tatouages, transmettait à son fils, beau jeune homme plein de force, les secrets de son art. Alors que j'entrais dans l'*uma*, le novice, vêtu de ses attributs de *kerei*, était en train de réciter, la tête baissée, ses incantations en agitant sa clochette. Il était si concentré qu'il ne se rendit compte de mon intrusion qu'après un laps de temps. Relevant la tête, il m'offrit un large et inoubliable sourire de bienvenue. Je leur tendis, à lui et à son père, quelques cigarettes à bout filtre qu'ils s'empressèrent d'allumer. Cette vision du mythe recommencé me mit du baume au cœur pour le reste de la journée.

Chapitre 16
AU CŒUR DE LA FORÊT

MA NUIT FUT LONGUE et sans beaucoup de sommeil. Les hommes assis au pied des sagoutiers ont fumé et parlé à haute voix jusqu'au petit jour. Tôt ce matin, un jeune frère de Jotam est venu lui rendre visite. Quinze ans qu'ils ne s'étaient vus. Retrouvailles pleines d'émotions et de convenances. Le petit frère pleure bruyamment en caressant l'épaule de son aîné. Ses sanglots sont volontairement exagérés pour montrer à son frère combien leur séparation l'a attristé. Jotam essaie de manifester la pareille. Pas de mots, juste une démonstration sentimentale où se mêlent la peine et la joie. Il se nomme Paulinus ou Polelek, une identité dédoublée par l'Église. Il appartient au clan Salakoba de Bai. C'est vers ce village que nous partons après notre petit-déjeuner, composé, pour ne pas changer, de cochon et de sagou.

Ainsaiggit nous accompagne un bout de chemin. Nous repassons par l'allée où nous avons croisé les premiers « naturels ». Nous retrouvons l'un d'eux dans l'*uma* allongée à l'orée de la forêt. Sa femme est aussi tatouée que lui. Elle achève de confectionner une nasse en rotin. Aux chambranles et aux poutres de leur grande maison, les trophées de daims et de singes sont nombreux et fleuris. Rangés sur une étagère dans le coin droit, les coffrets *salipa* sont creusés dans un tronçon d'arbre dont l'avant est sculpté en forme de bec ou de longue poignée incurvée. La tradition est ici proche de ses débuts : ces objets répliqués n'ont pas d'âge.

Le temps d'échanger quelques cigarettes et nous repartons vers un petit *sapou sainak* appartenant à Ainsaiggit, situé à courte distance de cette *uma* dans un endroit appelé Kesinanktok. À voir le ballot de crânes de singes qui se balance au plafond avec le billot attenant et les arcs et lances qui traînent sous la terrasse, cette cabane lui sert d'avant-poste pour la chasse. Il tient absolument à ce que je le prenne en photo au garde-à-vous avec tout son attirail ! Un vieil alambic rouillé m'indique aussi qu'il a dû un temps se lancer dans la distillation d'essence de patchouli.

L'étape jusqu'à Bai, une fois de plus, est longue, difficile et belle à la fois. La forêt marécageuse est saignée de centaines de rus, ruisseaux et rivières que nous devons à chaque instant enjamber, traverser à gué, franchir en dérapant sur les troncs ou en nous engluant dans la vase goulue. Les chutes occasionnelles – Jean-Baptiste et moi sommes davantage prédisposés à ce genre d'incidents – sont parfois rudes mais heureusement sans conséquence grave. Le circuit me paraît toujours aussi imprévisible et seul Jotam, malgré les détours qu'il nous impose, semble le connaître par cœur et sur le bout des doigts de pied. Dans ces parages, nous rencontrons de nombreux cours d'eau claire qui roucoulent sur un lit de petits galets friables. Nous empruntons ces couloirs naturels dans lesquels nos pieds endurcis clapotent avec plaisir avant de pénétrer à nouveau dans les tunnels chauds et mouvants de la folle végétation. De longs passages forestiers débouchent immanquablement sur les hautes berges de rivières aux eaux terreuses. En amont, un ciel de plomb scellé au faîte des diptérocarpes nous prévient que l'orage approche.

À la sortie d'un sentier et après une énième trempette, Darmanto paraît subitement tout excité et accélère le pas. Jotam vient de le prévenir que nous arrivons à la « maison à cochons » d'un de ses oncles. Darmanto se souvient à peine de lui, tant il était minot la dernière fois qu'il l'a vu, mais il communique à son oncle sa joie des retrouvailles. Celui-ci s'appelle Siantok et appartient au clan Sakulu. Tous deux, malgré l'écart qui s'est creusé dans leurs apparences, ont gardé un frappant air de famille. Deux temporalités d'une même culture s'embrassent en ce bref instant de rencontre mais le cliché qu'il en reste en souvenir dégage en moi, au-delà des sourires affichés, un sentiment d'amertume. Comment ne pas songer en effet que Darmanto ne sait plus lire, ou à peine, la vie de son oncle inscrite sur sa peau ? Qu'adviendra-t-il demain si tous ces jeunes gens « bien éduqués » effacent ou dissimulent la mémoire de leurs ancêtres tatouée sur les corps ? Il est pourtant fier de son oncle, Darmanto, heureux de retrouver au fond de son île un de ses authentiques parents. La pause est cependant de courte durée, juste un intermède.

Notre remontée dans le temps familial et culturel est encore plus radicale lorsque nous atteignons une grande *uma* perchée au-dessus d'une rivière dont les eaux commencent à gonfler sérieusement. Dans cette imposante maison vit encore la vieille grand-mère paternelle de Jotam, une femme dont la peau flétrie pourrait raconter les sacrifices faits par centaines aux ancêtres pour combattre les maléfices et offrir à la vie quelques délices. Dans cette demeure clanique, les massacres jaunis des cerfs, des singes et des porcs, les bouquets de plumes poussiéreuses, les grands plats de bois et les woks, les coffrets *salipa* et les tambours *gadewa* et *tundukan*[181] témoignent en silence de ces *lia* mémorables. Je ressens ici, dans cette bâtisse vide, auprès de cette femme à demi aveugle épaulée par son petit-fils au sourire félin, une admiration gênée face à l'empreinte immémoriale qu'elle me renvoie de sa vie. Je ne peux que songer, une fois de plus, à la disparition annoncée de cette simultanéité culturelle frappante entre générations, de cette coexistence inespérée entre maintien de traditions hors d'âge et intrusion de mœurs nouvelles. Dans cet endroit de l'île, le chronomètre extérieur ne tourne pas aussi vite que dans les villages côtiers mais, pour ma conscience d'Occidental, ce tic-tac imperturbable a quelque chose d'obsédant. Demain, pour Maliggai et ses copains, à quelle heure seront remises les pendules ?

Pour moi, ces retrouvailles familiales réactualisent à rebours les déchirements qui se sont produits, quelque huit générations auparavant, dans le tissu clanique originel de Simatalu. Berceau du peuplement, la région devint la terre des premiers clans, celle sur laquelle fut élevée l'aînée des vingt-cinq *uma* appelée Sagoukgouk (« Poules »)[182]. Puis l'ère des conflits et des clivages advint. Ces rivalités, souvent mises sur le compte de jalousies fraternelles provoquées par l'accaparement de terres fertiles et le partage injuste des récoltes de fruits[183], peuvent parfois dégénérer en rixes mortelles qui se soldent par la fuite du meurtrier vers des vallées inconnues dont il s'approprie les terres. Cependant, dans la majorité des récits, la scission au sein d'une fratrie ne revêt pas un caractère aussi tragique. Le conflit se règle par le départ d'un frère ou d'un fils. D'autres histoires mythiques rapportent le non-respect de tabous et usages en vigueur, en particulier dans les sphères de la sexualité et de la parenté. La mésaventure de Kutkutdere (« Pieds crochus »), chassé par son frère Aman Lagona (« Père de celui qui vole, qui plane »), illustre ce propos[184]. Ce dernier, père de famille, avait invité ce jour-là à l'*uma* ses sœurs et leurs maris pour partager le cerf qu'il avait tué, quand soudain apparut Kutkutdere s'en revenant de la rivière dans une tenue indécente. C'était une double offense que cette nudité car, *primo*, se baigner est interdit tant que les gibiers chassés demeurent dans l'*uma* (rompre ce tabou signe un mauvais présage pour les chasses futures et donc pour la survie du groupe) et, *secundo*, se présenter dénudé devant ses sœurs et beaux-frères représente une grave offense, proche, peut-on penser, du désir incestueux (préjudiciable aussi à la reproduction du groupe)[185]. Hors de lui, Aman Lagona décida de laver aussitôt l'injure. Prétextant s'être mis une épine dans le pied, il fit tomber sa dague, *palitei*[186], entre les lattes de bambous. Il demanda à son frère Kutkutdere, ce frère que tout sépare de lui, jusqu'à ce nom antonyme, d'aller la récupérer. Quand il fut sous l'*uma*, Aman Lagona en colère lui versa le bouillon de cerf sur la tête. Le souillon réussit néanmoins à s'échapper et à se réfugier chez sa tante paternelle, à qui il vola cinq œufs avant de s'enfuir vers le nord en direction des vallées de Simalegi. Poursuivi par les chiens d'Aman Lagona, par trois fois il les chassa dès qu'ils s'approchaient trop de lui en leur jetant un œuf (toujours le même principe vital gaspillé). Au troisième œuf éclaté, les chiens s'en retournèrent à leur foyer, dépités. Parvenu près d'une rivière, « Pieds crochus » décida de se débarrasser de ses souillures malodorantes. Déposant les deux œufs restants sur la berge, il entra dans l'eau. À peine fut-il propre et présentable qu'il entendit les coquilles se briser. Deux belles jeunes filles venaient d'éclore. Ébloui par cette apparition inespérée, Kutkutdere se maria avec les jumelles et partit s'installer avec elles près de la rivière Lebekeu, entre Simatalu et Simalegi. Avec force incantations et beaucoup de courage, il construisit une *uma* dotée d'un grand foyer, défricha un jardin et monta un enclos pour élever nombre de cochons et de volailles. Il fit aussi beaucoup d'enfants à ses deux femmes. Ce groupe familial, qui portait d'abord le nom de Sagoukgouk, adopta finalement celui de la rivière au bord de laquelle il avait dorénavant décidé de vivre : Salebekeu (« Ceux de l'allée des crotons »)[187].

L'histoire aurait pu s'arrêter là, mais les sentiments de vengeance entre frères aînés et cadets, les vaines tentatives de réconciliation, les malentendus et les interventions magiques du destin firent qu'une nouvelle fois les clans éclatèrent, les familles se divisèrent et migrèrent, par terre et mer, vers Muara Saibi à l'est, puis vers le sud de Siberut et les îles de Sipora et Pagai. Légendes et réalités s'entremêlent et les traces de ces migrations se perdent dans la mémoire orale. Il est admis généralement que le peuplement des îles Mentawai, et de Siberut en particulier, a irradié à partir du bassin de Simatalu en direction du nord-ouest, vers Simalegi, comme le suggère l'histoire de Kutkutdere, et vers le nord-est, dans la région de Terekan. Le mouvement se serait ensuite poursuivi le long de la côte est et aurait progressivement gagné les régions sud de l'île, en remontant la vallée de la Rereiket.

Un autre axe de peuplement, partant de Simatalu, pourrait avoir aussi rejoint par l'intérieur des terres, via Papajet Hulu et Matotonan, les rivières du sud de l'île. Les discours rapportés par Reeves sur l'origine des vingt clans de Madobak, constitués en différents groupes claniques solidaires qui se réclament du même ancêtre originel, indiquent en effet plusieurs voies d'accès empruntées par leurs ancêtres pour atteindre cette région. Cette avancée s'est inscrite au fil des générations sur différents territoires, et les noms d'occupation correspondent à cette succession d'ancêtres. Ainsi, dans de nombreuses narrations, au départ de Simatalu, après une première bifurcation par Terekan (et parfois une halte à Saibi), le déplacement se fait, pour la génération suivante, vers Matotonan ou Alimoi. Certains clans proviennent aussi d'une lignée ancestrale partie de Simatalu via Samukob ou Papajet, au sud de Simatalu. Plus surprenant, d'autres parcours généalogiques indiquent une venue directe de Simatalu à la cascade de Matotonan ou à proximité de la petite rivière d'Alimoi[188]. Ensuite, au fur et à mesure des générations, les territoires d'occupation se répartissent sur les aires des cours d'eau qui irriguent la vallée de la Rereiket.

Au cœur du bassin de Simatalu, je projette déjà ma prochaine expédition. Rejoindre mes amis d'Alimoi depuis Papajet Hulu, en faisant un crochet par Sagulubbek, le pays des Sakkudei, avant de remonter vers Matotonan. Une autre histoire… en gestation.

La pluie s'est mise à tomber à verse. La nuit non plus n'est pas loin. Le temps nous est compté. Jean-Baptiste et moi allons maintenant remonter la rivière dans la pirogue du fils de Siantok, l'oncle paternel de Darmanto. Quand nous sommes passés chez eux, il était dans la maison de ses parents avec sa femme et leur nouveau-né âgé d'une semaine. Sa jeune sœur, assise collée à sa mère, berçait le bébé endormi. Une vie rose de quelques jours comme un baigneur dans les bras d'une petite fille. En cette fin de journée, le couple rentre à Bai et, vu le temps, nous profitons donc de l'occasion tandis que nos deux compagnons disparaissent dans les hautes herbes qui bordent la rivière. L'étroite pirogue surchargée avance péniblement au ras de l'eau vive. Le moindre faux mouvement pourrait la faire chavirer. La femme à l'avant, son bébé calé sur les genoux, manie sa pagaie avec énergie, en évitant de mouiller l'enfant et en prenant garde aux obstacles charriés par le courant. Son homme, agenouillé à l'arrière de la pirogue, pagaie avec une adresse et une stabilité dans les gestes qui ne peuvent aussi que nous rassurer : c'est un gentil couple en symbiose avec son environnement. Leurs provisions et affaires placées au centre de l'embarcation sont dissimulées sous une bâche faite de feuilles éléphantesques.

Nous débarquons à Bai quelques minutes avant que Jotam et Darmanto ne réapparaissent. Ils ont dû voler au-dessus de la glaise. Cette synchronisation nous arrange bien car la nuit est tombée après la pluie et nous avons hâte de trouver un abri. Nous traversons le village tremblotant dans la lueur des chandelles et des mèches à pétrole. Les lucioles et lampyres nous signalent le chemin jusqu'au *sapou* où nous devons être hébergés. Les hommes assis sur les rambardes saluent notre passage et nous encouragent à poursuivre dans cette direction. C'est la dernière maison du village, une cabane brinquebalante le long d'un chemin de terre damée bordé de cannes. La maison du père de Jotam, où nous pensions être accueillis, est encore plus petite que celle de cette famille du clan Sakela[189]. C'est donc chez cette dernière que nous logerons pendant le week-end.

J'installe mon hamac entre deux piliers de la terrasse tandis que mes compagnons dormiront côte à côte sur une natte posée dans le couloir qui mène à l'arrière-salle. Une petite chambre fermant à clé, et qui sert aussi de remise, cloisonne sur le côté gauche ces deux pièces principales en les séparant par le passage étroit dans lequel est improvisé le dortoir. Je suis plutôt mieux loti que les autres. Personne ne viendra enjamber ma couche pour aller à la cuisine.

Côté salle de bains, ce n'est pas reluisant. Il faut se rendre jusqu'au ruisseau où dégringole notre chemin de desserte, un à-pic à négocier en crabe, avec de la boue jusqu'aux chevilles, le nécessaire de toilette dans une main et les vêtements de rechange dans l'autre. L'eau ne me paraît pas plus attrayante que les bords de la baignoire. Elle serpente dans le village avant de passer par là. Se laver, se rhabiller sans maculer son linge et remonter la pente sans glisser tient de l'acrobatie. Mission accomplie ! Le bien-être procuré n'en est pas moins appréciable, mais que d'efforts pour rester propre ! Question commodités, n'en parlons pas !

La famille se met en quatre pour rendre notre séjour agréable mais ses moyens sont extrêmement limités. Il faut dire aussi que nous l'avons un peu prise de court par notre arrivée inattendue. C'est donc nos maigres provisions de pâtes chinoises, à cuisson instantanée et assaisonnées au glutamate, mélangées de riz blanc et accompagnées de quelques ficelles de sagou, qui constituent notre repas du soir. Bourratif, mais bon... Nous nous en contentons.

Après souper, déambulation nocturne dans le village avec, en premier lieu, une visite protocolaire à son chef. Quand nous arrivons dans sa maison de planches, il est occupé à tenir ses comptes sur un cahier d'écolier. Il porte des lunettes à montures dorées dans lesquelles scintille une bougie. Ses binocles lui donnent un air de notable à la physionomie un peu chinoise. Jotam, qui ne regarde pas à la dépense quand il s'agit de notre argent, nous taxe généreusement de 60 000 roupies. Le receveur a l'air honnête : l'argent sera employé pour la construction de l'école, nous dit-il. En second lieu, nous allons à la boutique, où fonctionne le seul groupe électrogène du village ; c'est un magasin aux rayons quasiment vides – trois paquets de sucre, un sac de riz, quelques boîtes de thé... C'est en fait la télé, ou plutôt le tube cathodique, seul élément restant du poste, qui attire les foules. Devant les images à demi coupées horizontalement, une cinquantaine de spectateurs de tous âges restent béats, assis à l'extérieur malgré la farine, comme on dit à la Réunion, qui recommence à tomber. Nous faisons quelques menus achats, histoire de faire marcher le petit commerce, et rentrons à la maison avant que le grain n'arrive pour de bon.

Comme d'habitude, la nuit est agitée par les causeries à n'en plus finir des curieux intrigués par notre présence et contents de profiter de l'occasion pour fumer tout leur soûl. Après une collation matinale faite de thé et de bananes, en cette journée dominicale nous nous rendons, Jean-Baptiste et moi, à la chapelle élevée au centre du village. Toute la population se déclare catholique. La petite salle de prières est comble.

L'assemblée des fidèles est principalement constituée de jeunes gens endimanchés, certains plutôt gauches dans leurs souliers vernis aux pointures fantaisistes. Ils sont assis à même le plancher, filles devant et garçons derrière. Arrivés les derniers, quelques hommes, entièrement tatoués, ont enfilé avant d'entrer une chemise ou un *tee-shirt* mais restent les jambes découvertes. L'office est fait uniquement de prêches et de chants à la guitare. On ne sent pas vraiment de piété ni de recueillement dans cette assistance bon enfant.

La messe expédiée, c'est au chef du village de réquisitionner ses ouailles pour la corvée, travail d'intérêt collectif obligatoire du dimanche matin, façon indonésienne. Il s'agit aujourd'hui pour eux de défricher un vaste terrain, situé de l'autre côté de la petite rivière qui sert aux ablutions, afin de préparer l'emplacement de la future école. Pour y accéder, on doit la traverser sur un gros tronc glissant, abattu à 4 mètres au-dessus du cours d'eau. Une chute de cette hauteur pourrait avoir, on s'en doute, de graves conséquences, être fatale peut-être. Mais les habitués du lieu, quel que soit leur âge, marchent dessus sans aucune appréhension. Le seul que je vois prendre un minimum de précautions, en dehors de nous, porte sur l'épaule un tronçon d'arbre d'une cinquantaine de kilos. Quand l'école sera ouverte, il est à espérer tout de même qu'un pont plus sûr soit construit pour remplacer ce fût de tous les dangers. Les gamins ont beau être alertes, imaginons la sortie des classes : les risques d'accident seraient multipliés d'autant. De l'autre côté donc de ce qui représente pour nous un obstacle dangereux à franchir, de petits hommes dénudés et zébrés de tatouages sabrent les bambous et hachent les arbres avec une énergie décuplée. C'est un spectacle fascinant que cette table rase frénétique, que cette parcelle de forêt secondaire soudainement mangée par une troupe de lutins endiablés. Tous les matériaux sont récupérés. Les tiges de bambous sont attachées en paquets, les arbres de petite section coupés en rondins pour faire des bûches ; les plus grands, débités en planches à la tronçonneuse avec une dextérité étonnante, serviront à construire la nouvelle école.

La suite du programme dominical se joue sur les terrains de foot et de volley situés à l'autre bout de la localité. Celle-ci s'étend dans l'axe de la rivière principale par laquelle nous sommes arrivés. Les *sapou*, alignés de part et d'autre du chemin central en béton, sont tous de facture traditionnelle, construits sur pilotis et couverts de palmes. Le long de cette allée, l'*uma* Siribentuk qui regroupe quinze familles est particulièrement remarquable. Squattée seulement par un couple de chauves-souris[190] lors de notre passage, et qui est aussitôt délogé d'une flèche malheureusement bien placée, cette longue bâtisse doit vivre de grands moments cérémoniels à en croire les ribambelles de crânes et de fétiches et le nombre de *salipa* et autres objets rituels qui s'y trouvent entreposés.

Trois cents mètres plus loin, les matchs vont bon train, jeu de pieds pour les garçons, jeu de mains pour les filles. Les spectateurs, assis au balcon de leur maison ou sur le chemin de béton, sucent leur fine roulée de tabac sans prendre parti pour l'un ou l'autre camp. Tout respire l'atmosphère paisible et reposante d'un dimanche chrétien.

Durant cette étape de deux jours, hormis ces quelques distractions spirituelles et sportives, rien d'extraordinaire ne survient dans la vie villageoise. Seule notre présence constitue un semblant d'événement local. Les jeunes garçons nous collent aux basques en cherchant à se faire gentiment remarquer. Nous n'avons à déplorer aucun comportement désagréable de la part de ces gamins joueurs et rieurs qui se figent instantanément devant l'œil photographique.

Nous sommes aussi invités de façon coutumière dans deux familles du clan de Jotam autour d'un plat de sagou et de cochon. Un geste d'hospitalité, si modeste soit-il, que nous apprécions grandement. Le matin de notre départ, dernière collation et séance photo exigée par nos hôtes qui visiblement n'ont pas les mêmes réticences ou les mêmes soucis lucratifs envers cette mise en boîte de leur image que leurs congénères sudistes. Se faire tirer le portrait en Indonésie, surtout en présence de son groupe familial, représente encore généralement une démarche sérieuse et coûteuse destinée à immortaliser un heureux événement :

remise de diplômes, mariage des enfants, photo de famille. La photographie reste ainsi le plus souvent une affaire de professionnels, loin d'être à la portée de toutes les bourses, et conserve une certaine solennité. Au moment de la prise de vue, les postures et mouvements expressifs, y compris ceux du visage, sont ainsi proscrits. Dans des coins aussi reculés que Bai, notre passage représente une occasion inespérée pour certains de se voir offrir un souvenir de soi et de sa famille en échange de quelques marques d'hospitalité. Dans les brumes matinales, les écoliers et le chef de famille en uniforme, sa femme couverte d'un maillot de propagande électorale, se tiennent donc au garde-à-vous, tout sourire effacé devant mon objectif. Tenues et retenue quelque peu pathétiques de cette ligne avant, coincée dans des apparences normalisées aux couleurs « nationales », qui masque de façon symbolique ou symptomatique la ligne arrière, celle des « naturels » mentawai qui osent encore timidement mettre à nu leurs tatouages devant l'étrange appareil. Quelle image, quelle apparence, s'effacera la première dans l'humidité dévoreuse de cette île verte ? Pour ralentir les méfaits du climat je leur ferai parvenir des photos plastifiées, sans présumer de ce que deviendra leur culture originelle.

La séance terminée, nous partons pour une demi-heure de pirogue en direction de Lubaga, avec deux hommes du clan de Jotam aux pagaies et à la perche. L'accueil, dans ce village niché dans une belle clairière circulaire, est, pour des raisons qui m'échappent encore, plutôt froid. Jotam semble négocier avec des membres de sa famille éloignée le prix de notre visite. Nous attendons sans comprendre les enjeux de ces discussions interminables. Au bout du compte, malgré le manque de sympathie et en contrepartie d'une baguette de sagou rassise, notre guide trouve quand même le moyen de gratifier ses parents d'une belle plaquette de tabac et de quelques paquets de cigarettes, sans même nous demander notre avis. Un jeune gars, sans doute par l'odeur attiré, nous réclame lui aussi, sans complexe, cinq paquets de cigarettes pour aller visiter une grande *uma* située en dehors du village. Nous lui refusons le marché et décidons, au vu de l'ambiance chaleureuse, de poursuivre *illico* notre chemin. Darmanto est un peu déçu de la tournure des événements car il espérait rencontrer des membres de sa famille paternelle, absents à ce moment-là comme la plupart des villageois, et qu'il aurait fallu attendre jusqu'en fin d'après-midi. On nous avait prévenus, décidément « radio cancans » émet allègrement dans la jungle, que les gens de Lubaga se tailleraient aussi, comme quelques-uns à Simalegi Tengah, une réputation d'arnaqueurs et se montreraient souvent assez hostiles à l'égard de l'étranger. Nous avons dû malencontreusement tomber sur l'as en la matière. Donc, après trois petits tours dans le village quasi désert à la recherche d'une boutique pour un dernier ravitaillement avant de repartir à l'aventure, et dans laquelle il n'y a finalement ni riz, ni sucre, rien sauf une cartouche de cigarettes que nous achetons en prévision d'autres rencontres amicales, nous quittons, non sans regrets, Lubaga et ses habitants.

Nous repartons dans l'après-midi avec nos deux piroguiers qui profitent de l'occasion pour rendre visite à leurs proches. Nous amarrons la pirogue après une petite heure de remontée près d'une belle *uma* abandonnée. À l'intérieur de la grande maison, tous les ossements et objets rituels, coffrets de *kerei* et tambours cérémoniels, tous les ustensiles de cuisine, les plats et les paniers, les outils pour traiter le sagou, les arcs et les flèches, absolument tout ou presque est resté en place. Cet abandon total de l'héritage culturel d'un clan procure une étrange impression. J'aurais envie de tout récupérer, de sauver ces traces périssables d'une civilisation millénaire de la forêt. Que s'est-il passé ici ? Quel mauvais sort s'est acharné sur ce lieu pour qu'il soit entièrement laissé à la merci d'une pourriture qui déjà le dévore ? Quel mauvais génie hante l'endroit pour que les hommes l'aient banni à jamais, laissant le temps accomplir son œuvre destructrice ? Guides et piroguiers ne me donnent aucune explication à part le fait que l'*uma* est trop vieille, que la rivière affouille les berges, et qu'il a donc fallu en construire une autre un peu à l'écart de celle-ci. Sujet tabou, peur ou ignorance, les réponses évasives de mes compagnons me laissent dans le doute et le mystère.

L'*uma* suivante est encore plus impressionnante et riche en objets de toutes sortes que la précédente. Une fois de plus personne n'est présent quand nous pénétrons à l'intérieur pour nous reposer et grignoter nos derniers biscuits. Il n'y a pas de voleurs alentour et pourtant ce ne sont pas les objets de valeur qui manquent : séries de haches et d'herminettes, jeux de machettes, panoplies d'arcs et de carquois, ensembles de percussions traditionnelles, batteries de woks et de plats en bois, rangées de coffrets et de colliers, bref de quoi honorer une maison clanique en organisant de grandes *lia*. Il n'y a rien à craindre ici, le respect de la propriété de son semblable fait partie du code implicite de bienséance, qui prône des relations d'entente et d'entraide réciproque entre les individus et entre les clans *(paroman)*. À voir les ballots de crânes suspendus aux « poutres aux os », il ne ferait d'ailleurs pas bon déclencher les hostilités *(pakok)* en s'en prenant aux biens de chasseurs aussi habiles[191]. Et puis, la forêt possède des oreilles et une langue, les trois grands tambours de bois. Tout ici finit par se savoir. Si, d'aventure, un tel tabou est malgré tout enfreint, et cela arrive, il ne peut être le fait que d'un homme à l'âme dévoyée par l'exemple négatif d'un esprit. Une cérémonie de confrontation du voleur peut être organisée sous les auspices des *kerei*, s'il ne vient pas de lui-même avouer son forfait. Pour repentance, il doit rendre les objets ou les animaux volés et s'acquitter d'une réparation dissuasive, *tulou*, qui peut atteindre vingt fois la valeur de l'objet ou de l'animal dérobé[192]. S'il n'avoue toujours pas son crime, les pouvoirs magiques des chamans peuvent le rendre malade et l'entraîner vers la mort. Devant la sévérité de la punition encourue, et en raison de l'« éthiquette » en usage, les vols ne sont donc pas monnaie courante. Les crimes, n'en parlons pas, excepté celui qui est survenu dernièrement à Simatalu et dont l'annonce a fait le tour de l'île et concourt à la mauvaise réputation de la région.

D'autres habitations jalonnent notre itinéraire jusqu'à notre arrivée à l'*uma* isolée au lieu-dit Ginalangan, où nous sommes chaleureusement accueillis pour la nuit par Teu Pako, du clan Sirisorok.

Quand nous arrivons, l'homme est occupé à préparer son arc et le poison qui sert à enduire les flèches. La mixture qu'il prépare est composée d'un mélange d'*omai*, de piments et de racines de liane de *tuba*. Après avoir écrasé et défibré tous ces ingrédients, il les tasse dans le petit anneau de rotin pour en extraire le jus à l'aide de sa presse en bois. Puis il passe, à l'aide d'une spatule de bambou, l'épais liquide noirâtre sur la pointe métallique de ses flèches qu'il met ensuite à durcir quelques instants au-dessus des braises. Pour finir, il les range avec précaution dans son carquois, un tube de bambou enroulé d'une spathe de sagoutier. Sur la plate-forme extérieure, il a aussi mis à sécher au soleil, tendues sur l'arc d'une branche, ses nouvelles cordes en écorce de *baiko* laquée de la résine rouge du *doan*[193].

Il a visiblement l'intention de chasser du gros gibier dans les jours prochains. Les trophées pendus dans la maison témoignent de son habileté et de la prodigalité de ses ancêtres. Le gibier s'est depuis raréfié mais, qu'à cela ne tienne, il aime se persuader que les cerfs et les macaques ont toujours été et restent plus abondants dans la réserve de Simatalu que partout ailleurs dans l'île. L'isolement de son territoire le préserve, espère-t-il, des prédateurs extérieurs, insatiables et sans aucune considération pour la faune et la flore locales[194]. Lui ne chasse que pour nourrir ses proches et accomplir les rituels. Il n'a pas le sentiment de blesser ou de sacrifier la nature. Il est elle. Sans elle, il n'est plus. Son arbre de vie, c'est aussi dans cet environnement millénaire qu'il croît. Le long plateau de bois blanchi par le lait du sagou, le tamis et les paniers à fécule[195] entreposés dans la soupente à l'entrée de l'*uma* prouvent encore, s'il le fallait, cette étroite et lointaine interdépendance de l'homme et de la nature. Comment pourrait-il d'ailleurs en être autrement dans ce cœur de forêt battant au sein d'un immense océan ?

Pendant que le mari révise ses articles de chasse, sa femme reste discrètement absorbée par le ravaudage d'un petit filet de pêche. Contrairement à lui, elle est entièrement tatouée et garde le plus souvent la poitrine dénudée. Elle enfile un maillot sale pour participer au repas qu'elle a préparé pour la dizaine de convives assis autour des plats. Deux poulets de cour ont eu le cou tordu en leur honneur. Avec du sagou trempé dans la louche de bouillon et quelques morceaux gras de cochon, la chair athlétique des volailles devient exquise. Bien sûr, nous dédommageons les gens qui nous offrent leur hospitalité malgré leurs faibles moyens, en leur laissant du tabac et quelque menue monnaie. La disponibilité et la générosité qu'ils montrent à nous accueillir, nourris logés au pied levé, reste pour nous Occidentaux assez étonnante. Sans doute « l'esprit du don »[196] plane-t-il dans les parages.

Dans le contexte environnemental de Siberut, ces relais familiaux, qui offrent gîte et couvert en bonne compagnie, représentent de nos jours une sécurité appréciable, voire une garantie de survie lors des longs déplacements. Chacun ici bénéficie maintenant de ce réseau humain qui lui permet de circuler sans trop de difficultés et de privations. Sans ce grand village disséminé dans la forêt, les sentiers auraient mené à l'impasse sociale, les voies de communication seraient vite devenues impraticables et les rivalités claniques insurmontables. La survie en forêt n'est pas qu'une affaire de résistance et de connaissances individuelles. Le clan, la famille élargie, les alliés et amis sont indispensables à cette circulation. La notion d'entraide dans cet environnement finit par s'imposer, qu'elle s'accompagne de réciprocité immédiate ou différée. Un étranger de passage ne peut, lui, que régler aussitôt la dette contractée auprès des familles qui l'accueillent, même si, comme moi, il se sent toujours redevable, par la suite, du supplément d'âme que son hôte a mis à le recevoir. Pour un Mentawai, cette aide peut être rendue plus tard mais toujours de manière équitable. Les occasions ne manquent pas pour lui de rendre la pareille, et chacun ici veille à ce que l'autre ne se sente pas lésé par l'échange. Il faut voir avec quelle précision scrupuleuse sont calculés les partages de viandes cérémonielles, les apports de biens matériels lors des alliances, les compensations pour régler les conflits. C'est une nécessité sociale et vitale donc que ce réseau et cette circulation de dons et contre-dons. Des relations sociales contraignantes, aussi, difficiles à négocier et auxquelles l'individu, à supposer qu'il soit épris de liberté, ne peut que difficilement échapper.

L'accueil spontané et charmant se trouve hélas entaché, le lendemain matin, par le vol d'environ 300 000 roupies, pourtant bien dissimulées dans le sac de Jean-Baptiste. Le larcin a été commis en pleine nuit. Les soupçons se portent aussitôt sur le guide Jotam qui, dans l'obscurité totale – je l'entendais tout près de mon hamac, réveillé que j'étais par les cochons grognant sous le plancher de l'*uma* –, s'est mis à fouiller son sac, sans aucune discrétion, pendant plus d'un quart d'heure. En fait, il devait avoir en même temps une main dans celui de Jean-Baptiste. Nous supputons qu'il a remis cet argent au plus jeune des piroguiers pour qu'il le donne à sa famille demeurant à Bai. Le coup est rude à encaisser. La confiance relative qui s'était installée entre nous et Aman Jotam, malgré son air fuyant et son quasi-mutisme, vient de s'envoler. Notre hôte et le reste du groupe montrent une mine désolée mais aucun d'entre eux n'essaie d'intervenir dans notre histoire. Solidarité silencieuse et réserve semblent de mise. Une posture d'évitement qui finit, il faut bien se rendre à l'évidence, par atténuer notre vindicte. L'émotion retombée, nous comprenons qu'un aveu spontané du voleur n'est pas possible. Si nous étions du pays, nous pourrions le confondre avec, si besoin, l'aide magique d'un *kerei* mais, étant étrangers donc riches et isolés par définition, que pouvons-nous espérer de plus de ce clan que son désarmant silence ? Toutes ces contrariétés ne les empêchent d'ailleurs pas de nous resservir gentiment du poulet !

Cette journée, bien mal commencée, sera la plus harassante de notre périple. Rivières en crue et falaises abruptes se coalisent le jour durant pour tenter de nous barrer la route. Une lutte contre les éléments qui aurait d'ailleurs pu mal se terminer sans la bonne étoile, que je croyais ce matin éteinte, mais qui, en réalité, doit encore briller dans un coin reculé de notre tête.

Notre première étape, à travers monts, forêts et rivières, nous entraîne à Sinindiu. La marche le long et dans le lit des cours d'eau est plutôt agréable en ce début de matinée. Les feuillages encore luisants de rosée filtrent la douce chaleur du soleil et la clarté de l'eau lave mes derniers soucis. Pendant notre séjour à Bai, mes pieds se sont remis d'aplomb et se font enfin oublier. Je parviens toujours aussi difficilement à comprendre le circuit emprunté mais le guide Jotam, qui fait un peu la tête en marchant tout seul devant, n'a cure de mes interrogations. Il le sait, nous dépendons entièrement de lui, car même Darmanto est déboussolé.

Les rivières se suivent et se ressemblent et pourtant parfois surgit inopinément une scène de vie, une rencontre improbable. Ainsi, ce chasseur en *string*, soulevant à deux mains au-dessus de sa tête le marcassin qu'il vient de piéger avec sa meute de chiens, m'expédie, le temps d'un éclair, dans un éden imaginaire. Tout aussi soudainement, la géhenne se rappelle à moi en débouchant au détour d'un chemin d'eau. Voilà une troupe d'hommes portant un blessé sur un brancard de fortune. Avec femmes et enfants, voici deux jours qu'ils marchent pour atteindre Lubaga et tenter de soigner ce jeune homme dont la plaie au genou, un coup de machette maladroit – il s'est laissé surprendre par un esprit sabreur –, commence à s'infecter sérieusement. Heureusement, le samaritain de service, moi en l'occurrence, possède ce qu'il faut dans sa trousse de secours[197]. Pendant quelques jours, les soins et les cigarettes donnés à ces amis de hasard alimenteront peut-être, pour notre plus grand bien, la chronique locale de Lubaga. Plus loin encore, la rude réalité locale s'impose une nouvelle fois à moi quand nous croisons des forçats du rotin, un couple tirant entre les roches des ruisseaux asséchés leurs lourds fagots de lianes jusqu'à la prochaine rivière navigable. Combien de jours leur faut-il pour trouver, couper et rapporter ces précieux stipes ? La passe de Simatalu a beau être souvent impraticable pour les marchands, une sortie de secours existe pour eux au nord-est, côté Sikabaluan. Finalement, les singes ont bien de quoi se faire du mouron.

Pour faire court, nous entreprenons ensuite l'ascension du mont le plus élevé du coin. Une montée longue et si pentue que nous rasons quasiment le sol du torse, en nous agrippant aux lianes et racines qui se torsadent à foison devant nos pas. Le col franchi, la descente vers la rivière Sinindiu nous permet, non sans mal, de reprendre notre souffle et d'espérer des sentes meilleures par la suite. La veine ne nous lâche d'ailleurs pas d'un pouce. Les nuages qui déboulent de ce côté semblent avoir un pressant besoin de se soulager. Aussitôt dit : la pluie confirme nos inquiétudes et se met à tomber drue et chaude. La douche est plutôt agréable à recevoir. Nos peaux et nos vêtements transpirant de toutes leurs fibres et imprégnés de crasse et d'odeur de moisi sont ravis. Peut-être cette pluie apporte-t-elle aussi un sérieux coup de main aux porteurs de rotin. Ce que nous craignons en revanche, sans trop y croire, c'est que les écluses du ciel ne soient pas fermées avant longtemps et que l'eau, dégorgeant de la forêt, gonfle démesurément les rivières.

Un *sapou sainak* flambant neuf, et qui ne peut pas mieux tomber, nous permet de nous abriter de l'averse. Un couple et plusieurs jeunes filles sont assis sur les bambous de leur terrasse couverte. Ils nous reçoivent sans surprise ni effusion en nous offrant de l'eau bouillie et quelques morceaux de sagou. C'est l'occasion pour nous de négocier avec le chef de famille la location d'une pirogue puisque les flots semblent favorables. Seulement, le prix demandé, en raison de notre situation pécuniaire imprévue, dépasse maintenant nos possibilités, cela pour un trajet dont nous ignorons d'ailleurs tout mais qui, selon notre guide Jotam – il faut bien qu'il assume sa bêtise de la veille –, serait praticable à pied. Nous décidons donc unanimement et sans regret de poursuivre notre chemin à la force de nos mollets en direction de Bojakan.

La pluie a laissé place au soleil quand nous repartons pleins d'allant. L'inquiétude ne nous lâche pas d'une semelle pour autant. La rivière Munai, qui va nous servir de fil d'Ariane tout au long de cette progression, grossit effrontément et l'impétuosité de son courant n'a rien de rassurant. Les nuages qui butent au loin contre le mont, dont la crête délimite la ligne de partage des eaux, abreuvent cette soiffarde, collectrice de tous les cours d'eau et rigoles alentour, et qui constitue notre unique voie d'accès. Des conditions certainement propices à une belle descente en pirogue mais qui vont rapidement se transformer en galère pour les marcheurs intrépides que nous sommes. Il est en effet impossible de rester longtemps sur des berges tranquilles ou de trouver des sentiers de contournement. Il nous faut bientôt marcher sans arrêt dans la rivière et traverser son tumulte en n'y voyant goutte. L'exercice n'est pas très compliqué au début car l'eau ne nous arrive qu'aux genoux mais, en aval, la rivière se rétrécit et tout ce qu'elle charrie finit par nous passer au-dessus de la taille. Maintenant, ce n'est plus qu'une question d'équilibre, de prudence et de chance… Les embûches sous l'eau reflètent celles que nous rencontrons sur la terre molle de la forêt : des souches, des racines, des bambous, des trous, des roches, et mille autres délicates attentions, à éviter autant que possible. Les tibias nous servent de pare-chocs, les chevilles d'amortisseurs, les pieds de canne blanche, les paumes de palmes. La progression, on s'en doute, devient vite éprouvante. Il se remet en plus à pleuvioter.

Le pire est cependant devant nous. À deux heures de là, le courant d'eau s'étrangle dans un goulot de falaises obèses, se tord les boyaux entre des escarpements lissés par l'humidité et des chaos polis comme de gros savons oblongs. Ces gorges de grès ne nous laissent guère le choix. Il nous faut braver leurs profondeurs en espérant ne pas y perdre pied. Les sacs sur la tête, façon commando, nous avançons les aisselles chatouillées par la poussée des eaux. Cet équilibre précaire me fait surtout craindre pour mon matériel photo négligemment enveloppé dans un banal sac de plastique. Nous coupons les méandres au ralenti en sondant par avance le moindre pas. Jotam et Darmanto ouvrent le chemin en se laissant de temps à autre porter par les flots. Ils ont beau jeu. Au pire, leurs affaires de rechange et leurs dernières cartouches de cigarettes seront trempées. Quant à Jean-Baptiste, il a emporté un petit sac étanche et, s'il garde prudence, ce n'est que pour conserver son linge au sec. Sans mon appareil, je serais, pour ma part, bien descendu à la nage car cette marche forcée va encore durer plusieurs heures.

Quand le fond semble vouloir se dérober sous nos pas, nous avançons en sautillant dans l'apesanteur aquatique, le menton relevé et les bras tendus sous les sacs. La manœuvre se montre efficace à condition de ne pas nous laisser emporter par le courant et de réussir à nous rétablir latéralement. Les pires passages, une fois le courant traversé, sont au tombant des parois rocheuses. L'eau y devient relativement plus calme mais les fonds beaucoup plus incertains. C'est les doigts crochés dans les failles des blocs rocheux et le corps plaqué contre leurs formes arrondies que nous parvenons à les contourner sans tomber. Jotam semble se soucier comme d'une guigne de ce qui peut nous arriver. Il faut sans cesse lui rappeler d'attendre le reste de la troupe. En fait, je ne suis personnellement inquiet que pour ce fichu appareil photographique. La technique, pour s'assurer d'un passage périlleux, consiste, dès que chacun a trouvé ses appuis, à faire la chaîne en passant le sac à Darmanto qui le transmet à son tour à Jotam. Cependant, cette façon de procéder devient à la longue lassante et surtout nous ralentit encore davantage. L'idée lumineuse de placer l'appareil dans la poche hermétique de Jean-Baptiste finit tout de même par s'imposer. Un souci en moins.

Le défilé, lui, n'en finit pas. Si encore il pataugeait droit dans ses bottes vers des perspectives élyséennes, j'aurais pu, bienheureux, me donner le temps d'apprécier comme elle l'aurait mérité la beauté rare de ce relief taillé dans le roc. À Siberut, un tel paysage de rivières bordées de falaises reste exceptionnel. La pirogue aurait pu filer dans le courant, se jouer des rochers et des bouillons, me donner des émotions dignes d'un Indiana Jones. Mais non, il est si tortueux et retors, si refermé par endroits sur lui-même, que chacun de ses sombres anneaux dissimule de nouveaux dangers, des difficultés imprévues : serpent planqué au creux d'un rocher, fracas d'arbres enchevêtrés, corridor infranchissable. Impossible à présent de poursuivre par voie fluviale. L'eau devient un torrent surplombé de murailles verdies. Il nous faut absolument nous frayer un passage à travers les hauteurs de cette jungle dégoulinante.

L'escalade des premiers rochers nous met les nerfs à vif et nous écorche phalanges et rotules. Le moindre accident pourrait prendre ici des proportions gravissimes. Interdiction absolue de dévisser. Pas le droit au vertige. La ravine d'une cascade endormie nous sert ensuite d'échelle et de conduit pour continuer notre ascension. Le barbelé des lianes et le feu des fourmis patinent dans la sueur de nos épidermes. Les ventouses des sangsues pompent goulûment notre hémoglobine bouillonnante. À peine si je ressens leurs meurtrissures. Les arbres accrochés à la verticale semblent, quant à eux, narguer avec arrogance ces coléoptères qui s'emmêlent les pinceaux dans leurs arcades radiculaires, insectes à la carapace fragile mais têtus et résistants qui fouillent les sous-bois, coupent et recoupent les sillons des torrents, remontent les pentes, dépassent les crêtes et crapahutent dans les descentes. À nouveau, la rivière trace le fond de la vallée, avec des berges redevenues enfin piétonnières ou presque. Au crépuscule, nous parvenons dans un lieu riverain appelé Kinekre. Épuisés mais sauvés des eaux !

Il nous faut pourtant encore rejoindre Bojakan avant que ne tombe complètement la nuit. Cette fois-ci la pirogue s'impose d'elle-même et les négociations pour le prix de sa location ne vont pas traîner. La descente en *pong pong* est une vraie partie de plaisir : une demi-heure de *rafting* dans les rapides et tout le loisir d'admirer, à mon grand soulagement, les derniers remparts auxquels nous avons échappé. J'ai l'impression de quitter un sanctuaire à travers une enfilade de colosses de pierre. Les portes de Simatalu se referment derrière nous. Quand nous débarquons, la nuit a déjà posé sa cape noire sur le village.

Le lendemain à l'aube, notre piroguier, dont la famille s'est fait un plaisir de nous accueillir, nous conduit jusqu'à Muara Sikabaluan via Monganpola. Une belle descente de trois heures sur la rivière Bekemen qui me laisse le temps de respirer à fond le jour brumeux qui coiffe la canopée, de sourire aux grands-mères qui remontent le courant à la perche, dans leurs pirogues chargées de régimes de bananes et de rouleaux de rotin.

Une heure plus tard, près d'un lieu nommé Simanenem, le paysage commence à changer. La forêt majestueuse disparaît peu à peu au profit de vastes bananeraies et cocoteraies. Du côté de Monganpola – un village de baraques dans lequel Darmanto a passé une partie de son enfance avant que son père ne décide de s'installer à Labuanbajo, une heure donc environ avant l'embouchure –, d'autres signes indiquent que la « modernité » a ici gagné du terrain depuis longtemps déjà. Des grumes entassées, abandonnées par des tronçonneurs patentés, pourrissent sur les berges, des troupeaux de bovins blancs importés de Sumatra ruminent en regardant passer les piroguiers, d'orgueilleux cocotiers s'élancent dans le ciel dégagé. Le voyage est bientôt terminé. L'antenne téléphonique de Muara transperce l'horizon. Déjà, les mobylettes pétaradent jusqu'à Pokai, et vogue la grande pirogue jusqu'à Labuan. Sept kilomètres de plage nous attendent encore jusqu'à l'embouchure de la Sigep et la boucle, enfin, est bouclée.

Le lendemain, nous repartons de Politsoman vers Pokai pour attraper le bateau *Simasin* qui, en raison d'une panne, ne vient pas avant quatre jours… Nous rentrons à Padang, après quarante-huit heures d'attente et de négociations interminables, comme « passagers clandestins » sur un cargo, avant d'être refoulés deux jours plus tard par la police des frontières indonésienne à l'aéroport, notre visa, valable un an, n'ayant pas été abrogé par notre correspondant local, notre « sponsor », comme on dit en Indonésie… Permission de sortie enfin accordée, je survole une fois de plus, « le cœur battant dans l'dos » comme on dit en créole francisé, « l'île de la Bonne Fortune », direction l'archipel des Mascareignes.

Épilogue
LE GRAND ZIGZAG NORD-SUD

MON RÉCIT AURAIT PU s'arrêter là, après cet ultime aperçu aérien de Siberut, mais l'idée, projetée lors de mon passage sur la terre de Simatalu, de remonter le cours des migrations à partir de ce berceau du peuplement mentawai vers Matotonan via le territoire du clan Sakkudei s'est transformée rapidement en une impérieuse envie de retrouver cette île-aimant. L'appel de la jungle et de ses hommes premiers redevient, une fois de plus, irrésistible. Cette fois, je décide de parcourir l'île du nord au sud, une grande traversée zigzaguant entre les innombrables rivières, les profondeurs de la jungle et les hautes collines. Deux semaines d'un périple intensif accompli de nouveau avec mon jeune compagnon Jean-Baptiste. Sans doute se laisse-t-il, lui aussi, séduire par la mystérieuse attraction qu'exerce cette terre isolée. À peine lui ai-je exposé ce nouveau projet qu'il se déclare partant.

Cette randonnée à travers l'île de Siberut est rarement – voire jamais – entreprise dans toute son extension nord-sud par les visiteurs étrangers. Rares sont en effet ceux qui s'aventurent sur un si long parcours. Même les Mentawai, marcheurs inlassables, dépassent rarement les limites de leurs territoires respectifs, sauf en cas d'exil interne lors de conflits ou pour se rendre en terres alliées. La plupart d'entre eux ne connaissent d'ailleurs pas l'île dans son intégralité.

Nous croisons parfois au cours de ce périple des chemins empruntés un jour par quelque touriste solitaire. Plus souvent, nous partageons un tronçon de route ou même un gîte déjà visité par un illustre connaisseur des lieux. L'*uma* du clan Sakkudei, dans laquelle nous séjournons en fin de parcours, représente la parfaite illustration de ce type de fréquentation. Cependant, la majorité de ces visiteurs réguliers sont arrivés par bateau hors-bord de Muara Siberut à Sagulubbek sur la côte sud-ouest avant de poursuivre leur voyage en pirogue jusqu'à Kuddei, le territoire du clan éponyme. Peu sont descendus comme nous de Simatalu en venant du Nord pour ensuite rejoindre Matotonan et la vallée de la Rereiket. Nos accompagnateurs mentawai, quant à eux, changent à mesure de notre avancée. Après une journée de voyage, ils sont parvenus en pays de connaissance et s'arrangent alors pour passer le relai à un congénère capable de nous guider plus avant dans les subtilités vicinales de cette interminable luxuriance.

Curieusement, sans doute en raison de la précédente randonnée vers Simatalu, cette traversée longitudinale de Siberut me paraît moins éprouvante physiquement. L'alternance de marches et de parcours en pirogue, ainsi que l'absence totale de pluie, facilitent aussi grandement notre progression.

Pourtant, tout commence bien mal. À notre arrivée à Padang, le *Simasin* est une nouvelle fois en panne, et il nous faut attendre le lendemain soir pour embarquer sur le *Beriloga*, « Plein d'écureuils » en mentawai. La traversée de nuit sur ce bateau bondé se révèle particulièrement difficile. D'abord installés sur le pont, nous devons au bout d'une couple d'heures trouver refuge dans la cabine de pilotage pour échapper aux furies de l'orage et de la houle. C'est donc recroquevillés, ballottés, trempés et le cœur chaviré que nous entamons notre traversée maritime entre Sumatra et Siberut.

L'arrivée matinale à Pokai s'annonce, elle, sous un jour plus serein. Nous retrouvons le soleil, des amis, un couvert et une chambre pour la nuit. Tout se présente donc pour le mieux quand, soudain, un terrible tremblement de terre secoue la maison de bois, dans laquelle nous nous trouvons, aussi durement que les vagues de la veille frappaient la coque du bateau. C'est au tour de la terre de gronder. Brèves, puissantes et interminables secousses venues des profondeurs : l'esprit chtonien des mythes mentawai, Teteu ka baga, entre une fois de plus dans une colère monstrueuse. Nous apprenons heureusement assez vite qu'en raison de la profondeur de l'épicentre, à près de 80 kilomètres sous terre, tout risque de tsunami important se trouve exclu. Ce fut ma plus grande angoisse post-séisme car nous étions alors échoués sur une langue de terre plate coincée entre deux bras de mer.

Quand nous entendons parler du nombre impressionnant de victimes et des dégâts causés à Padang et dans toute la région du Pariaman, notre seconde inquiétude est de rassurer nos familles sur notre sort. Mais aucune communication n'étant possible avant longtemps, nous décidons d'écourter notre séjour d'une semaine afin de rejoindre Padang dès notre traversée de l'île accomplie. C'est donc en deux semaines, et non trois comme prévu initialement, que nous devons boucler notre randonnée. Une marche forcée au bout de laquelle nous attend, du moins l'espérons-nous, le bateau du retour.

La guigne semble bien nous poursuivre mais, devant notre ténacité à la dérouter, elle finit pourtant par nous quitter au départ du grand zigzag.

Pour rejoindre le sud de l'île depuis le nord, la ligne droite n'est pas le plus court chemin. Il nous faut suivre les itinéraires empruntés par les locaux, marcher dans les pas de leurs ancêtres. Ces parcours compliqués, tracés depuis des générations, rejoignent les cours d'eau le long desquels ils ont élevé leurs *sapou sainak* et leurs *uma*, traversent les jardins et les terrains défrichés, franchissent les cols et longent les vallées. Les migrations d'antan comme les circulations actuelles passent par les mêmes sentiers, montagnes et rivières.

Partis de Politsoman au nord de l'île, nous passons ainsi par Terekan Hulu, Sirilanggai, Monganpola et Sotboyak avant de retrouver, en atteignant Bojakan, Sinindiu et la rivière Ginalangan, des territoires déjà explorés dix-huit mois auparavant lors de notre tour de Simatalu.

Dans ces mêmes contrées, je renoue avec un monde inconnu toujours aussi surprenant et authentique, en particulier à Tobbilak (ou Seruan), village récemment édifié sur les rives de la Simatalu. Après Papajet Hulu et une longue et splendide étape jusqu'à Kalea, je revois aussi avec bonheur les plages et les falaises blanches de la côte ouest.

À Sagulubbek, en bord de mer, nous remontons ensuite la rivière jusqu'à Tepuk, un village peuplé par de nombreux Sakkudei, avant de passer la nuit à Kuddei dans l'*uma* du clan le plus renommé de Siberut.

La maison clanique, située en retrait de la rivière, est vraiment imposante. Ses proportions paraissent atteindre le double des *uma* de la vallée de la Rereiket ; elles dépassent aussi au moins d'un tiers celles de la région de Simatalu. La plate-forme d'entrée évoque l'intérieur d'un temple vénérable orné d'un bon millier de mandibules de cochon suspendues en rangs superposés au plafond et sur trois des côtés de la pièce. Accrochés aux poteaux encadrant l'entrée, des massacres de buffle aux longues cornes noires et des crânes de vache renforcent encore le prestige de cette maison clanique. Ces animaux de grande valeur ont été offerts autrefois à son fondateur, aujourd'hui décédé, par des notables venus du pays minangkabau à Sumatra. Un *jaraik*, longue ornementation en bois sculpté et peint, représentant les volutes de l'arbre de vie, le sagou, symbole de l'*arat sabulungan*, la foi animiste du peuple mentawai, confirme que nous pénétrons dans un lieu entièrement dédié à ce culte. Je reste ébahi, presque recueilli, devant cette référence animiste devenue rare aujourd'hui. Mais quand j'entre dans la « pièce du milieu », j'ai la sensation de découvrir le sanctuaire de toutes les *uma*. À l'avant de cet immense vaisseau s'étire une barrière buissonneuse de crânes de singes et de cervidés. Au centre de la pièce se trouve le foyer réservé aux repas des *lia*, les grandes cérémonies rituelles étudiées ici même par l'anthropologue Reimar Schefold. Dans tous les coins sont rangés des objets utilitaires et cultuels, dont une demi-douzaine de gongs, et des animaux de la forêt sont peints et sculptés sur les parois.

Le côté droit de l'*uma*, où sont remisés les principaux objets du culte, est sérieusement endommagé. Une partie du toit a été récemment enlevée par un violent coup de vent et le plancher qui se trouvait en dessous s'est écroulé. La bâche de couleur orange, mise en attendant les réparations, filtre la lumière solaire à la façon d'un vitrail de cathédrale. Les éléments semblent se conjuguer pour accentuer l'impression de spiritualité qui se dégage de ce lieu et, confusément, délivrer le sentiment d'une certaine désuétude. Je suis moi-même confronté à cette ambivalence. Ce haut lieu de vie traditionnelle serait-il sur le déclin ?

La dernière pièce de l'*uma* comprend aussi deux grands foyers surmontés des réserves de bois. Deux gongs, dont celui offert autrefois par l'anthropologue de Leyde, sont accrochés sous les bouquets fanés qui ont servi de médiateurs spirituels durant les *lia*.

Cette *uma* des Sakkudei est la dernière du genre. Le clan est aujourd'hui composé de quatre frères et de leurs familles respectives[198]. Leurs femmes viennent toutes d'Ugai ou de Matotonan, preuve s'il en fallait que notre chemin de découverte correspond bien à un passage essentiel.

L'aîné du clan, le *rimata* – fier de se nommer « chef », titre et fonction qui n'existent pas dans la tradition mentawai –, est râblé, musclé et beaucoup plus tatoué que ses frères. Il est d'un abord un peu rude et nos relations vont parfois connaître certains moments de tension. Il faut avouer que nous ne savons pas trop bien sur quel pied danser avec sa femme et lui. Tous deux ne se privent pas de nous faire remarquer combien de visiteurs prestigieux nous ont devancés, et qu'ils ne lésinaient pas sur les moyens. Ils nous citent l'exemple d'une équipe de télévision japonaise qui leur a laissé un souvenir impérissable en se lavant à l'eau minérale (deux pirogues rien que pour leurs bouteilles !), et surtout beaucoup d'argent. Ils nous rappellent aussi que Reimar Schefold a séjourné chez eux au moins à trois reprises pendant plusieurs mois, ainsi que son collègue Gerard Persoon ; que Patrice Franceschi, accompagné de trois membres de son équipage, lors du périple de *La Boudeuse*, a été hébergé ici pendant cinq jours ; l'un des derniers visiteurs en date étant l'incontournable Jean-Luc Mathion, un guide dont nous croisons le chemin à plusieurs reprises[199]. Autant de « pros » devant lesquels nous devrions nous incliner. Le patron de la maison me demande ainsi 400 000 roupies (environ 25 euros) pour une photo ! Inflexible, il a appris à connaître la valeur marchande de son image et la réputation outre-Siberut de son clan. Il en sera donc ainsi, je ne prendrai aucune photo de l'artiste.

Nous partons l'après-midi suivant en pirogue, en empruntant la rivière jusqu'au petit *sapou sainak* d'Aman Gulakkeu, un des frères du clan Sakkudei. Ce dernier s'est proposé de nous accompagner avec son fils jusqu'à Matotonan. C'est un homme grand et mince, sans tatouage, à la mâchoire prognathe édentée, d'une gentillesse qui rassure, toujours plein d'attentions charmantes. Son nom, Gulak, me rappelle d'ailleurs la douceur du sucre, qui se dit *gula* en indonésien.

Avant que la nuit ne s'installe, une famille fait halte au *sapou* et vient nous saluer. Elle arrive recrue de fatigue de Rokdok. Les échanges entre la vallée de la Rereiket et le pays des Sakkudei, séparés par deux monts élevés et une bonne journée de marche, sont donc constants. D'ailleurs, en aval de la hutte où nous logeons, il existe deux autres « maisons à cochons » appartenant à des gens de Matotonan. Le lendemain matin, comme pour confirmer cette constatation, une femme originaire d'Ugai, et que j'ai déjà rencontrée quelques années auparavant du côté d'Alimoi, s'arrête pour discuter avec Aman Gulakkeu. Je reviens un peu plus loin sur les échanges humains qui persistent entre les deux territoires mais il semble maintenant certain que des migrations internes ont bien eu lieu, depuis les origines du peuplement à Simatalu, directement entre le pays Sakkudei et la vallée de la Rereiket.

L'ascension du mont Tetebakke est comme prévu assez éreintante. La conjonction, à travers l'effort, entre les éléments naturels et les humains doit être – libre réflexion de ma part pendant le repos bienfaiteur qui suivit cette rude montée – à l'origine des pensées magiques, des spiritualités qui s'exercent dans les rituels animistes, à l'origine aussi de la poésie.

La descente, bien plus longue que la montée, nous conduit ensuite vers la rivière Pakaleruat puis au pied du Palekuteteket ou mont Matotonan. Du haut du col, notre dernière halte avant l'arrivée, nous apercevons enfin les nouvelles maisons du « programme social » de Matotonan et toute la vallée de la Rereiket coincée entre de belles collines couvertes de forêt primaire. Une vue d'ensemble qui pour la première fois me permet d'apprécier la beauté verte et dense de cette partie de l'île.

Une heure plus tard, nous atteignons le village de Matotonan. La jonction nord-sud est accomplie. Je reviens, par l'amont, au territoire de mes premiers séjours à Siberut, et que de changements en dix-huit mois ! Une centaine de maisons neuves ont été construites depuis et de petits ponts en béton armé ont remplacé les planches brinquebalantes d'autrefois. À peine si j'arrive à m'orienter, à retrouver la sente forestière qui mène à Alimoi !

Je ne suis cependant pas au bout de mes surprises car la nouvelle du jour, la plus bouleversante pour ma mémoire nostalgique des lieux, est qu'une route bétonnée relie dorénavant, en longeant la rivière, Matotonan et Alimoi ! Je n'en crois pas mes yeux, Alimoi, petit campement perdu dans la nature, transformé en quelques mois en « village propre » de quatre-vingts habitations !

La traversée de cette trouée villageoise, au sortir de notre migration dans les profondeurs de l'île, me paraît incongrue, gênante, insultante presque. Nous venons de quitter un espace naturel imprégné de traditions et en grande partie préservé et nous voici soudain enserrés dans un corridor uniformisé, rectiligne, d'une monotonie désolante.

Ce nouveau village, comme tous ceux à venir, sont le résultat, j'y insiste une dernière fois, d'une politique de l'habitat qui vise à contenir chaque famille dans sa « case » particulière et à concentrer dans un seul endroit l'ensemble des « cases » individuelles et la totalité des clans d'un secteur. Ce principe d'organisation moderne contrarie la vie collective du clan et des unités familiales qui le composent, habitués à vivre dans un territoire différencié de celui des autres, et se fédérant autour d'une « grande maison » ancestrale, structure d'appartenance communautaire perçue *a contrario* comme une survivance clanique et, *mutis mutandis*, identifiée au culte animiste. La volonté de regrouper ces unités de vie dans un même lieu ordonné, un village, relève en outre de cette obsession administrative et politique qui consiste à croire que le contrôle et la sortie des hommes de la forêt est un préalable indispensable à leur civilisation.

Or ce principe des unités familiales regroupées par maisons individuelles dans un village trouve vite ses limites. En général, les gens se plaignent que la « baraque » offerte – car il s'agit plutôt de cela – est trop petite pour contenir leur propre famille. En outre, quand les enfants grandissent, en particulier les fils qui restent sur le territoire de leur clan, se pose à nouveau le problème de la cohabitation de plusieurs foyers dans un espace aussi restreint et difficilement transformable. D'où la nécessité, à plus ou moins long terme, de construire de nouvelles habitations, voire de nouveaux villages. L'accroissement de la population et la prolongation de l'espérance de vie aboutissent, dans ces conditions de logement individuel, à la démultiplication des unités de vie dans un même lieu, avec, entre autres corollaires, l'établissement souvent compliqué d'un *modus vivendi* entre les clans et l'aggravation des conditions sanitaires.

En revanche, l'habitat traditionnel, réparti sur les territoires et facilement modulable, s'il ne favorise pas l'intimité des couples (n'en déplaise, les « maisons à cochons » sont aussi faites pour cela), permet du moins aux familles et aux clans de cohabiter et de partager leurs ressources, un mode de vie que les autorités politiques et sociales indonésiennes jugent primitif.

Aussi, c'est avec une certaine émotion teintée de curiosité et de tristesse que j'aborde le « village propre » d'Alimoi. La remontée de la rue ondulée se fait sous le regard inquisiteur des habitants assis sur les banquettes de leur terrasse. Nombreuses sont les familles déplacées de Matotonan. J'ai beau regarder, j'ai du mal à reconnaître quiconque. J'ai pourtant l'impression, en voyant les saluts appuyés que l'on m'adresse, que certains ici savent qui je suis. En haut d'un escalier en béton, je tombe enfin nez à nez avec un gaillard que je reconnais vraiment. Aussi surpris que moi, il m'interpelle : « Aman Juli ! » et me demande aussitôt si je me souviens, moi aussi, de son nom, Aman Dapi.

Nous nous serrons vigoureusement la main. Plus loin, sa femme, Bai Dapi, la sœur d'Aman Evia, me prend dans ses bras en me caressant les mains, le visage et le dos. De l'autre côté de la route, c'est Hendricus, amaigri mais le sourire toujours aussi large, qui me lance à son tour un retentissant « Aman Juli ! ». Sur la terrasse de la même maison apparaît son père adoptif, Teurocak le chaman, toujours simplement vêtu de son cache-sexe et de ses tatouages. Son personnage me paraît un peu déplacé dans ce logement « moderne ». Il me serre la main et me fait savoir, en réponse à ma question, que c'en est fini pour lui de son rôle de *kerei*. Son fils, Aman Lusi, assis dans un coin, a toujours l'air aussi intrigant. Il hoche la tête avec un sourire forcé quand je l'interpelle mais ne se lève pas pour me saluer. Visiblement, il n'a toujours pas digéré, après l'histoire des gongs, ma préférence pour l'*uma* d'Aman Beili et mon entente avec le fils de ce dernier, Aman Evia.

À l'extrémité du village, justement, sortant de la maison réservée à la famille d'Aman Evia, apparaît Nason, son fils aîné. Il a un peu grandi et gonflé du visage – trop de sucreries sans doute. Il nous entraîne, à travers la brousse, sur le chemin boueux qui mène chez Aman Beili, son grand-père.

Nouvelle surprise, dans une clairière dont j'ignorais l'existence, j'aperçois Aman Evia près d'un *sapou* neuf et d'une structure d'*uma* en construction. Les retrouvailles sont chaleureuses et spontanées. Je suis chez moi, me dit l'ami. Il m'explique aussi, car je suis impatient de savoir, que l'*uma* de son père, située sur l'autre rive, tombe en ruines et que le clan Saeggekoni a éclaté. C'en est fini de la vie en commun avec Teurocak et consorts, c'est-à-dire ses fils, Aman Lusi et Hendricus, et Marius, fils d'Aman Pasisik. Désormais, le clan se réduit à la famille d'Aman Beili et à celle de son fils Aman Evia ; les familles alliées des deux sœurs participent à la vie du clan. J'apprends aussi que le frère d'Aman Beili, Aman Pasisik, le second chaman, est tombé gravement malade. Il crache du sang et reste à l'écart en attendant sa fin. Quant à Taktak, l'ancêtre paternel aux cheveux blanchis, il a consumé sa dernière cigarette, il y a tout juste un an, six mois après la cure chamanique à laquelle j'avais assisté. La perte de ces êtres qui me sont devenus proches en si peu d'années fêle le miroir que je me plaisais à traverser, et m'attriste.

Les tensions, apparues lors de la cérémonie des gongs, se sont accentuées et ont pris une tournure radicale lorsque Teurocak, incité en cela par son fils Aman Lusi, a reçu un dénommé Charles, venu filmer la vie traditionnelle des Mentawai : mises en scène sur plusieurs jours des activités cérémonielles, de la fabrication d'objets, de la préparation des poisons et autres substances magiques, de l'organisation d'une chasse aux singes et d'une démonstration de tatouage ; toutes prestations hautement rémunérées et auxquelles Aman Evia et son père Aman Beili, le *rimata*, n'ont pas été conviés. C'est une offense suprême que ce rejet des activités claniques et ce non-partage des ressources mis sur le compte des ambitions personnelles et de l'effet corrupteur de l'argent facile.

Le clan éclaté, l'*uma* abandonnée, les conflits, les déplacements... me voilà plongé en plein dans le propos de ce dernier voyage. Après le grand zigzag, c'est la zizanie qui a repris ! L'histoire des clans et de leurs migrations se trouve ainsi sans cesse réactualisée. Les déplacements, de nos jours, sont parfois de moindre ampleur qu'auparavant mais les conflits qui entraînent des ruptures dans l'organisation clanique continuent à se produire comme dans l'histoire de Kutkutdere et d'Aman Lagona. Les causes de ces éclatements restent pour certaines identiques (une rivalité fraternelle, par exemple) mais l'ère actuelle favorise de nouvelles tensions intra- et interclaniques. L'argent et les appétits qu'il ouvre, les désirs d'individualisme et de pouvoir, ont pour corollaires des comportements et des modes de fonctionnement et de pensée qui s'inscrivent en porte-à-faux avec la vie traditionnelle. Les raisons qui font que le clan se fracture sont donc multiples et quasiment inévitables. À ce titre, les professionnels de l'image et ceux de l'exploration touristique portent une part de responsabilité dans l'apparition de ces tensions, mettant en danger l'équilibre des clans rencontrés. Les sommes déraisonnables, au regard de la vie locale, avec lesquelles ils achètent les autochtones pour qu'ils rejouent à la demande leur propre rôle, et cette théâtralisation elle-même, produisent des effets désastreux sur leur comportement et leur mentalité. Songeons au « chef » Sakkudei qui exige 25 euros par photo et voyez Teurocak, le chaman photogénique et astucieux, rêver de grandeur et de pouvoir sans partage. Les familles et les clans se divisent. Les modèles venus d'Occident et adorés dans le monde entier tracent ici comme ailleurs leurs chemins vicieux. Viendra peut-être un jour funeste, comme annoncé dans la prophétie de Ki Dikara, « le Maître des bois », où plus un Mentawai ne se prosternera devant sa forêt ; un temps où les fils qui relient les clans et les ancêtres se rompront et s'embrouilleront tant et tant que les générations futures ne parviendront plus à les suivre.

Les hommes de la forêt seraient-ils désormais tous condamnés à disparaître ? La prédiction a hélas commencé à s'accomplir dans les années 1970 pour la dernière tribu primitive de Sumatra, les Kubu, nomades vivant depuis des millénaires de chasse et cueillette. Ces premiers habitants de la région ont connu des coupes sombres dans leurs territoires et des milliers d'entre eux ont été contraints de s'exiler dans des villages sordides, de se vendre ou de mendier le long de la Transsumatra pour manger. Un petit millier de Kubu, parqués dans une « réserve », tentent encore de survivre de façon traditionnelle. De même, on ne compte plus qu'environ 300 misérables Mlabri dans la vallée de Nan et dans la région de Phrae au nord-est de la Thaïlande et une poignée d'irréductibles qui errent dans la forêt mitée et vidée de ressources de la frontière thaïe-lao[200]. Et quel sort attend les derniers nomades Punan des forêts du Kalimantan et du Sarawak ravagées sans répit par les bulldozers des marchands de bois ? Les flèches de leurs sarbacanes ricochent sur les monstres d'acier. Parqués dans des « longues maisons » en béton, combien de temps encore résisteront-ils à la vie sédentaire ?

Aman Evia, lui, se souvient encore, avec l'aide de son vieux père Aman Beili, des origines de son clan. L'ancêtre se nomme Aman Pedduk Laggai et appartient au clan Toleuru, originaire de Simatalu. Aujourd'hui, en amont de la Rereiket, Aman Evia compte huit clans principaux se réclamant de cet ancêtre commun[201], des clans qui, comme le sien, se divisent en plusieurs branches. Tous sont originaires de Simatalu. Puis des guerres et des conflits éclatent, provoquant leur fractionnement et leur dispersion. Les clans migrent les uns après les autres vers la vallée de la Rereiket (Matotonan, Ugai, Rokdok, Madobak), les nouveaux arrivants repoussant les clans déjà installés.

Cette marche en avant, pour les premiers migrants qui sont parvenus à Muara Siberut, se termine à Sikakap dans les îles Pagai. Les familles du clan Toleuru, elles, s'arrêtent d'abord à Tiritoinan, en amont de la rivière qui coule à Matotonan, puis finissent par s'installer à Alimoi avant que leur clan ne se rompe à nouveau.

Les Sakkudei, « Ceux qui ont fui », dont l'ancêtre venu de Simatalu est Teteu Siubat, migrent quant à eux d'abord jusqu'à Ugai, d'où sont toujours originaires la plupart de leurs femmes, avant de s'en retourner dans la région où ils se trouvent actuellement.

Notre traversée, via les bassins de Simatalu, Sakkudei et Rereiket, correspond donc bien à l'un des axes de migration originelle de quelques-uns des clans aujourd'hui installés le long de la rivière Rereiket. L'arrivée de ces clans par l'amont infirme ainsi l'idée que les premiers déplacements n'ont lieu que vers le nord, puis le long de la côte est, avant de remonter, par le sud, depuis Muara Siberut, l'embouchure de la Rereiket.

Traversée effectuée, hypothèse vérifiée, s'il n'y avait eu ce séisme d'apocalypse, nous aurions aimé traîner plus longtemps dans le coin. Mais décision est prise : nous ne resterons que deux nuits chez Aman Beili avant de repartir pour Muara Siberut.

Lui n'a guère changé, ni sa femme d'ailleurs. Tous les deux sont toujours aussi naturels et chaleureux. Des Mentawai comme je les aime. Ils sacrifient encore, à notre arrivée, deux de leurs précieux poulets, ainsi qu'un cochon pour honorer notre départ.

Bai Evia allaite son cinquième enfant, Petrus, un garçon de 8 mois, un de ceux qui restera avec son frère Nason dans le clan. La relève semble en partie assurée. C'est ce qu'Aman Evia, le père, me fait remarquer non sans fierté. Car, autant que les querelles, la mort des enfants mâles peut décimer le clan. On le sait, Taktak, l'homme souche, l'un des premiers, hélas, à avoir inauguré le nouveau cimetière d'Alimoi, doit être à présent entièrement décomposé. Restent ses fils, Aman Pasisik qui à son tour est à deux doigts de s'éteindre, et le *rimata* Aman Beili, l'ancêtre à présent. Pour Aman Evia, son fils unique, la survie de la lignée et du clan paraît fragile comme l'œuf de la poule.

L'*uma* du clan Saeggekoni est morte elle aussi, bancale, ravagée par les pluies et la vermine, le toit arraché, le plancher défoncé, ses guirlandes de crânes jaunis détachées de leurs liens. Les ombres et les voix de la vie passée, des grandes cérémonies, des cures et des rassemblements ne planent ni ne résonnent plus dans la grande maison ; les âmes des ancêtres l'ont désertée ; les bambous sacrés sont fendus et les bouquets s'étiolent sous la poussière des toiles d'araignée. Les *sanitu* et leurs mauvaises influences ont repris le dessus. Ils ont vaincu l'esprit chamanique. Les énergies vitales se sont dispersées. Le clan est scindé. Seuls le couple de gongs[202] au cuivre étincelant et la solide famille des longs tambours, toujours remisée à l'intérieur de l'*uma* abandonnée, rappellent que le son de la vie clanique peut reprendre et annoncer qu'une nouvelle *uma* verra bientôt le jour.

« Promets-nous de revenir, c'est aussi ton *uma*, me rappellent Aman et Bai Evia, reviens avec ta famille pour son inauguration. »

À Muara Siberut[203], le vieux rafiot qui m'avait emmené lors de ma première incursion dans l'île de Siberut, le *Sumber Rezeki Baru*, « le pigeonnier flottant » comme j'aime l'appeler, est de nouveau à quai, prêt à nous ramener, Jean-Baptiste et moi, dans la nuit vers Padang, la cité détruite. Presque tous les hôtels se sont écroulés, ceux dans lesquels j'avais l'habitude de descendre, ainsi que celui où nous logions la veille du séisme. Les seuls encore debout sont envahis par les volontaires de l'aide internationale. Nous nous envolons donc directement pour Kuala Lumpur après avoir fait le tour de Padang et constaté les énormes dégâts.

Décidément, tout dans ce chapitre semble vouloir signer la fin d'une histoire.

ANNEXES

Dans ces annexes sont discutés les changements qui apparaissent dans les modes traditionnels de subsistance des peuples de Siberut. Les comparaisons nord/sud permettent de mieux saisir les correspondances et les différences de ces modifications dans les deux moitiés de l'île.

Riz ou sagou ?

La consommation de sagou, aliment traditionnel des Mentawai, a sensiblement diminué dans le nord de l'île, essentiellement au profit du riz *(kundu)*[204]. À Politsoman par exemple, les gens mangeaient autrefois du sagou tous les jours. La plupart d'entre eux n'en consomment à présent que dans les occasions exceptionnelles. Aussi voit-on de moins en moins de sagoutiers et d'installations de traitement du sagou dans les environs.

Plusieurs raisons et arguments sont avancés pour expliquer cette diminution. Selon l'un de mes informateurs, « les gens ont la flemme de le préparer ». Et puis, à Politsoman, le sagou ne serait pas de bonne qualité. Il est rouge au lieu d'être bien blanc. La « fabrique » locale (*pusaguan* ou *pakirereat debuet*) ne permettrait pas de produire un sagou convenable en raison de l'eau rougeâtre teintée par les tanins et les graines des palmiers de mangrove.

L'autre raison essentielle et souvent inavouée, qui a marqué dans le nord de l'île la régression de la production et de la consommation de sagou, est la volonté affichée des « civilisateurs » indonésiens, aidés par les évangélistes et les développeurs de toutes obédiences, de remplacer cette denrée naturelle par la « culture » du riz. Pour persuader les indigènes du bien-fondé de leur plan de développement, ces promoteurs n'ont pas hésité à dénigrer cet aliment et ses consommateurs, en arguant du fait qu'il serait beaucoup moins nutritif que le riz, que son exploitation engendrerait des habitudes de « fainéants » laissant place à l'oisiveté après quelques semaines de travail, etc. Les critiques des scientifiques (Persoon, 1992) ont été balayées et des tentatives de riziculture ont donc été lancées. Elles sont néanmoins rapidement apparues incompatibles avec l'environnement et les mœurs locales.

Certes, le labeur des riziculteurs est extraordinaire, tant pour les efforts et l'ingéniosité dont ils font preuve que pour la qualité des cultures et la magnificence des paysages qu'ils produisent dans maintes contrées. Mais pour ce qui est de l'exploitation du sagou, les hommes de la forêt, qu'ils soient de Siberut ou de Papouasie, ne sont pas en reste. Il est en effet extraordinaire de voir comment, au cours des millénaires, ils ont su développer et maintenir cette « industrie de proximité ». Surprenant aussi de constater avec quelle intelligence ils ont su inventer les processus de traitement et confectionner les outils adéquats. C'est une véritable aubaine que cet arbre pour les indigènes. L'exploitation du sagou est une production de subsistance hautement culturelle, en correspondance étroite avec les réalités environnementales et sociales. Le sagou est par ailleurs un complément alimentaire suffisamment riche en protéines pour équilibrer le menu traditionnel des Mentawai, composé de petits morceaux de viande, de quelques fruits, feuilles et tubercules. Il sert aussi à engraisser les porcs, à nourrir les volailles, à « élever » des larves *(tamara)* de charançons (du genre *Rhynchophorus ferrugineus*) bien dodues. En outre, la rentabilité du travail du sagou est supérieure à celle du riz[205]. Enfin, l'écorce et les palmes du sagoutier sont utilisées pour maints usages (fabrication d'ustensiles, hottes, nattes, cloisons, toitures, etc.). Alors à quoi bon vouloir bouleverser des habitudes aussi performantes et durables ? Le paradis promis est décidément toujours pavé de bien mauvaises intentions.

Les expérimentations rizicoles ont échoué. Reste que le changement dans les consciences a bien eu lieu et que l'argent du coprah et les dons de riz du gouvernement ont fini par rendre paresseux les gens du Nord et par apporter davantage de dépendance alimentaire.

De nos jours, quand les habitants de Politsoman ont besoin de sagou, soit en moyenne une fois par mois, ils l'achètent en amont à d'autres personnes qui le fabriquent sur leur plantation. Ils paient 90 000 roupies le *tatapprit sagu* de 60 kg, de quoi manger pendant un mois pour une famille. Vingt kilos de riz, consommation mensuelle d'une famille, occasionnent, quant à eux, une dépense de 130 000 roupies. Le riz est donc plus cher à l'achat que le sagou. Cependant, avec le « don » du gouvernement de 100 kg/an à 1 600 roupies le kilo, la dépense annuelle en riz revient en moyenne à 84 000 roupies/mois. Le prix d'achat compensé du riz à Politsoman devient ainsi, au bout du compte, très légèrement inférieur à celui du sagou.

En outre, le temps libéré par l'achat de ces deux produits correspond à une économie de journées de travail qui peut être utilisée, par exemple, pour le travail dans la cocoteraie. Le travail du coprah peut rapporter 100 000 roupies par jour. De quoi acheter en un jour la ration mensuelle de riz ou de sagou ! Aucun doute, dans l'économie monétaire, mieux vaut donc planter du coco et acheter du riz que de produire son sagou !

Les choses ne sont pourtant pas aussi définitives. Le sagou, tout comme le coco et le taro, reste une denrée hautement symbolique à valeur festive et rituelle. Il est donc encore consommé et produit, certes beaucoup moins à Politsoman qu'en amont de la Sigep (Terekan Hilir, Terekan Hulu) et *a fortiori* qu'au centre et au sud de l'île où il continue à être l'aliment de base quotidien.

À chaque grande occasion, les habitants de Politsoman mangent donc bien des baguettes de sagou nature ou trempées dans un bouillon de cochon ou de poulet. En outre, ceux à qui l'on pose la question « combien de fois mangez-vous du sagou ? » répondent qu'ils en consomment « chaque jour, matin et soir » ou un jour sur deux en alternance avec le riz ou seulement en fin de semaine. Beaucoup de personnes disent finalement préférer le sagou au riz quoique certaines affirment apprécier également les deux.

Par ailleurs, les habitants de Politsaman disent en produire sur place pour leur propre compte ou plus souvent sur leur *ladang* (plantation). À Politsoman, la râpe est appelée *gugundui* ; la houe en bois *papakuru* ; la machette à sagou *panungdu* ; la plate-forme de tamisage *pakirereat debuet* ; la louche conique *sikukukup*.

Cultures de rente et méthodes traditionnelles de subsistance

Les pratiques traditionnelles du peuple mentawai en matière d'agriculture forestière, encore partiellement en œuvre dans la vallée de la Rereiket, respectent la forêt (pas de brûlis ni de défrichement intensif) et font preuve d'une réelle connaissance du milieu. Elles s'inscrivent dans une chronologie précise, chaque étape s'accompagnant de tabous et de rituels particuliers.

Dans son analyse du système traditionnel d'agriculture à Siberut, l'auteur Yondasisko (2007) définit un cycle qui se décompose en sept étapes chronologiques :

- sélection du lieu *(pasibalou tinungglu)* ;
- ouverture du champ *(pasipolou tinungglu)* et défrichage sans brûlis *(pasigarat tinungglu)* ;
- plantation initiale (*pangurep* 1) ;
- inauguration du nouveau champ *(tinungglu)* ;
- première récolte *(pasiala' buah pangureman)* ;
- plantation d'arbres fruitiers et d'arbres de la forêt (*pangurep* 2) ;
- vieux champs, jachère *(pumonean)*.

Chacune de ces phases est accompagnée de stricts tabous et de rituels spécifiques et correspond à des connaissances approfondies de la végétation environnante et des plantes domestiquées. On peut noter cependant que cette manière traditionnelle de cultiver la forêt et les rituels qui lui sont liés ont tendance à disparaître. Les repères spirituels et les pratiques rituelles relevant de l'animisme (cérémonies, tabous, etc.), fondés entre autres sur une relation respectueuse et équilibrée à la forêt, sont mis à mal, après avoir été minés par les religions officielles, par l'introduction brutale de l'économie de marché et des échanges monétaires. Le développement extensif de cultures nouvelles à haute valeur ajoutée (coco, patchouli et cacao), introduites par les experts venus d'Indonésie, exige des méthodes plus expéditives : le défrichage rapide à la tronçonneuse et l'incendie de grandes parcelles de forêt sont donc aujourd'hui estimés plus rentables. Ces changements d'attitude et de méthode, perceptibles à moindre échelle dans le sud de l'île, sont devenus depuis longtemps monnaie courante dans le Nord.

Prenons l'exemple de Politsoman. Le terme le plus usité ici pour parler indistinctement des plantations, champs ou jardins est le mot indonésien *ladang*. En mentawai, les appellations *tinungglu*, *mone* et *pumonean* sont encore utilisées pour désigner plus précisément les différents états des terres exploitées. Ainsi, le *tinungglu* correspond à la parcelle de forêt défrichée, « prête mais encore vide de cultures ». Ce nom vient de *manungglu* (ou *mei tungglu*), qui signifie « défricher », ou encore « couper les grands arbres et les herbes ». *Mone* correspond au champ cultivé, déjà planté en arbres fruitiers. *Pumonean* est ce même champ tombé en jachère, « trop vieux pour être encore cultivé ». De l'état de forêt à sa mise en jachère, le cycle de la parcelle cultivée passe ainsi par différentes étapes.

Les divers stades du cycle *pumonean* présentés dans l'article cité ne sont pas tout à fait identiques à Politsoman. Les termes varient légèrement et certaines des obligations liées à la foi animiste, *sabulungan*, ne sont plus ici tout à fait identiques.

La première étape consiste à sélectionner le lieu d'exploitation. Ce choix répond à différents critères relatifs au territoire : accès, configuration spatiale, histoire du lieu, appartenance, absence de tabous, microclimat, fertilité des sols, etc. À Politsoman, deux types de forêt sont distingués : *leleu*, la forêt primaire située sur les collines et souvent plus éloignée des lieux d'habitation, et *baga*, une forêt proche dans laquelle « il ne faut pas monter sans arrêt », une forêt secondaire en terrain plutôt moins accidenté. Donc, après avoir repéré, « cherché des yeux » le terrain propice, il faut demander l'accord du clan propriétaire. Si l'affaire est conclue, le terrain réservé est indiqué par une croix de bois *(labu)*, qui interdit aux autres d'ouvrir un *ladang*, et ses limites balisées par des palmes *(sosong)* fichées en terre.

L'ouverture du champ *(maibukak)* peut ensuite commencer. Une petite cérémonie appelée *panakiat tinungglu* était organisée autrefois pour que le champ soit fertile et afin que celui qui le travaille ne tombe pas malade, en éloignant les dangers, les mauvais esprits. Elle ne se fait plus à Politsoman depuis très longtemps – au moins depuis quatre-vingts ans… Mais rien n'est moins sûr, la mémoire de mon informateur aussi s'égare. Ce rituel lié aux croyances *sabulungan*, dont l'appellation *panakiat tinungglu* reste connue à Politsoman malgré sa disparition (« c'est du passé »), est toujours pratiqué à Siberut *(panaki tinungglu)*.

Une fois les travaux de défrichage et de brûlis terminés, au bout de deux à trois mois de travail, la première plantation peut commencer *(mangurep)*. Une cérémonie peut être organisée lorsque le nouveau champ a fini d'être planté. Il s'agit du *pasineneijat*. Cette cérémonie traditionnelle, encore pratiquée à Siberut et appelée *masisinei*, avait pour but de remercier les ancêtres et de donner une âme aux jeunes arbres et aux végétaux plantés afin qu'ils croissent vite, restent sains et que leur cycle de vie puisse se renouveler sans cesse. Maintenant que les gens croient au Dieu unique des Églises et que le rite *sabulungan* a officiellement disparu dans la contrée, la bénédiction du nouveau champ est faite par le prêtre ou le pasteur. Le travail de plantation dure environ un mois. Sont d'abord plantées les espèces végétales qui « poussent vite » *(tainao)*, telles que bananier, manioc, patate douce, taro, canne à sucre (*gude, gobi, lupe, gettek, kole*) et les arbres fruitiers à croissance rapide, genre papayers, corossols (*sakkole, doriat sasareu*). Puis sont plantés les arbres à croissance plus lente, cacaoyers, cocotiers, différentes variétés de durians, ramboutans, arbres à pain (*coklat, toitet, toktuk* ou *sipokinoso, batti, sukun*).

La première récolte de fruits et tubercules, *maialak* ou *pasialak buah*, se fait au cours de la première année. Une compensation *(talagai)* en nature sera alors offerte par l'usufruitier au propriétaire prêteur. Et ainsi, chaque année, une part de la production, surtout des durians et des cochons, lui sera donnée pour le dédommager. Il faudra encore attendre deux à quatre ans pour récolter le cacao, six ans pour le coco et une dizaine d'années pour goûter les premiers durians. Les cultures vivrières sont replantées pendant dix ou vingt années, voire davantage si la relève suit. Si ce n'est plus le cas, le jardin, *mone*, est abandonné et entre dans la longue période de jachère appelée *pumonean*.

« Abattis et brûlis » ou « abattis et compost » ?

La méthode « abattis et brûlis » *(slash and burn)* est utilisée presque exclusivement dans le nord de l'île depuis plus d'un demi-siècle. Aucun témoignage vivant à Politsoman ne permet d'affirmer d'ailleurs qu'il en fut autrement auparavant. Tous les hommes actuels ont vu leurs pères et grands-pères appliquer ce procédé. En revanche, dans le sud et le centre de l'île, la culture sur brûlis n'est pas la méthode traditionnellement utilisée. Tous les écrits et témoignages confirment que la méthode « abattis et compost » est la seule traditionnellement utilisée à Siberut ; *a contrario*, aucun écrit ancien ou récent n'y mentionne l'emploi du procédé « abattis et brûlis ». Après défrichage de la forêt secondaire ou primaire, les arbres et le reste de la végétation coupée pourrissent donc sur place, selon le procédé « abattis et compost » *(slash and mulch)*.

Un homme de Politsoman, approchant la soixantaine, me dit ainsi avoir toujours pratiqué l'essartage, comme son père. Il sait que, dans le Sud, les gens laissent pourrir les arbres. Selon lui, l'avantage de cette dernière méthode est que les mauvaises herbes poussent vite mais sont plus faciles à enlever. À l'inverse, avec la méthode du brûlis, il y a moins de mauvaises herbes mais leurs racines s'enfoncent plus profondément dans le sol et sont donc plus difficiles à retirer.

À Siberut, cette phase de défrichage et de débroussaillage *(pasigarat tinungglu)* préserve les arbres qui servent aux cérémonies, comme l'ilang-ilang *(poak)*, utilisé pour parfumer les nouveau-nés à leur naissance, et les jeunes plants d'arbre qui, plus tard, serviront à la construction d'objets (pirogues, plats, etc.), tels que le *meranti (katuka)* ou le *keruing (elagat)* ; les gros spécimens sont abattus en prévision d'une future utilisation. D'autres plantes utilitaires comme les différentes espèces de rotin et de bambou sont aussi conservées. Aucun brûlis n'est ensuite effectué. La chaleur dégagée nuirait aux âmes et les mettrait en colère.

J'ai cependant pu observer quelques rares cas de brûlis, ou plus exactement de « défrichement par le feu », dans des zones de forte sédentarisation, proches de la côte, pour une ouverture rapide de grandes plantations permanentes : par exemple pour des bananeraies proches de Muara Siberut, plantations desservies par une route cimentée ! Cette pratique nouvelle dans la région correspond certainement ici à des exigences de rentabilité immédiate importées par les migrants de Sumatra ou conseillées par les développeurs économiques indonésiens. En tout cas, ce changement, aussi insignifiant qu'il paraisse aujourd'hui, indique que le feu de la productivité à court terme risque un jour de prendre et de se propager dans le sud.

Par ailleurs, cette technique de « défrichement par le feu », apparue récemment de manière très circonscrite et limitée dans le Sud, peut en partie nous aider à comprendre l'hiatus qui aurait pu s'établir entre le nord et le sud de l'île de Siberut en matière de méthodes agricoles. Dans le coin du Sud où elle est expérimentée, cette nouvelle technique n'est en effet pas fondée sur une pratique de cultures itinérantes donc temporaires, comme c'est le cas chez la plupart des peuples de la forêt qui utilisent la méthode « abattis et brûlis ». Elle correspond ici à un besoin de nettoyage systématique d'une zone de broussailles et de forêt secondaire éclaircie pour la transformer en plantations à grande échelle et à long terme, situées à proximité des zones d'habitations et des voies d'échange, terrestres ou maritimes. Or, une bonne application de la méthode « abattis et brûlis », qui permet de rapidement préparer et fertiliser un sol (les cendres après les pluies sont riches en minéraux), nécessite qu'au bout de trois ans ce terrain soit de nouveau abandonné, avant épuisement total du sol et laminage par les pluies, pour entrer dans un cycle de jachère de plusieurs dizaines d'années. Ce n'est pas le cas dans les exemples considérés au nord comme au sud et, quand il y a mise en jachère, ce n'est qu'après une longue période d'exploitation. L'apparition de cultures de rentes dans des zones de sédentarisation des populations pourrait à terme renforcer la pratique du brûlis sans mise rapide en jachère et itinérance des cultures.

Cette hypothèse pourrait en outre expliquer une éventuelle transformation des méthodes d'agroforesterie dans le nord de l'île.

Bien que le climat soit relativement moins humide dans le Nord que dans le Sud, ce qui pourrait justifier ici le choix du procédé « abattis et brûlis » au lieu de la méthode « abattis et compost », l'explication météorologique demeure un peu courte. L'histoire du peuplement de l'île et des migrations internes des populations indigènes indique que le centre de l'île, Simatalu, fut le berceau duquel partirent d'abord vers le nord puis vers le sud les premiers habitants. Dans cette région centrale comme dans le sud de l'île, les autochtones vivant dans une forêt très humide pratiquent depuis des millénaires le système « abattis et compost » : une agriculture raisonnée qui compose avec le milieu environnant et qui s'inscrit dans des cycles, des pratiques et des rites éprouvés depuis des générations. Les premiers arrivants dans le Nord ont donc très certainement emporté avec eux ces mêmes méthodes de cultures en forêt et les ont longtemps conservées.

Dans la suite de l'évolution de ces peuples, le système social traditionnel dans la partie nord de l'île a subi, principalement dans la seconde moitié du XXe siècle, et plus précocement et avec davantage d'intensité que dans les autres parties de l'île, des dérèglements importants : déplacement et sédentarisation des populations, endoctrinement religieux, exploitation forcenée de la forêt primaire par les compagnies de *logging*, entrée dans l'économie monétaire, expérimentation forcée de nouvelles cultures (riziculture, cocoteraies, patchouli, cacao, etc.). Conséquence de ces bouleversements : la perte des valeurs et des croyances traditionnelles liées à la vie dans la forêt, l'arrivée de nouveaux modèles et de nouvelles exigences, l'adoption de nouvelles méthodes. Il n'est pas dit que le feu ne soit pas arrivé à ce moment de transition purificatrice... et que les âmes de la forêt ne soient pas en colère contre un tel traitement.

Sapeu sainak, la coutume impure

Les *sapeu sainak* (« maisons à cochons ») sont très utilisées par les familles mentawai. Ces maisons sont souvent éloignées des villages « propres » et éparpillées à proximité d'un cours d'eau et d'aires à sagoutiers, sur les territoires du clan. Pour des raisons de commodité, elles sont généralement situées à moins de deux heures de pirogue de l'habitation principale. Ces cabanes sommaires constituent une base de vie avancée pour les familles, en particulier pour les hommes. Ils y élèvent leurs animaux en semi-liberté tout en vaquant à leurs activités. Elles servent aussi de refuge pour le chasseur[206] et, si nécessaire, de lieu d'intimité pour les couples.

Il s'agit d'une hutte surélevée sur pilotis, construite avec des matériaux bruts tirés de la forêt environnante : assemblage de pièces de bois grossièrement équarries liées par des cordes de rotin, plancher flottant de bambous ou de palmier, cloisons et couverture en écorce et palmes de sagoutier. Elle ne comporte souvent qu'une pièce ouverte sur trois côtés, dotée d'un coin pour le feu. Parents et enfants mangent et dorment à même le sol. Parfois, un espace cloisonné est aménagé.

La maison possède aussi des particularités liées à sa fonction. Elle est haut perchée afin que les cochons puissent s'abriter en dessous ou se goinfrer des déchets jetés à travers le plancher. Elle présente souvent une plate-forme découverte *(gare)* où l'on dépose affaires crottées et objets encombrants. Pour y accéder, il faut gravir les entailles du *gorat*, un tronc parfois très glissant. Cette plate-forme peut être précédée d'une passerelle qui surplombe le parc à cochons *(guta)*, un enclos de poteaux, fermé par un panneau à guillotine *(matatorak)* et parfois disposé à l'écart, sa porte étant alors actionnée depuis la terrasse du *sapeu* à l'aide d'une corde. Une plate-forme surélevée et couverte est installée près du *sapeu* pour les coqs et les poules *(sapeu gambuat)*.

En fin de journée, l'éleveur appelle ses cochons, partis fouiller le sous-bois, en frappant sur un bambou fendu *(silololou)*[207]. Chaque clan possède son langage sonore, que ses cochons savent reconnaître entre tous. Les plus belles bêtes ont les oreilles artistiquement découpées afin d'être identifiées sans hésitation. Les cochons sont nourris au coucher du soleil avec un tronçon de sagou fendu en deux *(lato ka sainak)*. Les volailles ont droit en plus à de la noix de coco râpée. La nuit, elles dorment dans un arbre de la cour auquel elles accèdent par une tige de bambou inclinée. Par sécurité, mères et poussins sont récupérés, exclusivement par l'homme de la maison ou son grand garçon, dans des paniers de rotin *(lagtak)*.

L'endroit et les chemins *(enung)* qui conduisent au *sapeu*, tracés par les porcs, sont particulièrement boueux *(bojit)*. On s'y déplace l'un derrière l'autre, comme dans de nombreux passages en forêt, sur les troncs *(tete)* jetés dans la boue.

Le mythe raconte qu'une nuit de déluge, les cochons tombèrent du ciel. Ils sont pour les Mentawai des animaux de tout premier ordre et restent une des principales valeurs d'échange et de partage. Un élevage de qualité apporte le prestige à son propriétaire en lui permettant de faire des dons à l'occasion des nombreux événements qui rythment la vie de la communauté. Il participe ce faisant à la cohésion du clan, et permet de conclure des alliances avec les femmes des autres clans ou de régler un litige. Le peuple mentawai, dans toutes les parties de l'île, accorde aussi au cochon une forte valeur symbolique et spirituelle. Il est sacrifié rituellement, sa chair est offerte aux vivants et aux ancêtres. Son âme, même pour ceux qui se disent éloignés des croyances animistes, sert de médium entre le monde des humains et celui des esprits. Le prélèvement d'animaux n'est donc pas décidé en fonction d'un besoin strictement alimentaire. La consommation de viande porcine, comme celle du poulet, s'inscrit dans un code rituel de bienséance : accueil d'un hôte, participation à une cérémonie, compensation, etc. Le plus remarquable dans les coutumes de don et de partage est leur caractère parfois ostentatoire, sorte de potlatch qui permet à l'individu et au clan d'affirmer leur vitalité et leur puissance, le donateur sachant qu'il est en droit de recevoir au moins autant que ce qu'il a offert.

Depuis que les populations ont été regroupées dans des villages et que de nouvelles modes culturales ont été introduites de l'extérieur, l'élevage des cochons est devenu problématique. L'éloignement des aires d'élevage, la diversification et l'exigence des tâches agricoles à rendement lucratif et monnayable compliquent la vie de certains éleveurs. Les difficultés semblent plus difficiles à résoudre dans les zones intermédiaires comme Politsoman, sorte d'entre-deux social et économique où les autochtones s'évertuent depuis plusieurs décennies à faire le grand écart (spatial et temporel) entre innovations et traditions. Il n'est pas certain cependant que ces changements de priorité affectent le nombre de cochons élevés étant donné leur importance avant tout sociale et culturelle[208].

Un équilibre s'était établi entre la vie des hommes et celle des animaux. La limitation actuelle du nombre de bêtes vient de méthodes et de pratiques d'élevage spécifiques et de causes naturelles. Ce qui caractérise ici l'élevage porcin est la liberté dont jouissent les animaux, qui cherchent leur nourriture en forêt et reviennent le soir profiter du complément distribué par l'éleveur. Une méthode naturelle qui permet d'économiser du temps de travail et des aliments et libère l'homme des contraintes de l'élevage en parc clos. Elle exige toutefois la maîtrise de techniques de contrôle : la castration des mâles après le premier accouplement, nécessaire car les verrats à la recherche de femelles risqueraient de disparaître, permet une régulation. Autre avantage : les bêtes castrées grossissent davantage. En période normale, un cycle d'une quinzaine de mois est nécessaire à la reproduction d'un élevage. Les femelles mettent bas dans la forêt une portée de trois à huit petits. Elles reviennent seules se nourrir au *sapeu* une semaine plus tard. Le gonflement de leurs mamelles, une par porcelet, sert d'indicateur aux éleveurs, qui sont soulagés quand les truies arrivent la semaine suivante avec leurs petits, qui seront nourris de farine de sagou au bout d'un mois. Entre-temps, quelques-uns ont fait le bonheur des serpents. Une des difficultés de l'élevage, outre les dangers liés à la forêt, tient à la capture d'animaux parfois encore sauvages en prévision des cérémonies. Il faut compter jusqu'à une semaine ou deux pour parvenir à pister et à rassembler le nombre de bêtes nécessaires.

Maints tabous sont attachés aux cochons. Les activités agricoles ou intimes – l'épouillage ou les relations sexuelles – sont proscrites la semaine qui précède la mise bas des truies et jusqu'au sevrage des petits. Les travaux qui ne sauraient attendre sont assurés par les jeunes frères, les enfants ou les neveux du propriétaire (Schefold, 1988). Autre tabou, un homme ne peut tuer ni cochon ni poulet lorsque sa femme est enceinte, au risque sinon de provoquer une fausse couche[209]. En dépit de ces précautions, des calamités affectent régulièrement l'élevage. Les pythons, plus grands prédateurs des cochons, se régalent des jeunes mais sont capables d'engloutir une proie adulte. Les pires ennemis sont les épizooties, la peste porcine par exemple, qui déciment les troupeaux concentrés dans des zones de plus en plus rapprochées.

Les Mentawai construisent des *sapeu* en fonction de leurs besoins, dans différents lieux qui n'ont souvent rien de définitif. Beaucoup de familles mènent une vie itinérante. À distance du *sapeu sainak* peut se trouver un *sapeu mone* (« maison de jardin »), dans une cocoteraie ou le long de la rivière. C'est le cas pour nombre d'habitants de Politsoman. La gestion de ces emplacements requiert une organisation et des déplacements complexes. L'éleveur ne vient plus par exemple que deux jours par semaine pour nourrir ses bêtes, consacrant le reste du temps à ses plantations.

Précieux singes de Siberut

Quatre espèces de singes sont endémiques à Siberut :

- *bilou*, *bitou* (S) ou *bileu* (N) *(Hylobates klossi)* ;
- *simakobu* (S) ou *aleita* (N) – en raison de sa touffe de cheveux *(alei)* – *(Simias concolor)*, le *simakobu* blanc (ou doré) étant appelé *simabulau* (S) ou *sulabei* (N) ;
- *bokoi (Macaca pagensi)* ;
- *joja* (S) ou *simagalei* (N) *(Presbytis potenziani)*.

On rencontre aussi beaucoup d'écureuils et d'oiseaux endémiques. Les scientifiques estiment que 65 % des animaux et 15 % des plantes de Siberut sont endémiques (Sparks, 1991).

Traditionnellement, le gibbon nain ou gibbon de Kloss *(bilou)* et la variété blanche du *makobu* ne doivent pas être chassés. Leur esprit paraît bien trop fort. La chasse au *bilou*, animal considéré comme sacré dans la religion *sabulungan*[210], peut cependant être pratiquée à l'occasion de certains rituels, par exemple lors du passage initiatique pour devenir un homme adulte. En outre, si une rencontre fortuite se produit, il arrive aussi que l'un d'eux soit attrapé. La viande de ces singes ne peut toutefois être consommée qu'en dehors de l'*uma* et elle reste strictement interdite aux *kerei* et *rimata* (Schefold, 1988). Même chose dans le Nord : la consommation du *bileu* et du *sulabei* est interdite aux *kerei*.

Les pratiques actuelles de chasse contribuent cependant à la régression inquiétante du nombre de singes des îles Mentawai. La population de *simakobu* aurait ainsi diminué, selon différentes estimations, de 50 à 80 % en dix ans (Whittaker, 2006). L'espèce est considérée comme étant aujourd'hui en danger d'extinction. Premier responsable, la déforestation orchestrée par les compagnies d'exploitation forestière. Second responsable, la déculturation opérée par la politique religieuse de l'État indonésien et le prosélytisme des missions. L'interdiction de la religion traditionnelle *sabulungan* et l'endoctrinement dans de nouvelles croyances ont en effet conduit à l'oubli des tabous et restrictions ancestrales liés à la chasse. Le singe a été démythifié. N'étant plus l'égal de l'homme, il peut être chassé sans règle stricte (pour la capture et la vente d'animaux de compagnie par exemple). Facteurs aggravants : le fusil remplace l'arc et le chasseur mentawai considère que le gibier reste toujours aussi abondant.

En 1981, l'île de Siberut est finalement déclarée réserve naturelle nationale, biosphère protégée, mais son écosystème reste menacé. L'exploitation forestière (pour l'industrie papetière et la construction) pratiquée par les compagnies privées indonésiennes, souvent de manière illicite, a mis gravement en péril la forêt et les indigènes, « les hommes de la forêt » mentawai. Pour remplacer la forêt, des projets de plantations de palmiers à huile sur d'immenses surfaces avaient même été encouragés par le gouvernement. Malgré certains reculs face aux pressions des associations de défense de l'environnement, ces projets économiques de déforestation et de replantation extensive sont remis régulièrement à l'ordre du jour sous d'autres formes. Aujourd'hui, le cacao est à l'honneur.

Les nouvelles pratiques indigènes résultant des relations établies avec le monde extérieur (échanges commerciaux, monétaires, touristiques, etc.) mettent aussi la forêt en péril. Ainsi de l'autorisation accordée (souvent au prix de menaces et pressions diverses) par certains locaux aux bûcherons indonésiens de couper les arbres sur leur territoire contre espèces sonnantes et trébuchantes ou en échange de quelques litres de gasoil. De même, la vente à bas prix et l'exportation massive du rotin et de la très coûteuse résine parfumée *(gaharu)*, contenue dans des arbres séculaires dont le bois a été modifié par une infection fongique et qu'il faut abattre pour découvrir si leur tronc en recèle, ont conduit à une raréfaction de ces essences[211]. En outre, beaucoup de jeunes chassent au fusil (ils ne savent ou ne veulent plus fabriquer un arc et des flèches de manière traditionnelle) et, par facilité et par jeu, se comportent parfois comme des prédateurs insatiables (en opposition avec les chasses rituelles qui ne prélèvent qu'un minimum de gibier), contribuant ainsi à la disparition progressive des singes et des oiseaux (Sparks, 1991). Bref, le monde et ses excès gagnent du terrain.

Le parc national de Siberut (crée en 1993), qui s'étend sur 1 905 km² dans la partie ouest de l'île (45 % de la superficie totale), devrait pouvoir contenir cette dégradation, empêcher qu'elle n'aille trop loin. Il est divisé en trois zones d'utilisation : un sanctuaire (au centre) dans lequel la chasse est prohibée ; une zone d'usage coutumier sur le pourtour du sanctuaire dans laquelle la chasse est régulée ; interdiction cependant de chasser le *simakobu* et le *bilou* ; enfin, trois enclaves sur la côte ouest abritent des villages habités par des populations d'origine non-mentawai (pas de restrictions). Seulement, cette réglementation à l'intérieur du parc n'est pas vraiment respectée faute de gardiens et de moyens (Whittaker, 2006). L'on s'en rend compte à chaque instant.

La chasse à Politsoman

À Politsoman, il est rare d'apercevoir des armes traditionnelles. On peut en trouver davantage dans les *sapeu* situés à l'extérieur du village (et plus encore vers Terekan Hulu et Terekan Hilir). Les arcs *(reureu)*, cordes *(itek)*, carquois *(bukbuk)* en spathes de sagoutier *(bolakan)*, flèches (*pana* ou *silogui*) et les lances affûtées (*patei* ou *sosoat*) sont les mêmes que dans le reste de l'île. Seuls les termes d'appellation varient. Il existe aussi quatre variétés de flèches :

- *silogui* ou *sikaligejat* pour les singes ;
- *bobokuk* ou *boboglu* pour les oiseaux ;
- *patara* ou *soirak* pour les petits gibiers ;
- *tunung* pour les sangliers et les daims.

Les flèches *sikaligejat* et *soirak* sont faites d'un roseau léger tiré du rotang à l'extrémité duquel est fixée, au moyen d'un petit lien tressé, une longue pointe spiralée en bois de palmier.

Le fusil *(palengui)* à air comprimé est en revanche maintenant couramment utilisé. Certains villageois, quand ils se rendent dans les plantations ouvertes en lisière de forêt, l'emportent systématiquement, en plus de leur inséparable machette. Au cas où, disent-ils, ils rencontreraient en chemin du menu gibier, un oiseau, un écureuil, un singe parfois. Pas question en effet de s'attaquer à un cochon sauvage ou à un cerf avec ce genre de pétoire. Seules, la grande flèche à pointe métallique ou la lance peuvent en venir à bout.

Des pièges, cages et collets sont aussi parfois posés pour capturer de petites proies. De nombreux animaux sont dorénavant considérés comme nuisibles pour les cultures. Les éliminer permet donc de protéger ces dernières tout en améliorant l'ordinaire. Cerfs, cochons, calaos, pigeons, écureuils sont donc consommés à l'occasion. Parfois aussi la chair du varan et très rarement celle du python.

À Politsoman, comme dans d'autres parties de l'île de Siberut, les singes *bileu*, *simagalei (joja)* et *sulabei* ne sont en principe pas chassés. La consommation de leur chair est strictement taboue pour les *kerei*[212]. Le *makobu* et le *bokoi* sont chassés à l'occasion. En outre, certains clans, comme les Salamanang, sont moralement tenus de participer à la protection des singes dans la réserve et la station d'étude en primatologie de Punggut (5 000 hectares, situés dans la forêt Peleonan, sont loués à ces clans par le Siberut Conservation Project).

La chasse en tant qu'activité collective n'est d'ailleurs plus pratiquée ici que de manière exceptionnelle, tout au plus deux ou trois fois par an, histoire de se divertir ou d'agrémenter les fêtes de fin d'année. La pratique de la chasse se poursuit occasionnellement, le plus souvent de manière individuelle ou, tout au plus, avec un ou deux compagnons. Comme pour d'autres activités traditionnelles, cette diminution des pratiques cynégétiques à Politsoman correspond en partie aux transformations socio-économiques et culturelles de la région. Beaucoup moins de temps à consacrer à une activité qui demande de longues heures de préparation et de traque et dont les résultats sont de surcroît aléatoires. Plus de nécessité absolue non plus en termes d'alimentation : la nourriture est dans le jardin ou à la boutique du coin. En outre, les cérémonies qui subsistent encore ont perdu l'essentiel du culte animiste qui fondait et codifiait leur ritualisation. En l'occurrence, le rituel de la chasse n'a donc plus vraiment lieu d'être sauf, ironie du sort, pour marquer Noël ou le nouvel an.

Le durian

Le durian est « le roi des fruits », devant lequel on s'incline en Asie du Sud-Est. Ce terme vient de l'indonésien *durio* (« épine »). Il existe plus d'une trentaine d'espèces connues, dont neuf identifiées comme comestibles, sans compter les dizaines d'espèces cultivées. Aux Mentawai, on rencontre aussi différentes variétés de durian : *totopoi, toktuk, kinoso*... La pollinisation des durians dans la nature est presque exclusivement l'œuvre de chauves-souris frugivores et cavernicoles. Dans l'archipel des Mentawai, pas moins de huit espèces (en danger) sont attirées par les effluves des durians (Heinrichs, 2005).

Le nom d'espèce *Durio zibethinus* retenu par Linné se réfère à la civette indienne *(Viverra zibetha)* connue pour les sécrétions odoriférantes de sa glande anale utilisées en parfumerie. Odeur prisée mais peu ragoûtante qui a donc retenu l'attention du naturaliste pour classifier ce fruit. Un choix peut-être ethnocentrique de la part d'un savant occidental puisqu'on apprend que cette origine indienne rappellerait plutôt l'attirance de ces petits animaux pestilentiels pour ce fruit délicieux.

En 1856, le naturaliste anglais Alfred Russel Wallace en donne lui, à l'inverse, une description précise et presque trop flatteuse. Sa saveur et son odeur lui rappellent la crème de fromage, la sauce aux oignons, le sherry (xérès) ainsi que beaucoup d'autres ingrédients incongrus. Sa pulpe de soie est d'une douceur incroyable et équilibrée, ni trop acide, ni trop sucrée ou juteuse. Plus on en mange, plus on l'aime et moins on peut s'en passer. Il n'a jamais goûté quelque chose d'aussi exquis, prétend-il.

GLOSSAIRE FAUNISTIQUE ET FLORISTIQUE

Les termes ci-dessous relèvent du dialecte du Sud (région de Muara Siberut) ; quand ils proviennent du Centre, de la région de Simatalu, ils sont suivis de (C), et de (N) quand ils proviennent du Nord, de la région de Politsoman.

abangan : *Mangifera sp.*, fam. Anacardiacées, mangue.
agas : *Culicoides sp.*, fam. Cératopogonidés, moucheron piqueur.
aileleppet : *Graptophyllum pictum*, fam. Acanthacées, *caricature plant.*
alupat : *Scolopendrina subspinipes*, scolopendre.
alupetpet : *Lampyris noctiluca*, lampyre, ver luisant.
baiko : *Artocarpus incisa*, arbre à pain.
barringtonia : *Barringtonia asiatica*, bonnet d'évêque.
baru : *Pentace triptera*, bois *melunak.*
bateh : *Varanus salvator*, varan.
batti : *Nephelium lappaceum*, ramboutan.
bebeget : *Calamus manan*, rotin.
bekeo : *Hibiscus rosa-chinensis*, hibiscus.
biloulbitou (C) ou *bileu* (N) : *Hylobates klossi*, gibbon de Kloss.
bokoi : *Macaca pagensi*, macaque.
coklat : *Theobroma cacao*, cacao.
doriat sasareu : *Carica papaya*, papaye.
duruk : *Medinilla alternifolia Blume*, fam. Mélastomatacées.
elagat : *Dipterocarpus baumii*, *keruing.*

gaharu: *Aquilaria malaccensis*, fam. Thyméléacés, copeaux de bois d'aloès.

gettek: *Colocasea esculenta*, taro.

gobi: *Manihot utilisima*, manioc.

gude: *Musa sp.*, banane.

joja ou *simagalei* (N): *Presbytis potenziani*, fam. Cercopithécidés, langur mentawai.

kailaba: *Aceros corrugatus*, fam. Bucérotidés, calao à casque rouge.

kainenean ou *punenean* (N): *Staurogyne sp.*, fam. Acanthacées.

katuka: *Shorea lamellata*, fam. Diptérocarpacées, *meranti*.

kelabaga ou *godjo* (C): *Antidesma neurocarpum*, fam. Euphorbiacées.

kelek: *Hemigraphis colorata*, fam. Acanthacées.

kemut: *Centropus sinensis*, fam. Cuculidés, grand coucal.

kiniu: *Curcuma xanthrorrhiza*, curcuma.

kole: *Poaceæ saccharum*, canne à sucre.

lakoba: variété de mangue.

loga ou *tupai* (N): écureuil.

lupe: *Ipomœa batatas*, patate douce.

mangeak: *Flagellaria sp.*, bambou.

mankakak: *Pelargopsis capensis*, martin-chasseur gurial.

melinjo: *Gnetum gnemon*, fam. Gnétacées.

mumunen: *Mussaenda frondosa*, fam. Rubiacées.

nilam: *Pogostemon cablin*, fam. Lamiacées, patchouli.

nipa: *Nypa fruticans*, palmier nipa.

okbuk: *Gigantochloa apus*, bambou.

onam: *Eugenia cymosa*, syn. de *Syzygium cymosum* ou *Eugenia Jambolana*, fam. Myrtacées, jamblon.

opu: tortue terrestre.

paula ou *peula* (N): *Arenga westerhoutii*, palmier paula.

pikpik: *Tringa nebularia*, chevalier aboyeur.

poak: *Cananga odorata*, ylang-ylang.

raggi: *Antiaris toxicaria* ou *Ervatamia penduncularis*, fam. Moracées, *upas*.

saba: *Python reticulatus*, python.

sagu: *Metroxylon sago*, sagou.

sakkole: *Annona muricata*, annone.

simakobu: *Simias concolor*, fam. Cercopithécidés, langur à queue de cochon.

sineuneu (N) : *Globba marantina*, fam. Zingibéracées.

simakkainao/tainao: *Hedychium coronarium*, fam. Zingibéracées.

sukgrusukgru: *Selaginella sp.*, sélaginelle.

sukun: *Artocarpus altilis*, arbre à pain.

surak: *Codiæum variegatum*, fam. Euphorbiacées, croton.

taibe: fougère comestible.

taibelekki: *Pleomele sp.*, fam. Liliacées.

taipotsala: *Sterculia coccinea Jack*, fam. Sterculiacées.

tinali: *Casuarina equisetifolia*, filao.

tobat: *Otus mentawi*, petit duc des Mentawai.

toitet: *Cocos nucifera*, noix de coco.

toktuk, *kinoso*, *totopoi*: *Durio zibethinus*, fam. Bombacacées ou Malvacées, variétés de durian.

totonan: *Etlingera eliator*, fam. Zingibéracées, rose de porcelaine.

treba/tuba: *Derris elliptica*, fam. Fabacées, *fish poison plant*.

tugnan: anguille.

NOTES

1. « Ce n'est pas à tort que les îles Mentawaï ont été, en raison de leur cadre naturel enchanteur, appelées les Hawaï de l'Indonésie » (Cannizzaro, 1968 : 178). Le tréma sur les « i » paraît renforcer la ressemblance.
2. En 1911, du temps où une garnison hollandaise était installée à Muara Siberut, avaient été édictées un certain nombre de règles de conduite dont la prohibition de la chasse aux têtes.
3. Cinq grands principes idéologiques *(Pancasila)* régissent la politique de l'État indonésien : croyance en un dieu unique ; humanité juste et civilisée ; unité territoriale ; souveraineté populaire guidée par la sagesse des délibérations et de la représentation ; justice sociale.
4. Bakker, 1999 : 5-6.
5. D'un point de vue administratif, il n'existe cependant qu'une vingtaine de villages gouvernementaux (*desa* regroupant plusieurs *dusun*) pour l'ensemble des deux sous-districts nord et sud de Siberut, appartenant auparavant au district de Padang-Pariaman. Depuis octobre 1999 a été mis en place un district spécifique pour l'archipel des Mentawai afin d'octroyer davantage de pouvoir à la « communauté insulaire » et à ses « élites critiques ». Ce changement institutionnel a permis d'élire des représentants politiques et administratifs d'origine mentawai. Le chef du district est basé à Sikakap, sur l'île Pagai Utara, ce qui ne facilite guère les démarches pour les populations des autres îles et la reconnaissance de son rôle (antagonisme entre les îles). En outre, beaucoup de politiciens locaux appliquent à leur profit la triade indonésienne *Korupsi, kolusi, nepotisme*

(« Corruption, collusion, népotisme ») et sont pour la plupart des affidés des compagnies forestières (Myrna Eindhoven, 2008).

6. La phobie du porc semble constituer un handicap pour rallier à l'islam les clans mentawai qui entretiennent un rapport spirituel primordial avec cet animal. Ne pas adhérer à cette religion est aussi pour eux une façon de se démarquer de la société dominante représentée par les colons et fonctionnaires d'origine minangkabau (ouest de Sumatra). L'islam parvient, malgré cela, à attirer, tant bien que mal, quelques adeptes. Ainsi le clan Sakalio de Madobak s'est converti à cette religion. Selon un jeune de ce clan, cette conversion s'est surtout opérée pour avoir la paix et profiter des effets d'aubaine consécutifs à ce rapprochement avec les riches musulmans du pays minangkabau : facilités d'accueil pour des études à Padang ; accès aux emplois administratifs ; dons de bovins de la part des Minangkabau au jour de l'an, etc. Ces Mentawai se déclarent donc musulmans mais non-pratiquants et ne se gênent pas pour manger du porc lors des cérémonies.
7. Jeu de mots construit à partir de l'indonésien *minta*, « demander », et *perminta*, « mendiant » (Bakker, 1999 : 112, note 94).
8. Pays des Sakkudei dont les tribus sont considérées comme les plus intéressantes (terrain de l'anthropologue allemand Reimar Schefold). Elles vivent dans les coins les plus inaccessibles… ce qui les rend d'autant plus attrayantes et fréquentées (informations recueillies dans divers guides de voyage : *Lonely Planet* et *Footpaths*). Voir aussi le film et le livre *Les 33 Sakuddei* (Vladimir de Gmeline, 2001) réalisés durant le périple de *La Boudeuse* organisé par Patrice Franceschi.
9. Prix 2005-2006 : un euro = 11 000 roupies indonésiennes (idr). Janvier 2008 : un euro = 13 500 roupies. Pour le même périple, il faut compter 12 millions de roupies en 2008 (soit environ 800 euros).
10. Beaucoup d'Indonésiens ont perdu de l'argent ce soir-là. La France était favorite à quarante contre un ! Un jeune de Bukittinggi m'a dit avoir misé et perdu 2 millions de roupies !
11. Quasiment l'avis de tous les Indonésiens. Ils savent aussi, et cela conforte sans doute leur opinion, que Zidane, né à Marseille, est d'origine algérienne et donc musulman. Ironie de l'histoire, quand vous dites que vous êtes français à un Indonésien, il vous répond aussitôt d'un air jovial « Zidane ». Si bien que vous

pouvez aussi directement répondre « Zidane » aux Indonésiens pour leur dire en plaisantant que vous êtes français. Ils comprendront et s'en amuseront.

12. Les fonctionnaires, comme la plupart des autres habitants de Muara Siberut, essentiellement des commerçants et pêcheurs, sont immigrés volontaires depuis au moins deux générations ou mutés d'office pour plusieurs années. Ils conservent leur mode de vie habituel et forment une société musulmane à lignage matrilinéaire.
13. Tous les jeunes gens portent, en plus de leur nom traditionnel, un nom de baptême romanisé (Gervasius, Hendricus, Marius, etc.).
14. Dix unités semblables *(desa)* existent dans le sous-district sud de Siberut. Le *desa* de Madobak représente presque 13 % de la population de ce district, soit environ 1 800 habitants.
15. *Barasi*, terme emprunté au minangkabau (*bersih* en indonésien), signifie espace balayé, nettoyé de toute herbe sauvage.
16. *Suku* (clan) : groupe familial exogame et patrilinéaire constitué de plusieurs familles conjugales rassemblées sur un territoire commun, habitant chacune sa propre maison (*sapou* ou *lalep*) mais fonctionnant de manière communautaire et égalitaire autour d'une grande maison *(uma).*
17. *« Anaileuita » (« anai leuk sita »)* qui, à peu de chose près, signifie « nous voici rassemblés » (Schefold) ou « nous sommes toujours vivants » (Brent). *Andaleusita*, dit-on encore dans le nord de l'île, *anda anaileuita* à Simalegi, *eraleusita* à Simatalu... Formule de bienséance légèrement galvaudée de nos jours par l'usage immodéré qu'en font certains étrangers euphoriques pour souhaiter à tout-va et à tout un chacun la « bienvenue ».
18. L'écorce du *toggro baiko (Artocarpus incisa)* est utilisée pour confectionner ce cache-sexe. C'est le même principe de fabrication que le *tapa* maori, tissu végétal obtenu à partir de l'écorce de l'arbre à pain *(A. elasticus).*
19. Schefold, 1988 : 188.
20. Krutak, 2008 : 38-49.
21. La momie d'Ötzi – l'homme des glaces – découverte en 1991, vieille de 5 300 ans, présente des traits de tatouage thérapeutique.
22. Ady, 1994.
23. Cette assimilation de Pageta Sabau à l'esprit le plus puissant du monde souterrain, Teteu ka baga, est une version du mythe de création de la première *uma*.

24. Le terme « ramboutan », qui désigne un fruit de la même famille que celle des litchis, vient de *rambut*, qui signifie « cheveu » en indonésien.
25. Il n'existe pas de mot pour désigner l'année en mentawai. Aussi, rares sont les adultes qui connaissent leur âge, combien d'années ils ont exactement. De nos jours, chaque naissance est déclarée au chef du village et inscrite sur un registre.
26. Famille élémentaire ou conjugale. Dans la vallée de la Rereiket, le terme employé pour désigner cette famille nucléaire est *sanga lalep* ; *lalep* connotant la résidence, la maison familiale habituelle, appelée aussi couramment *sapou*.
27. Principe actif signifié par le verbe *ka saila* : remplacer, transformer quelque chose au profit de quelqu'un, agir sur, etc. ; *bakkat* signifiant « base ».
28. Kruyt, 1924 : 21.
29. Cannizzaro, 1968 : 16.
30. Bakker, 1999 : 24.
31. Cannizzaro, 1968 : 18.
32. Bakker, 1999 : 25.
33. Une autre année, dans la vitrine d'un restaurant de Padang, je tombe en extase gourmande devant une douzaine de ces grands plats creux emplis de nourriture. Ils avaient été achetés au marché central !
34. Reeves, 2000 : 8, article 4.
35. Le set des tambours *tuddukat* comprend, comme celui des *gajeumak*, trois tambours de tailles différentes : le grand, appelé « la mère », émet un son grave ; le tambour intermédiaire est comparable à l'aîné des enfants ; le plus petit tambour au jeune enfant. Ces deux derniers instruments émettent respectivement des sons d'intensité moyenne et aiguë. Le ton de chaque *tuddukat* peut aussi être associé aux sonorités des voyelles : « I » et « U » pour le ton le plus bas (1), « E » et « O » pour le moyen (2), A pour le plus haut (3) (Schefold, 1988 : 159). Ainsi la séquence « 1-3-3 » signifie « on m'a volé un cochon ! » (Henley, 2001 : 120). Michel Brent donne le code suivant : pour un singe mâle, un coup sur le petit tronc, un sur le moyen et deux sur le petit « 3-2-3-3 » (Brent, 1979 : 224). Les sons et rythmes sortis des *tuddukat* varient aussi en fonction du message à délivrer. Un son au rythme lent et joyeux annonce un retour de chasse fructueux. On l'entend le matin et l'après-midi. Le son marquant la colère est émis à n'importe quel moment de la journée. Le son qui annonce la mort

résonne plusieurs fois rapidement durant un cycle de vingt-quatre heures (matin, après-midi, nuit et lendemain matin). Ce langage des tambours avec ses séquences musicales permet donc de faire entendre à l'environnement des messages codés pour le moins élaborés (Schefold).

36. *Sipu ailikgou* : « esprit de l'ombre ou être invisible, sans reflet ». *Pangasabu* correspond au nom d'une plante (non identifiée), *sabu* signifiant « disperser ou nettoyer », employée symboliquement dans l'espoir de chasser pour de bon la maladie.

37. La chute d'un arbre est considérée comme un accident grave ayant souvent des causes surnaturelles. Un rituel particulier (*pasibele* de *bele* signifiant « tomber ») est alors organisé sur le lieu de l'accident pour faire revenir l'âme qui a été expulsée du corps et est restée en arrière au moment de la chute (Ave et Sunito, 1990 : 17).

38. L'homme prend le nom « Teu » quand il a perdu l'un de ses enfants et tant qu'il n'y a pas de nouvelle naissance.

39. Les Mentawai pourraient descendre de peuples originaires du Yunnan (aujourd'hui, province chinoise) via Formose. À ce propos, je me suis rendu dans la petite île de Lanyu située à l'extrémité sud-est de Taiwan. Je suis allé à la rencontre des Yami (ou Tao) qui, jusqu'au milieu du XXe siècle, étaient les seuls natifs de cette île. J'ai remarqué dans la langue maternelle de ce groupe ethnique de nombreux mots similaires à l'indonésien (*anak* pour enfant, *makan* pour manger, etc.). La plupart de leurs chiffres ressemblent aussi à ceux de l'indonésien mais quelle ne fut pas ma surprise d'entendre compter en langue mentawai : *telu* pour trois, *enem* pour six, *pitu* pour sept !

40. À Siberut, l'utilisation de l'argent ne remonte qu'à quelques décennies. Le tabac, comme les épices dans la France du Moyen Âge, pouvait servir de monnaie d'échange. De nos jours, l'offrande de tabac et de cigarettes *(ube)* est coutumière et garde une valeur équivalente à l'argent.

41. Pour Hendricus, tous les frères de son père sont aussi ses pères et ses oncles paternels. De même, la femme de Teurocak devient, pour Hendricus, sa mère et sa tante.

42. Désignés encore par les ancêtres du passé ou ancêtres décédés. Leur présence pouvant être bénéfique, elle est parfois recherchée. Elle peut aussi comporter

des aspects maléfiques dont il faut se protéger car ce sont aussi des esprits *(sanitu)*, sorte de fantômes errants animés d'une puissance aux effets délétères *(bajou)* capables de posséder l'esprit et le corps des vivants. Les esprits des personnes décédées de façon violente (par exemple, lors d'une rixe à coups de machette) sont considérés comme des revenants effrayants et très dangereux.

43. *Gettek (Colocasea esculenta)*. Le taro, tubercule originaire de la région indo-malaise, est peu répandu en Indonésie, excepté au Kalimantan (Bornéo), en Irian Jaya, dans l'archipel des Moluques et celui des Mentawai où il représente une part importante de l'alimentation et entre dans des systèmes d'échange et de dons. Il reste aussi un aliment de base traditionnel dans de nombreuses régions du Pacifique (« taro » est emprunté à la langue maorie).

44. De nombreux tabous doivent être observés par les participants lors des cérémonies : pas de relations sexuelles ; hommes et femmes dorment séparément. Repas pris en commun et à des moments précis ; interdiction de consommer de la viande pour le *rimata* et sa femme. Des tabous doivent aussi être respectés dans de nombreuses autres circonstances (chasse en forêt, etc.). La rupture d'un tabou entraîne de graves conséquences pour l'individu et son clan.

45. Le terme *lia* est aussi employé pour désigner la poule. Comme son nom l'indique, elle joue un rôle important dans le rituel *puliajat* (Schefold, 1988 : 22). Le terme *punen*, davantage employé aux îles Pagai ou dans le nord de Siberut, est équivalent à *lia (puliajat)*.

46. Les haies d'hibiscus *(bekeo)* égaient souvent les abords des *sapou* et leurs fleurs sont utilisées comme décoration *(manai)*.

47. *Gaud sikataik* (énergie contre les mauvaises influences) ; *gaud simaeruk* (énergie favorable, revitalisante).

48. *Buluad* : autre nom pour désigner le *bakkatkatsaila*.

49. Dans la cosmologie mentawai les êtres effrayants et dangereux sont très nombreux. Beaucoup hantent la forêt vierge. Tel l'affreux et méchant fantôme aux griffes démesurées et aux poils hérissés, ou celui qui ressemble à un singe hirsute, ou encore tel autre aux grandes oreilles et qui pue la charogne, sans parler de celui qui vit dans les maisons abandonnées. Une croyance veut que ces fantômes soient possédés par des créatures morbides engendrées par les cadavres en décomposition et appelées *pittok* (chez les Sakkudei). En vérité,

elles sont très proches des fantômes des aïeux, là où continue à vivre leur âme (Schefold, 1988 : 74).

50. Ce rituel pour chasser les esprits de la maison se nomme *pasibibit* ou *bibit sikataik* (« chasser le mal »). J'aurai par la suite maintes fois l'occasion d'assister à ce rituel contre le mal. Il représente une première phase active de la cure chamanique appelée *pabete* ou *panogai* (N).

51. Le « réfrigérant » et tranquillisant le plus utilisé contre le *bajou* des *sanitu* étant le plant *aileleppet*. Vient de « froid » qui se dit *maleppet* ou *mainu* (S) et *manene* ou *manun* (N).

52. Tel le *surak* (croton) au feuillage vert et rouge aux rayures jaunes. *Masurak bagata*, « merci » en français, signifie littéralement, adressé à une assemblée : « Ayez de la couleur en vous » ou « Que la joie soit en vous » (de *masurak*, colorié, joyeux, et *baga*, à l'intérieur, en soi, en nous...).

53. Par exemple, le *kiniu* extrait des racines du *turmeric* (ou curcuma).

54. 15 % des plantes sont endémiques. Plus de 1100 plantes médicinales ont été identifiées au cours d'une étude ethnobotanique menée par Wanda Ave et Batyawan Sunito (1990).

55. La râpe à coco est faite avec la tige épineuse d'une palme de rotin.

56. La farine malaxée est enveloppée sous forme de petits boudins dans des feuilles de palmes. Une fois cuits, les « gâteaux » sont saupoudrés de coco râpé.

57. Si l'on peut dire : le soleil fait partie, participe à la cérémonie. Donc pas de connotations uniquement festives ou ludiques comme le laisse entendre le terme indonésien *pesta* (partie) employé pour évoquer et dénaturer la fonction spirituelle *(sabulungan)* et sociale du *puliajat*.

58. Le *lelebak*, qui relève des attributs rituels de l'*uma*, est un récipient, souvent une fiole, contenant une huile *(pakale)* au pouvoir considéré comme puissant *(gaud)*.

59. Les séquences rituelles suivantes sont appelées *aggaret toitet* (offrande de la noix de coco) et *lia goukgouk* (sacrifice du poulet).

60. Le *rimata* est « celui qui est face » *(sirimata)* au *bakkatkatsaila* tandis que *pamuri* désigne celui qui est « derrière » *(muri)* (Reeves, 2000 : 13, article 8).

61. Cette séquence, comme le texte des incantations, s'inspire en partie des descriptions apportées par Reeves.

62. Le sacrifice du cochon *(sainak)* est appelé *teinungakek* (*teinung* signifie « cœur »).

63. *Sala* signifie « mauvais, mal » ; cette plante affaiblit les esprits, les rend malades.
64. Il n'existe pas d'équivalent *stricto sensu* pour dire « merci » en langue mentawai. Le plus souvent, on dit *kauat* qui peut être traduit par : « Voilà, c'est fait, c'est accompli. À charge de revanche. » Quant à l'expression *masurak bagata*, pouvant comporter un sens de remerciement, elle n'est utilisée que dans un contexte rituel.
65. *Arat sabulungan* se dit aussi *jarayak* ; *jaraik* étant un fétiche en bois symbolisé par une inflorescence de *sagou* entourant un crâne de singe placé au centre.
66. Appelé *pusikebbukat* du nom du grand plat qui sert au rituel. Vient de *punu* qui signifie « représentant ou substitut » et de *kebbuk* qui veut dire « vieux parent ». Ce terme *pusikebbukat* signifierait donc littéralement « qui représente le *rimata* » (Reeves, 2000 : 29, article 8). *Kebbuk* peut aussi être traduit par « enfant aîné » à propos, par exemple, des tambours (Schefold, 1988 : 159).
67. La séquence est dite *kokoman sikebbukat*. Le plat hollandais/japonais fait ici office de *kokoman sikebbukat*.
68. La chasse dans la société traditionnelle est une activité masculine, collective et codifiée (de très nombreux tabous la réglementent), qui contribue au bon déroulement des cérémonies rituelles. La consommation de la viande de la forêt, en particulier celle des singes, constitue la séquence finale de l'acte cérémoniel.
69. La substance extraite de l'écorce de l'*onam*, aux fruits roses comestibles, donne une teinture rouge appelée *doan*. Le chasseur enduit la corde *(litek)* de son arc *(rourou)* de cette substance pour coller l'écorce de *baiko* enroulée sur elle-même et la rendre ainsi plus résistante. Ce colorant est aussi utilisé pour peindre les animaux et autres objets sculptés suspendus dans l'*uma*.
70. Pour noircir le bambou du carquois *(bukbuk)*, on l'enterre deux à trois jours dans la boue de la forêt. La spathe de sagoutier qui le renforce est appelée *bobolak*.
71. Respectivement appelées *silogui* (terme générique aussi pour désigner toutes les sortes de flèches), *bobokuk*, *patara*, *tunung*.
72. L'ingestion de ce poison *(omai)* n'entraînerait aucun effet sur l'organisme.
73. De nombreux tabous régentent la chasse. Certains concernent les chasseurs, d'autres les femmes. Ainsi, les hommes ne doivent en aucun cas partager leurs histoires de chasse avec les femmes. Si, par hasard, l'une d'elles surprend une conversation, elle passe son chemin en faisant semblant de ne rien entendre.

Le tabou le plus strict étant qu'elles ne peuvent absolument pas assister aux préparatifs et *a fortiori* qu'elles n'ont pas le droit de chasser.

74. Toutes les parties de ce grand arbre sont toxiques, en particulier le latex qui s'écoule des entailles faites sur son tronc, connu à Java sous le nom d'*upas* (du mot javanais signifiant « poison »).

75. Des racines de *treba* (ou *tuba*), ainsi que des morceaux de branches broyées de l'arbre appelé *urat* (comme la pluie, peut-être parce qu'elles produisent un liquide blanc), sont aussi utilisés. Cette plante, connue sous l'appellation anglaise de *fish poison plant*, sert également à la pêche à la nivrée. Ichtyotoxique, elle contient une substance résineuse, la roténone, létale aussi pour de nombreuses autres espèces animales à sang froid. Utilisée dans la fabrication de pesticides et d'insecticides, elle est interdite depuis 2008 dans l'Union européenne.

76. Les noix de coco, indispensables pour la nourriture, les *puliajat* et la fabrication d'ustensiles, ou comme monnaie d'échange avec les marchands indonésiens, sont particulièrement précieuses. Différents pièges sont donc placés pour empêcher d'éventuels voleurs venus d'autres territoires : piques de bambou *(boubou)* ; écorce épineuse d'un palmier nipa enroulée autour du cocotier *(labat)* ; petites lames tranchantes en bambou enfoncées dans le sol *(oppot)*.

77. *Rusuk* ou *keremgan* (S), une cabane destinée aux jeunes gens non mariés ou aux hommes seuls. Il existe un autre modèle de cabane haut perchée pour favoriser les rencontres des adolescents, appelée *sinondai* (S) ou *tinondei* (N). Elle est utilisée, par exemple, lors des rassemblements cérémoniels du *suku* dans l'*uma*.

78. Localement, les feuilles entrent dans la composition d'une huile de massage *(patokoilo)*. Les prix de l'huile essentielle ont chuté ces dernières années si bien que l'on trouve maintenant nombre d'alambics *(dorom)* en train de rouiller dans la nature.

79. *Alaman* : abri de fortune monté avec des palmes et des feuilles de bananier.

80. Ce mythe a été repris, à partir du recueil de Wirz (1929-1930), par Spina sous le titre *Perang antara Bulan dan Matahari* ou *Pasaggangan' Laggo Samba Sulu*, (« guerre entre la Lune et le Soleil ») (Spina, 1981 : 249).

81. *Saikamanua* : « Ceux qui vivent dans le ciel ».

82. Les *simakobu*, appelés en anglais *pig-tailed langur* ou *pig-tailed snub-nosed monkey (Simias concolor)* tentent d'échapper aux chasseurs en évitant les vocalisations

et les comportements trop démonstratifs, en s'abritant dans la canopée et en fuyant au ras du sol quand ils se sentent repérés. Ce comportement atypique associé à une appartenance à un groupe monogame (cas unique chez les cercopithèques d'Asie) résulterait peut-être d'une adaptation défensive face à la prédation humaine (Tilson, 1977). Observation identique chez d'autres chercheurs : « *When alarmed, long-tailed macaques usually escape through the trees but pig-tailed macaques usually race along the ground* » (Bernstein, 1967 ; Medway, 1969 ; Lekagul et McNeely, 1977). Cependant, cette observation de *simakobu* descendant rapidement de l'arbre lorsqu'ils sont traqués par les chasseurs ne correspond pas toujours au comportement habituel de ce singe. Il a plutôt tendance dans ce cas à se dissimuler sans bouger en hauteur derrière les feuillages ou à fuir par la canopée si les chiens l'attendent en bas. Le *bokoi* (macaque) cherche inversement à fuir, en descendant à toute vitesse de l'arbre.

83. *Kelabaga* signifie « qui ne cède en rien, toujours aussi strict, aussi décidé, par exemple à aller chasser ».
84. *Lelengan kelabaga*, « la place réservée aux matières dures » : poutre ossuaire.
85. *Jajaojao, jojao, gulukubuk* dans le Sud, *guruggguruk* dans le Nord. Ne croirait-on pas entendre l'eau chanter, gargouiller ?
86. Il existe deux esprits de la rivière : un esprit bénéfique, *ina oinan* (la mère des rivières), et un esprit à la fois dangereux et protecteur, *kameinan* (la sœur du père), assimilé au fantôme du crocodile *(sikaoinan)*.
87. Ce récit s'inspire en partie du mythe *sakkudei* rapporté par Schefold (1988 : 72). Cet auteur a sans doute lui-même été inspiré par les deux légendes mentawai sur les Pléiades et Orion rapportées dans l'article de P. Wirz : « *Was die Mentaweier über die Plejaden und den Orion erzählen* ». Ce mythe est aussi largement repris dans Spina (1981 : 166) sous le titre *Sikobbut*.
88. *Kalabba* : pirogue de mer qui pouvait transporter une trentaine de personnes.
89. Le mythe des *Balu Balu* expose, entre autres thèmes, le rythme bisannuel des saisons. *Aggau* correspond à « la saison des pluies » avec de fortes chaleurs et des vents d'ouest et de nord-ouest chargés d'humidité, qui rendent la mer souvent forte et dangereuse : cette période court principalement d'août à novembre. *Rura*, saison relativement plus sèche et calme, avec des vents sud-est *(kayaman)*, s'étend de janvier à avril.

90. Sous nos cieux, dans la constellation du Taureau (qui comprend aussi les Pléiades), deux amas lumineux, Aldébaran et les Hyades, forment le « V » marquant, face à Orion, la tête du Taureau.
91. Si, par hasard, un tel cadeau venu du ciel vous tombait dessus, comme le signifie un proverbe indonésien « *Ketiban durian runtuh* », ce serait une chance inespérée, signe de fortune à venir... probablement dans une vie future.
92. Inspiré du mythe rapporté par Reimar Schefold (1988 : 73-74). Une légende similaire de Teteu ka baga *(Asal mula gempa bumi)* a aussi été recueillie, parmi soixante-sept autres récits mythiques ou légendaires, par Bruno Spina (1981 : 269). En première partie, ces textes sont en indonésien puis, dans une seconde partie, en mentawai. Cet auteur a lui-même repris les seize mythes rapportés par Loeb (1929), dont la traduction en anglais est précédée de la version mentawai.
93. Élévation d'une *uma* : *sipugagalai uma*, autre légende rapportée par Bruno Spina (1981 : 107).
94. McCloskey, 2007.
95. *Pajogolatda Teteu ka baga samba Taikamanua* (Spina, 1981 : 251).
96. L'arbre est abattu en phase finale de son cycle de croissance, à la fin de la huitième année, au tout début de sa phase de floraison, qui en dure encore deux. Passé dix à onze ans, le cycle est terminé, l'arbre meurt. On estime à 10 000 hectares les plantations « semi-sauvages » de sagoutiers aux îles Mentawai. Les arbres se reproduisent en émettant des pousses à proximité des troncs. À l'origine, probablement, ils auraient été plantés (Flach, 1997 : 24). Cet arbre a aussi été décrit comme la plus ancienne espèce végétale consommée par l'homme (Ave J. B., 1976 : 21-30).
97. Les essais d'introduction de la culture du riz en remplacement du taro et du sagou, cultures intégrées aux rites et rythmes de la tradition mentawai, sont l'une des nombreuses intrusions qui vont à l'encontre de ses modes de vie traditionnels et qui dérèglent dangereusement l'organisation sociale de ce peuple (Persoon, 1992).
98. En 1280, Marco Polo, visitant Sumatra, mentionne la fabrication du sagou. C'est aux îles Moluques, en Papouasie occidentale (Irian Jaya) et en Papouasie-Nouvelle-Guinée que l'on trouve les plus grandes superficies plantées de sagoutiers sauvages.

99. Avec ces feuilles sont aussi fabriqués de grands chapeaux de pluie.

100. Appelés *geugebat*, de *geu* signifiant « secouer ». Comme dans le tremblement de terre *sigegeugeu*, les secousses pour tamiser le sagou sont fortes. La structure est conçue pour amortir les chocs.

101. Lors de mon troisième passage, en 2008, une râpe à moteur a été fabriquée par Aman Evia. La machine, installée provisoirement dans l'*uma* de ses parents, ressemble à une dégauchisseuse (ou une petite batteuse) fixée sur une armature de bois soutenant le moteur. Elle est surmontée d'une solide protection en planches sous laquelle on introduit le tronçon de sagou à râper. À la sortie, la sciure est projetée au sol sur un tapis. Cette machine rudimentaire, parfaitement conçue pour l'usage qui est le sien (Aman Evia en a copié le plan pour la fabriquer), permet de moudre l'équivalent de 16 *bolokbok* (hotte à sagou) à l'heure (chiffre rarement atteint cependant car les cadences ne sont pas aussi serrées). Ainsi, contre une petite rétribution (30 000 roupies), le moulin à sagou tourne pour chacun des membres de la famille et du clan. La productivité est donc largement augmentée grâce à cette invention. Les femmes peuvent aussi l'utiliser. Reste encore le tamisage qui se pratique toujours avec les pieds (des hommes). Mais le fait est que le temps de travail et l'effort fourni pour le traitement du sagou ont largement diminué. Cette « avancée technologique » libère l'homme pour d'autres tâches (défrichage et plantation, par exemple).

102. Et 14 ou 16 paires pour les *tatapprit* plus grands.

103. Un informateur de Terekan Hulu, occupé à râper un tronçon de sagoutier, m'a confirmé qu'il faut environ 4 *bolokbok* et une journée de travail pour remplir, après tamisage, un sac à riz *(karung)* de fécule de sagou *« senga tete senga karung »* (« un tronçon, un sac »), équivalent à un *tatapprit*. En deux jours, deux sacs de sagou produits suffisent donc pour la consommation mensuelle d'une famille.

104. Pipeau dit *pipiau*. Une flûte sans trou, de 52 centimètres de long sur un centimètre de diamètre, est aussi appelée *popoet*. Il existe un enregistrement (CD) de chants traditionnels des Mentawai (et de Riau) : *Music from the Forests of Riau and Mentawai*, Smithsonian Folkways Records, Washington.

105. *Matotonan* (*totonan* : « rose de porcelaine »), 821 habitants en 1991 ; 979 en 2003 (Hernawati, 2007 : 13).

106. Madobak et Ugai (environ 600 habitants chacun en 1991 ; 1797 à eux deux en 2003), villages dans lesquels j'aurai l'occasion de séjourner, sont aussi tirés au cordeau.

107. Chaque fois que l'on passe ou que l'on séjourne dans l'un de ces villages, le chef élu du village *(kepala desa)* réclame un droit d'entrée qui peut parfois sembler élevé (le montant demandé peut atteindre 100 000 roupies, environ 9 euros, ce qui n'est pas rien en Indonésie : l'équivalent du prix de la traversée Padang-Muara Siberut en cabine). Il est cependant probable qu'après de longues palabres il se contente de 20 000 à 30 000 roupies. Cette exigence financière pourrait quelquefois être ressentie comme une forme de racket (la corruption étant un sport prisé en Indonésie), de la part d'un fonctionnaire indonésien (ou d'un Mentawai jouant ce rôle) habitué à en rajouter dès qu'il aperçoit un touriste « fortuné ». Elle n'est en réalité, le plus souvent, qu'une contribution à la vie du village. L'argent récolté est en principe utilisé pour les activités collectives (sportives) ou pour de menus travaux.

108. Les apports pécuniaires et matériels parfois disproportionnés pour mettre en scène et acheter l'image des Mentawai (reportages photographiques, films, émissions télévisées, livres, etc.) ainsi que l'argent facile des touristes organisés (l'écotourisme n'étant le plus souvent que le dernier avatar un peu plus responsable de l'économie touristique) contribuent fortement à modifier les rapports aux autres. Certains groupes autochtones, souvent les mêmes, savent maintenant monnayer âprement leurs services. Au risque de folkloriser leur vie quotidienne et de créer des rivalités internes. Alors, déclin irrémédiable d'une tradition éprouvée par le temps ? Pas si sûr car les pratiques culturelles restent toujours intensément présentes dans la partie sud et centrale de Siberut. Cette rencontre avec le monde extérieur pourrait même favoriser le maintien ou le retour de la tradition (Bakker, 1999 : 105). De toute façon se profile un entre-deux-mondes particulièrement délicat à négocier.

109. Une autre année, il m'offrira un plat en bois.

110. Les bons gongs, ceux qui font entre 40 et 50 centimètres de diamètre et dont le son vibre longtemps et porte loin dans la forêt, sont chers et difficiles à trouver. Les meilleurs proviennent de Java (il existe une fabrique à Bogor). À Bukittinggi, on peut aussi en trouver dans certaines boutiques d'antiquités

et de souvenirs. En général, ils ne sont pas de très bonne facture. Selon un antiquaire de la place, les gongs fabriqués dans un village de forgerons proche de Bukittinggi, à Sungei Pua au pied du volcan Merapi, ne durent pas plus d'un trimestre tandis que les anciens résistent de très nombreuses années, à condition toutefois d'en prendre soin (risque de fêlures). Un bon gong se négocie sur Bukittinggi à partir de 3,5 millions de roupies. À Java, il est possible d'acheter un gong de qualité supérieure à un prix largement moins élevé. J'ai donc au préalable entrepris le voyage Kuala Lumpur/Djakarta/Bogor pour, avant de retourner à Padang et Siberut, me rendre à la fabrique de Pak Sukarna à Bogor. Le prix des gongs, fabriqués de manière traditionnelle, y varie en fonction de leur poids en cuivre et en argent. Les cours actuels de ces métaux sont en forte augmentation. Curieusement, en achetant des gongs anciens, les anciens prix, moins élevés, sont maintenus.

111. Il existait alors trois clans Saeggekoni formant un *rakrak*, un groupe solidaire se réclamant du même ancêtre. Ils sont devenus indépendants, un clan n'étant pas obligé d'inviter l'autre pendant les cérémonies.

112. Ces derniers temps, la télévision française (entre autres) n'a de cesse de découvrir Siberut : « Rendez-vous en terre inconnue », « Des racines et des ailes », « Thalassa »... Une équipe allemande (Sat1) est aussi venue à Alimoi pour tourner une émission de téléréalité intitulée *« Wie die Wilden »* (« Comme des sauvages ») au cours de laquelle une famille devait vivre pendant quinze jours comme les Mentawai... et être filmée dans tous ses états. Eyeworks, une chaîne hollandaise, a aussi produit sur le même principe l'émission *« Groeten Uit de Rimbo »* (« Salutations de Rambo ») (Le séjour d'une famille belge s'est très mal passé d'après les gens d'Alimoi)... Selon Juniator Tulius, qui a participé comme traducteur mentawai à maintes émissions du genre, une quarantaine de films documentaires ont été tournés aux Mentawai depuis 1923 (discussion media-anthropology.net, *Reverse Anthropology*, 18 octobre 2006).

113. Comme les jolies tabatières, confectionnées dans une petite noix de coco, que fabriquait et vendait autrefois Teurocak aux touristes.

114. *Kelek (kekele)*, belle plante censée éloigner le malheur et les mauvaises pensées ; *sukgrusukgru*, la sélaginelle, aux abondantes ramifications – le terme *sukgrusukgru* évoque, sous forme d'onomatopée, le poulet qui picore

le grain et s'en retourne le jabot plein au *sapou*; *kainenean* ou *punenean* (N) aux vertus apaisantes; *taibelekki*, qui signifie « pas de peine »; *aileleppet* ou *saileippet* (N), refroidissant par excellence des humeurs chaudes des *sanitu*; le *taipotsala* affaiblit aussi les mauvais esprits, protection renforcée par l'action du *pangesele*, de *masele*, « mal »; le *mumunen* symbolise les qualités humaines.

115. Souvent les *kerei* portent à la taille, lors des danses rituelles, un petit pagne carré décoré de figures géométriques vivement colorées, appelé *sabak kerei*.

116. Le règlement des frais de séjour et des prestations (descente de rivière, balade en forêt, cérémonie...), même quand elles s'inscrivent dans le cours normal des activités, reste souvent problématique. Tous les achats effectués en prévision du séjour sont normalement partagés et consommés par l'ensemble de la communauté. Aussi faut-il faire ses courses en connaissance de cause. Acheter non pour soi mais pour l'ensemble des familles du clan (riz, café, thé, sucre, tabac, cigarettes, etc.). En échange, les hôtes nous offrent leur nourriture (sagou, porc, coco, taro, banane, etc.) en puisant parfois dans leurs réserves. Ils organisent aussi des activités et des cérémonies pas toujours prévues au programme mais rendues obligatoires par la force des choses et des événements (l'exemple des gongs). On peut toutefois avoir parfois l'impression d'un échange inégal. Les sommes demandées peuvent sembler disproportionnées. Elles sont en fait le plus souvent calculées et négociées sous forme compensatoire à la fin du séjour. Elles sont rarement exigées de manière directe et péremptoire comme le tentèrent cette fois-ci les chamans. Disproportion surtout par rapport au coût de la vie en Indonésie, *a fortiori* au cœur de la jungle de Siberut. Démesure aussi au regard du peu de choses matérielles qu'ils peuvent offrir en échange (un supplément de nourriture, un plancher pour dormir, un peu de temps à consacrer...). Les sommes demandées ne représentent cependant pas une fortune pour les Européens et l'admission dans l'espace de vie de ce peuple peut sembler n'avoir pas de prix tant il paraît extraordinaire. Délicat équilibre donc à trouver entre une juste compensation des tracas et frais engendrés par le séjour d'un étranger et la préservation de liens humains de bonne qualité. Plusieurs interprétations sont plausibles pour tenter de comprendre ce phénomène et ses difficultés: de fortes rétributions ont déjà été données par des équipes professionnelles

étrangères lors de tournages ou de séances photographiques ou par des groupes de touristes emmenés par des guides. Ce qui a contribué à fausser d'emblée le rapport à l'argent. Rappelons qu'il y a quelques décennies de cela les Mentawai ignoraient tout échange pécuniaire. Ayant une forte estime de soi et vite compris la valeur de leur image, les Mentawai exigent toujours davantage d'argent des riches étrangers. Tout ce que les Mentawai leur offrent (en particulier le privilège d'être parmi eux) doit être compensé. Tout doit être ensuite partagé et redistribué de manière équitable. Le système devient rapidement inflationniste. À l'inverse, ils n'ont qu'une vague idée de ce que représente réellement l'argent (par exemple sa valeur travail ou spéculative) mais savent cependant qu'il permet d'acheter des biens utiles qui deviennent toujours plus indispensables car ils leur facilitent grandement l'existence quotidienne (moteurs, outils, ustensiles, lampes, piles, vêtements, lessive, etc.). Aussi, naïvement parfois, tentent-ils de réclamer des sommes astronomiques (12 millions la soirée !).

117. Daim, *sipurere* (*rere*, « traces ») ou *sibeutubu*. Cerf, *simacura* ou *dolak*.

118. C'est en raison de l'espace *ka geran* (*gareat*, *gare* ou *laibokat*) dans lequel elle se déroule qu'une partie de cette séquence rituelle est dite *panoga kageran* (ou *panogai kagerat*). De même, le chant adressé à l'âme à ce moment s'appelle *urai panoga kageran (urai panogai kagerat)*. *Panoga* (S), *panogai* (N), signifiant « s'appeler ». Enfin, le terme *panogai* ou *panogai simagre* (appel et soin de l'âme) est employé dans le nord de l'île pour désigner les cures chamaniques (*pabete* dans le Sud).

119. Ce travail de recherche a fait l'objet d'un rapport (non publié) : Figueras, « Approche ethnographique et anthropologique du village de Politsoman (nord de Siberut, archipel des Mentawai) », 2008.

120. Les dialectes de ces deux parties de l'île sont sensiblement différents.

121. Ces données sont le résultat d'observations et d'études réalisées à Politsoman en 2008 dans le cadre du Siberut Conservation Project.

122. Avant que ne soient plantées de manière extensive les cocoteraies, la côte était bordée de filaos ou *Casuarina sp. (tinali)*. Cet arbre originaire d'Indonésie et d'Océanie, à croissance rapide et au bois très dur – qui est aussi un bon combustible – n'existe quasiment plus maintenant dans ce secteur de l'île.

123. Le travail du coprah est une source importante de revenus. Stefan possède 400 cocotiers sur 4 hectares. Il vend son coprah séché/fumé entre 5 000 et 5 500 roupies le kilo. Soit, pour une tonne de coprah produite tous les trois mois, environ 5 millions de roupies qui lui servent aussi à rémunérer ses aides.

124. Trois sortes de rotin (*rotan* en indonésien), de tailles et de qualités différentes, sont récoltées (parfois plantées) et vendues : *bebeget* (*manao* ou *manau*), *laignanga (tabuh tabuh)* et *ugei*.

125. Un chapeau « femelle » avec ses longues fibres à la pointe du cône qui volent au vent comme des cheveux. Il n'est porté que par les femmes. Pour son équivalent « mâle », la chevelure de fibres a été coupée.

126. L'hameçon se dit *sotlobak*, littéralement la « dent pour pêcher ».

127. Il s'agit d'un arbre chargé de petits fruits ovales dont les grosses amandes, pilées et cuites sous forme de chips *(karupuk toijet* ou *emping melinjo* en indonésien), sont très appréciées.

128. *Kaya* en indonésien et *makayo* en mentawai. La richesse est une notion importée d'Indonésie comme semble l'indiquer cette correspondance étymologique.

129. Le *kerupuk* ou *krupuk* en indonésien, une chips à base de manioc, est aussi une habitude alimentaire importée de Sumatra.

130. *Kemut* en indonésien. Le chant profond et répétitif du grand coucal est pour les Mentawai un signal qui les prévient d'un danger. Aussi, quand ils entendent son chant au lever du jour, pour éviter tout risque pour leur santé ou leur vie, doivent-ils attendre sa fin avant de commencer leurs activités. En fait, rares sont les matins où ils ne l'entendent pas et peu de gens suivent maintenant ce conseil de prudence, car ils ont beaucoup à faire.

131. Le père d'un jeune homme de 25 ans parti étudier à Padang m'a dit qu'il devait payer 1,6 million de roupies tous les six mois pour les frais d'école et régler en sus l'hébergement, la nourriture, la vêture, les livres, etc. Au total, il devait débourser environ 2 millions de roupies par trimestre pour son fils, ses principaux revenus provenant du coprah, des noix d'arec et de la pêche en mer. Beaucoup de travail, dit-il, pour bien peu d'argent : *« Beri mukaradjo bulagat bara koro »*.

132. « Gourou » vient de *guru* en indonésien, qui signifie « maître ».

133. Vendu à 1 600 roupies le kilo au lieu des 6 000-6 500 roupies habituelles (prix mars-avril 2008 : un euro = 14 500 roupies).

134. Il existe trois qualités de miel sauvage produit par autant d'abeilles différentes : *susunan*, le meilleur, produit par une grosse abeille ; *susi*, d'une abeille plus petite, est moins sucré ; *katokali*, abeille plus petite encore, donne un miel acidulé. Le miel est vendu au commerçant entre 13 000 et 17 000 roupies la bouteille de Bintang (« Étoile », bière indonésienne contenue dans une bouteille en verre de 60 cl). Les prix fluctuent en fonction de la qualité, de la saison et de la difficulté à le récolter : 1 000 à 2 000 litres sont récoltés chaque année et revendus à Padang par les commerçants.

135. Visite prévue en principe mensuellement mais, en réalité, très rare et sans aucun moyen ni remèdes véritables.

136. Une nouvelle église en bois a été construite pour remplacer l'ancienne. Chaque chef de famille s'est engagé à fournir un mètre cube de ciment et à récupérer autant de pierres de corail mort pour faire les fondations. Concurrence et prestige obligent, les protestants de leur côté ont monté en trois jours une grande salle paroissiale en bois à côté du temple.

137. Les représentants des compagnies forestières et l'administration quand ils rendent visite aux habitants le font le plus souvent le samedi.

138. Au sens étymologique du terme, « déguiser » signifie « sortir de sa guise, de sa manière d'être habituelle ».

139. Le protestantisme, présent depuis longtemps dans le nord de l'île, a été particulièrement actif dans la destruction des pratiques animistes et des modes de vie traditionnels. Le catholicisme, arrivé plus tardivement et religion dominante dans le sud de l'île, s'est montré moins intolérant vis-à-vis des coutumes mentawai. Dans un texte de propagande des Témoins de Jéhovah, dénonçant, avec force références bibliques, les pratiques spirites et les croyances magiques comme autant de manifestations sataniques, un rituel chamanique aux Mentawai est donné en exemple pour prouver le charlatanisme de ces « sorciers » et la crédulité de leurs patients. Si, parfois, ces peuples primitifs ont l'impression que leurs incantations ont un effet curatif, c'est qu'ils ignorent en fait les vraies raisons de la guérison obtenue. Et d'appuyer leur démonstration par le cas des malades souffrant de diarrhée qui sont guéris par les chamans parce qu'ils sont allongés sur un sol riche en kaolin qu'ils lèchent pendant la cérémonie (effet antidiarrhéique de cette poudre). À la fin de leur diatribe, ces Témoins

ordonnent de brûler tout ce qui se rapporte à ces cultes sataniques... « *The Bible's View of Spiritistic Practices 095 – Reference Material* », The Watchtower Bible and Tract Society of New York, Inc.

140. Les conjoints des *kerei* ne sont cependant pas obligatoirement *kerei*.

141. Parfois, le malade n'est pas curable : sa maladie dépasse les compétences et les pouvoirs des chamans. Les *panogai* s'enchaîneront en vain, sans résultats durables. Si aucun recours médical n'est possible, faute d'argent, la poursuite des cures chamaniques permettra au moins de l'accompagner vers la mort.

142. *Pasisoga simagre* (S), de *soga* (S) ou *sogai* (N) : appeler.

143. De *lajo* : naviguer à la voile.

144. Dans son roman *Au cœur de Bornéo*, Redmond O'Hanlon rapporte l'histoire de la déesse Bungane (« Fleur ») qui aide un pauvre paysan à obtenir de bonnes récoltes de riz. Il lui suffit d'emporter un œuf en orientant le petit bout dans la direction vers laquelle il avance en pensant à la déesse « et ensuite de coincer l'œuf au bout d'une grande tige de bambou fendue que tu planteras en terre à l'extérieur de la grande maison... » (O'Hanlon, 1988 : 165).

145. On l'a vu, dans le sud de l'île, les poulets sont toujours mis à mort de cette façon. Faire couler leur sang est tabou.

146. Cette action qui consiste à passer une feuille de *tainao* sous la plaie sanglante du cochon se traduit en mentawai par l'expression *urep tainao pategelat sainak*. Le rituel complet est dit *simanenen simagre sainak*, ce qui signifie « refroidir l'âme du cochon », de *manene* : froid.

147. Ces pratiques et croyances, selon un de mes interlocuteurs, sont issues de la forêt *(tradisi leleu)*. Il veut dire, sans l'exprimer directement, qu'elles relèvent de l'animisme. Cette remarque, sur les hésitations à nommer clairement les idées et les pratiques issues du culte *sabulungan*, vaut pour nombre d'exemples. Ainsi en va-t-il quand il faut « avouer » qu'il s'agit bien d'une offrande à l'âme *(simagre)* ou aux ancêtres *(ukkui)* ou, plus difficile encore, quand il faut évoquer les esprits *(sabileu)* ou l'âme des animaux domestiques ou sauvages. Ces croyances, remontant au temps des grands-parents ou faisant encore partie des survivances sudistes, sont depuis longtemps présentées dans le discours « officiel » des gens du Nord comme impies ou arriérées. D'où les réticences à les évoquer et surtout à me confier que, malgré tout, elles influencent encore certains esprits « éclairés ».

148. Dite *pangurei* ou *pangureijat* dans le Sud.

149. Apporter sa contribution *(panguran)* sous forme de cigarettes, biscuits, thé, café, etc., fait partie des règles de bienséance lorsqu'on est invité à participer à la cérémonie (idem pour assister à un *panogai*).

150. Les couples vivent plusieurs années ensemble et peuvent avoir des enfants avant de se marier. Pendant ce temps, la femme continue à manger chez ses parents. Si la liaison devient durable, l'accord entre les familles s'établit pour entériner l'alliance, la fille se marie et s'installe dans le clan de son mari.

151. Pour un mariage *(talimo)* ou une cérémonie d'enterrement *(punen simamatei)*, deux à cinq cochons et cinq à vingt poulets sont tués tandis que pour un *pakandei*, il faut compter une trentaine de cochons et une cinquantaine de poulets.

152. Il s'agit d'un *kinasaila*, substitut *(saila)* à l'âme vive *(kina)* du cochon,

153. Des enfants qui ont assisté à la scène parlent de *lutek bokoi* (cervelle de macaque). Le singe fait donc toujours partie des délicatesses du menu.

154. Cette coiffe est appelée *oggok pinatunda sikolui*.

155. Cet ornement de la coiffe du garçon est appelé *oggok bubuket*.

156. Il ne s'agit pas de la dot *alattoga* qui a été donnée par la famille du garçon à celle de la fille pour conclure l'alliance. Cette compensation est beaucoup plus importante (plantations, pirogues, etc.).

157. La sœur du mari se dit *sananiu*. D'où le nom donné à cette offrande de poisson à la famille de la parturiente : *mananiu*.

158. On ne peut pas parler *stricto sensu* d'un « âge de pierre » chez un peuple qui n'utilise depuis toujours principalement que le bois (Hubert Forestier, 2008 : 148).

159. De nombreuses espèces de moustiques vecteurs de paludisme (*legguk* ou *siregguk*) infestent les endroits marécageux. Le *sitatapa* est un gros moustique ; les *silei ngit ngit* sont plus petits. Les *agas* sont de minuscules diptères à peine visibles mais qui mordent ou piquent vraiment fort.

160. Diverses parties de cette plante sont utilisées dans les pays d'Asie pour fabriquer alcool, tisanes, vinaigres, desserts, aliments pour les porcs ou carburant... Les palmes servent aussi à couvrir les toits.

161. *Barringtonia asiatica* dont les fruits, ressemblant aussi au bonnet d'évêque ou fusain d'Europe, sont, dans de nombreuses contrées, utilisés comme flotteurs

pour les filets des pêcheurs. De plus, les graines et autres composants de cet arbre, commun au bord des plages, produisent une toxine servant à étourdir les poissons. Cet arbre marin serait-il la providence du pêcheur ?

162. Spina (1981 : 286).
163. Schefold (1988 : 223-226).
164. Schefold (1992 : 114).
165. Cannizzaro (1968 : 29).
166. Gerard Persoon fait part des observations rapportées en 1932 par le commandant civil Van Buuren en garnison à Siberut. Les habitants de cette île sont présentés comme de redoutables chasseurs de têtes, pacifiés à l'époque hormis ceux de Katurei (localité proche de Muara Siberut), et les habitants des bassins de Simalegi et Simatalu sont considérés comme des ennemis irréconciliables : *« The inhabitants of the Simaleki and the Simataloe (rivers) complexes were irreconcilable enemies »* (Persoon, 1987 : 146).
167. Cannizzaro relate comment, au nom de la civilisation et de la lutte contre ces petites bêtes, les pères de son église tondent contre leur gré les Mentawai avec la bénédiction des autorités gouvernementales qui « elles-mêmes voulaient qu'on abolît l'usage des longs cheveux chez les hommes » (Cannizzaro, 1968 : 89-90).
168. Plate-forme de traitement du sagou appelée *pakisean* à Simatalu ; à Simalegi, elle est appelée *putaguat* ou encore *pusaguat* comme dans le Sud.
169. *Lakoba* : variété de mangue.
170. Comme il advient pour toute parole mythique, les versions contant l'histoire de ce démiurge varient d'un bout à l'autre de l'île et se font écho, avec quelques distorsions, dans les ouvrages qui les rapportent. Les versions les plus reprises par les différents auteurs de la vie de Pageta Sabau sont celles racontées par Schefold (1988 : 75-80), Spina (1981 : 183-193) et Loeb (1929 : 162-169).
171. Selon les versions. Mais dans le contexte de l'interdit, l'amant illégitime et le chien ne sont-ils pas proches ?
172. On pourrait penser ici que la relation incestueuse, commune à la plupart des mythes fondateurs, s'est effacée dans l'« oubli » des liens de parenté.
173. Sur un écriteau dans le sous-sol du musée de Padang, on peut lire, à propos de la mythologie mentawai, que Simatalu signifie « le Créateur tout-puissant ».

Y débarqua un jour un nommé Amatawe, originaire de l'île de Nias (*amatawe* signifie « père de la maison », maison qu'il se construisit à Siberut). Après avoir défriché et mis en cultures des terres, il s'en revint à Nias récupérer sa femme et ses enfants et repartit avec eux s'installer définitivement dans son île d'adoption. Cette île prit ensuite le nom de Mentawe ou Mentawai. Les familles se répartirent d'abord le long des rivières avant d'aller plus tard peupler la côte. Les habitants ainsi disséminés devinrent cependant trop nombreux dans chacune des communautés. Des conflits éclatèrent entre les clans. Certains durent se résoudre à partir en pirogue vers les îles du sud de Siberut, Sipora et les deux Pagai. Là, ils s'installèrent, à l'inverse, d'abord le long des côtes puis en bordure de rivières.

174. Les colons néerlandais bahaïs Piet Van der Borst et Hendrik Buys sont « pionniers » (terminologie *ad hoc*) en Indonésie dès 1949. Will C. Van den Hoonaard, *A Short Encyclopedia of the Baha'i Faith*, A Project of the National Spiritual Assembly of the U.S., 8 novembre 1993. Si l'on se réfère à un autre document bahaï, les assemblées de Simatalu Saibi, Simatalu Hulu, Sipipajet et Simatalu ont été enregistrées en 1957. *Messages to the Bahá'í World, Evidences of the Resistless March of the World Crusade*, pages 102-120, 1950-1957.

175. D'après Sara : http://worldcitizensara.blogspot.com/2007/05/mentawai.html. Le recensement de 1984 effectué dans le Sud comptabilisait, sur 11 000 personnes, 6 860 catholiques, 2 057 protestants, 825 musulmans parmi les natifs de l'île et 1 100 chez les gens de l'extérieur (Indonésie) et, seulement 21 bahaïs et 31 animistes *sabulungan* ! (Persoon, 1987) (*Census 1984 Siberut Selatatan*, Muara Siberut, non publié).

176. Chellie J. Sundram, *The Asrama for Mentawai Baha'i Children*, Padang, 1980.

177. Pour les bahaïs, selon le concept de « révélation progressive », toutes les grandes religions sont équivalentes car elles représentent, portées par les voix de leurs fondateurs ou personnages centraux, les manifestations d'un Dieu unique à des époques et dans des contextes différents. Pour éviter d'être stigmatisés et réprimés, certains adeptes indonésiens pratiquent simultanément une autre religion. Le bahaïsme prône la non-violence et un mode de vie fondé sur la morale individuelle, l'éducation et la foi, se disant respectueux des cultures d'autrui et visant à l'unification de l'humanité autour du Tout-Puissant.

178. Ces panneaux gravés des empreintes du défunt sont appelés *kirekat* ou *takep*.

179. Cannizzaro relate dans son livre (p. 51-52 et 171-172), avec dégoût et commisération, des scènes de funérailles semblables à celles que me rapportent mes interlocuteurs. L'inhumation des os évoquée par eux se trouve confirmée par cet auteur. Cependant, on dit aussi que les ossements étaient le plus souvent replacés dans l'arbre (Forestier, 2008 : 69).

180. Traditionnellement, il est tabou de souiller les cours d'eau par des excréments et des détritus.

181. *Gadewa* et *tundukan* correspondent en dialecte simatalu à *gajeumak* et *tundukkat*.

182. L'appellation *sagoukgouk* du premier clan *(uma)* est aussi celle de la grande cérémonie *(lia)*. Promesse de vitalité et de fécondité que cette référence à la mère poule, qui pond beaucoup d'œufs et dont les poussins pullulent. Le terme *suku*, employé de nos jours pour désigner le clan, est d'origine indonésienne. À l'origine à Siberut, le terme *uma*, la « grande maison », signifie aussi « clan ». L'ensemble des clans actuels (estimés à environ 400) descendrait de vingt-cinq *uma* originaires de Simatalu (Schefold, 1986 : 73 et 1988 : 93).

183. Des mangues surtout mais le terme *sipeu* recoupe une grande variété de fruits.

184. Mythe rapporté par Schefold (1988 : 94-95) et réinterprété par mes soins.

185. Cette transgression suggère d'autant plus une intention incestueuse de la part de Kutkutdere qu'il est, comme le laisse entendre la suite du mythe, célibataire.

186. *Palitei*, objet de fierté des jeunes hommes (Spina, 1981 : 64). À l'époque de la chasse aux têtes, deux belles dagues étaient offertes comme prix de la mariée (Schefold, 1986 : 74). On peut ainsi penser que le fait de lancer cet objet phallique sous la maison n'est symboliquement pas anodin.

187. On retrouve le personnage de Kutkutdere dans une version différente relatée par Reeves (2000 : 99). Dans cette narration, contant les origines du clan Sapojai de Madobak, Kutkutdere, l'ancêtre venu de Simatalu, serait sorti de l'œuf d'une poule. Une dispute éclate avec son frère cadet qu'il accuse d'avoir tué un de ses cochons pendant qu'il était à la chasse. Pour se venger, Kutkutdere tue le chien de son cadet. Les deux frères se séparent. Le jeune serait parti vers Sikakap (nord de Pagai) tandis que Kutkutdere remonte la Rereiket via Samukob.

188. Les parcours généalogiques relatés par certains clans de Madobak semblent suggérer l'hypothèse que le peuplement de Siberut aurait donc pu s'établir,

à partir de Simatalu, simultanément dans plusieurs directions (nord, est et sud). Malgré les accidents de terrain et les difficultés pour circuler, le trajet sud de Simatalu via Papajet Hulu en direction de Matotonan est en effet aussi envisageable que celui emprunté vers le nord, Terekan Hulu via Simalegi. Les recherches sur l'histoire orale du peuplement et de l'appropriation des terres entreprises par Juniator Tulius, étudiant originaire de Siberut, permettront aussi vraisemblablement d'indiquer de façon plus précise les grandes lignes de migrations et d'occupation de Siberut.

189. Le clan Sakela est constitué d'une trentaine de familles (*lalep* dit *togo* à Simatalu). Douze *suku* sont présents à Bai et on dénombre trois *uma* dans le village.

190. Dans l'archipel des Mentawai, il existe au moins huit espèces (en danger) de chauves-souris (Heinrichs, 2005).

191. Lucien Lévy-Bruhl, s'appuyant sur des exemples tirés d'un l'ouvrage de Loeb (1929) écrit : « Aux îles Mentawai, les querelles n'inspirent pas moins de frayeur que les maladies » (Lévy-Bruhl, 1931 : 66).

192. Henley, 2001 : 116.

193. Les termes techniques se rapportant à la chasse varient, comme la langue en général, en fonction des régions de Siberut. À Siberut, le plateau servant à écraser les ingrédients s'appelle *pasina*, le petit anneau tressé en rotin *leteu*, la presse en bois *pepet cele*. À Simatalu, le petit anneau de rotin se dit *letcu*, la presse en bois *paparana*, le carquois *bukbuk silogui* ou *sanguran*.

194. Au milieu des années 1980, des scientifiques notaient que c'était à Simatalu que l'on rencontrait le plus de macaques (et de crânes pendus dans les maisons). Cette abondance, en dépit d'une chasse régulière, résultait peut-être de l'accès difficile de l'embouchure maritime de Simatalu pour les bateaux des acheteurs de rotin. En effet, le fruit de cette liane constituant un mets apprécié par les singes, son exploitation ardue concourait à maintenir un nombre élevé d'animaux (Whitten, 1982).

195. À Simatalu, le long plateau sur lequel s'écoule la fécule se dit *soroisojan*, le tamis *karun* et les paniers à fécule *tatapula*.

196. C'est le titre de l'ouvrage de Godbout, paru en 2000.

197. Malgré leur habileté à manier la machette, les gens se blessent fréquemment. Une de mes occupations matinales à Politsoman était de soigner ce genre

de blessures. Les habitants ayant pris l'habitude de me considérer comme l'infirmier du village, j'apportais mon secours pour soulager et guérir aussi bien d'autres maux (maux de ventre, infections diverses). Une des plaies les plus répandues, après les coups de machette, est appelée *bistule* (fistule), une infection aux staphylocoques, se déclenchant à la suite d'une piqûre ou d'une coupure anodine et qui dégénère en une plaie purulente et fistulaire. J'ai rencontré à Terekan Hulu un jeune garçon qui avait le dessus de la main « puant » et à moitié « mangé » par cette infection, localement très difficile à soigner (j'en ai moi-même fait la douloureuse expérience). Elle est dite aussi *kaleisi* quand elle est petite et *sibobo* au stade supérieur.

198. Selon l'aîné du clan, les 33 Sakkudei seraient à présent au moins 36. Voir Vladimir de Gmeline, *Les 33 Sakkudei*, « L'odyssée de *La Boudeuse* », t. 1., JC Lattès, 2001.

199. C'est un Français résidant à Bali qui accompagne les expéditions de l'agence de voyages Tamera sur Siberut. Ce guide est connu dans le sud de l'île et paraît apprécié des locaux qui l'hébergent.

200. J'ai visité les deux villages où vivent dorénavant la plupart des Mlabri. Dans celui bâti en 1980 par la secte américaine New Tribes Mission, les familles sont logées dans de misérables cases en béton et occupées à des travaux agricoles au profit des paysans hmong ou à la confection de hamacs qui sont vendus de Koh Lanta à Hawaii ! Dans le village gouvernemental, la plupart des habitations sont construites en bambous, sans doute pour faire plus authentique, et les Mlabri travaillent dans des champs alentour. Lors de ces visites, j'ai ressenti l'ennui et le désarroi de ces populations déracinées.

201. Sa Rokdok, Sa Moa Muntei, Sa Magea, Sa Eggekoni, Sa Belekakek, Sa Toleuru, Sa Guruk, Sa Ruruk.

202. Vraisemblablement, le marché conclu (la terre en échange d'un gong) avec le propriétaire du terrain n'a pas abouti, ce qui expliquerait aussi l'abandon de l'*uma*.

203. Le « centre-ville » a été en partie reconstruit après les tremblements de terre de 2005 et 2007 ; curieusement, Muara Siberut a été peu affecté par le séisme de 2009 pourtant plus fort que les précédents.

204. Le vocabulaire mentawai des annexes est celui employé à Politsoman dans le nord de l'île (Figueras, 2008).

205. « Une heure investie dans la fabrication de fécule de sagou peut en produire environ 2,6 kg. La nature et l'intensité du travail ne sont pas prises en compte dans ce calcul. Pour le riz, le rapport est d'environ 0,6 kg à l'heure » (Persoon).

206. Des trophées, plumes et becs de calao *(kailaba)*, queues d'écureuil (*loga* ou *tupai*), crânes de singe *(sirauma)* sont souvent accrochés à l'intérieur du *sapeu*.

207. Ou *siluluklak* à Terekan. Il existe plusieurs sortes de bambous différenciés par leur grosseur et aux usages variés : le bambou utilisé pour faire cette « cloche à cochons » se nomme *abre*. Le *betung* est un bambou de très grosse section. Le *mangeak* de grosseur intermédiaire, fendu en lames, sert à faire des planchers. Plus petit, l'*ongbuk* ou *okbuk* (S) est utilisé pour cuire les aliments. Le plus fin est le *masigi*.

208. Des tentatives ont été faites par les autorités indonésiennes pour introduire des vaches ou des chèvres, plus de civilisation en quelque sorte. Mais là encore, le projet s'est soldé par un échec car l'écologie de l'île et les habitudes des populations ne se sont pas adaptées à l'élevage des bovins et des caprins (surtout dans le Sud). Ces animaux ont engendré davantage de problèmes que de bénéfices.

209. De nombreux tabous sont exigés de l'homme lorsque sa femme est enceinte *(sibaratogga)* : ne pas avoir de relations sexuelles, ne pas creuser une pirogue, ne pas jeter à la rivière un porc ou un chien crevé… sous peine d'affecter la vie du fœtus.

210. Son esprit est invoqué par les *kerei* lors des rituels de guérison (Feldman, 1999 ; Kruyts, 1929). En outre, ce singe est considéré comme très proche de l'homme (Feldman, 1999 ; Nooy-Palm, 1968 ; Schefold, 1988).

211. *Gaharu* est le nom indonésien de l'*agarwood*. Huit espèces d'arbres en Indonésie produisent du *garahu* (EC-FAO, 2000-2002).

212. Un *kerei* qui romprait un tabou alimentaire s'exposerait à de très graves conséquences. Ainsi, la consommation d'anguilles *(tugnan)* l'entraînerait immédiatement dans un terrible état de transe suivi d'une mort certaine. Autres interdictions alimentaires pour les *kerei* : *kalaiba* (calao), *bateh* (varan), *opu* (tortue terrestre), *taibe* (fougère comestible).

BIBLIOGRAPHIE

Ady Rosa, *Eksistensi Tato sebagai Salah Satu Karya Seni Rupa Tradisional Masyarakat Mentawai*, thèse de l'Institut de technologie, Bandung, 1994 ; *Fungsi dan Makna Tato Mentawai, Jurusan Seni Rupa*, Université d'État de Padang, 2000.

Ave J. B., « *Sago in insular South-East Asia : historical aspects and contemporary use* », in *Sago-76*, p. 21-30, *Proc. 1st International Sago Symposium*, Kuching, 5-7 juillet 1976.

Ave Wanda, Sunito Satyawan, *Medicinal Plants of Siberut*, wwf for Nature Report, Gland (Suisse), juillet 1990.

Bachyul Syofiardi J.-B., « *Tato Mentawai Akan Tinggal Kenangan* », *Jarkarta Post*, 24 juillet 2006.

Bakker Laurence, *Tiele! Turis! the social impact of tourism in Siberut (Mentawai)*, 1999. Url : http://www.net/tiele/tiele.htm.

Beaulieu Augustin de, *Mémoires d'un voyage aux Indes orientales (un marchand normand à Sumatra)*, École française d'Extrême-Orient, Maisonneuve et Larose, 1996.

Brent Michel, *La Vallée des Hommes-Fleurs*, Arthaud, 1979.

Cannizzaro Aurelio, *Aventures en Indonésie, chez les primitifs des Mentawai*, Nouvelles Éditions latines, 1968.

Cheeseman Ted, Kramer Randall, *Incidence of illness among the Mentawai people of Siberut Island, Indonesia*, Duke University Nicholas School of the Environment. Url : www.duke.edu/-zfg/CheesemanSiberutReportWithMap.pdf.

Coronese Stefano, *Una religione che muore : la cultura delle isole Mentawai nell'impatto con il mondo moderno*, Éditrice missionaria italiana, 1980 ; *Kebudayaan suku Mentawai*, Grafidian Jaya, 1986.

DRESSLER Sophie, *Clara au pays des hommes-fleurs, À la recherche du macaque de Siberut dans la jungle indonésienne*, Archimède/L'École des loisirs, 2006.

EC-FAO, *Non-wood forest products in 15 countries of tropical Asia, an overview*, édité par Paul Vantomme, Annu Markkula, Robin N. Leslie, Bangkok, 2000-2002.

EINDHOVEN Myrna, « *The return to the laggai* », IIAS Newsletter, novembre 2003. Url : http://www.iias.nl/nl/32/IIAS_NL32_47.pdf ; « *New colonizers ? Identity, representation and government in the post-New Order Mentawai Archipelago* », in *Renegotiating boundaries : local politics in post-Suharto Indonesia*, Henk Schulte Nordholt, Geert Arend Van Klinken, Gerry Van Klinken, KITLV Press, p. 67-90, 2007 ; *Translation and authenticity in Mentawai activism*, 12 avril 2008. Url : http://melayuonline.com/article/?a=Z05tL1U5bWh1MGY%3D=&l=translation-and-authenticity-in-mentawaian-activism.

FELDMAN Jerome, CARPENTER Bruce, WENTHOLT Arnold, WIGGERS Frank, McCUE Scott (photographies), *Mentawai Art*, Archipelago Press, Singapour, 1999.

FLACH Michiel, *Sago Palm : Metroxylon sagu*, Rottb, 1997. Url : http://www.bioversityinternational.org/Publications/Pdf/238.pdf.

FORESTIER Hubert, « Les dessous de l'espace », *ÉchoGéo* n° 5, mis en ligne le 26 juin 2008. Url : http://echogeo.revues.org/index4548.html ; avec GUILLAUD Dominique, MEYERS Koen, SIMANJUNTAK Truman, *Mentawai, L'île des hommes-fleurs*, IRD/Romain Pages Éditions, octobre 2008.

FUENTES Agustín, « *Monkeys, humans and politics in Mentawai Islands : no simple solutions in a complex world* », *Primates face to face : conservation implications of human-nonhuman primate interconnections*, Cambridge University Press, 2002.

GMELINE Vladimir de, *Les 33 Sakuddei*, JC Lattès, 2001.

GODBOUT Jacques T. (en collaboration avec CAILLÉ Alain), *L'Esprit du don*, La Découverte/Poche, mars 2000.

GUILLAUD Dominique, « Le mythe comme fondement des territoires et de l'ordre social dans les îles de l'ouest de Sumatra (Indonésie) », *ÉchoGéo* n° 5, mis en ligne le 9 juin 2008. Url : http://echogeo.revues.org/index5313.html.

HEINRICHS Scott, « *Besieged Bats of Mentawai* », *Bats Magazine*, Bat Conservation International, vol. 23 n° 3 (page 14), 2005.

HENLEY Thom, *Living Legend of the Mentawai*, Baan Thom Publishing, Victoria (Canada), 2001.

HERNAWATI Tarida, *Uma, Fenomena Keterkaitan Manusia Dengan Alam*, Yayasan Citra Mandiri (YCM) di Mentawai, Padang, novembre 2007.

INANDIAK Élizabeth D., *Les Chants de l'Île à dormir debout, Le livre de Centhini*, Points/Seuil, 2002.

KEMP Neville, « *The birds of Siberut, Mentawai Islands, West Sumatra* », in *Kukila, Bulletin of the Indonesian Ornithological Society*, vol. II, Bekasi (Java), 2000.

KRUTAK Lars, « *Titi : Spirit Tattoos of the Mentawai Shaman* », in *Skin and Ink Magazine*, p. 38-49, juillet 2008.

KRUYT Albert C., *Een bezoek aan de Mentawei-Eilanden*, KNAG, vol. XLI, 1924 ; « *De Mentawaiers* », in *Tijdschrift voor Indische Taal-, Land- en Volkenkunde* n° 62, p. 1-188, 1923.

LELIÈVRE Olivier, *Mentawai, La Forêt des Esprits*, Anako/Peuples du Monde, 1992.

LÉVY-BRUHL Lucien, *Le Surnaturel et la Nature dans la mentalité primitive*, 1931. Version numérique par Jean-Marie Tremblay, coll. « Les classiques des sciences sociales », Université du Québec, Chicoutimi. Url : http://www.uqac.uquebec.ca/zone30/Classiques_des_sciences_sociales/index.html.

LINDSAY Charles, *Mentawai Shaman, Keeper of the Rain Forest*, Apertur Fondation, New York, 1992.

LOEB Edwin M., « *Mentawei Social Organization* », *American Anthropologist* 30 n° 3, juillet 1928 ; *Mentawei myths*, University of California, 1929 ; « *Mentawei Religious Cult* », University of California Publications in *American Archaeology and Ethnology* 25 n° 2, 1929.

MAASS Alfred, *Bei liebenswürdigen Wilden : Ein Beitrag zur Kenntnis der Mentawai-Insulaner, besonders der Eingeborenen von Ši Oban auf Süd Pora oder tobo lagai*, W. Süsserott, Berlin, 1902.

MCCLOSKEY John et *al.*, « *Near-field propagation of tsunamis from megathrust earthquakes* », *Geophysical Research Letters*, vol. 34, juillet 2007.

MARSDEN William, *The History of Sumatra*, édité par J. M'Creery, Black-horse-court, Londres, p. 473-474, 1811.

MITCHELL A. H., TILSON R. L., « *Restoring the balance : traditional hunting and primate conservation in the Mentawai Islands, Indonesia* », in *Primate Ecology and Conservation*, International Primatological Society Congress, édité par Phyllis C. Lee, Cambridge University Press, 1986.

NOOY-PALM H., « *The culture of the Pagai-islands and Sipora, Mentawei* », *Tropical Man* 1, p. 152-241, 1968.

O'HANLON Redmond, *Au cœur de Bornéo*, Payot, coll. « Voyageurs », 1988.

PAMPUS K.-H., « *Sabirut – Taburit Siberut : die Lautgesetze der Simalegi-Sprache im Mentawai-Archipel (Westsumatra)* », in *Zeitschrift der Deutschen Morgenlandischen Gesellschaft*, vol. 144 n° 1, 1994.

PERSOON Gerard, « *Views of participating outsiders. Two civil servants leaving the island of Siberut (Mentawai archipelago Indonesia)* » in P. E. de Josselin de Jong, R. de Ridder, Jan A. J. Karremans, *The Leiden tradition in structural anthropology : Essays in honour of P. E. de Josselin de Jong* (140-160), Brill Archive, Leyde, 1987 ; « *From Sagu to Rice, changes in cultivation in Siberut, Indonesia* », in Elisabeth Croll, David Parkin, *Bush Base : Forest Farm : Culture, Environment, and Development* (187-199), Routledge, New York, 1992. Url : https://openaccess.leidenuniv.nl/bitstream/1887/12319/4/alg501.pdf.

REEVES Glenn, *The Anthropology of the Mentawai Islands*, 2000-2006. Url : http://www.mentawai.org/.

SCHEFOLD Reimar, « *The unequal brothers-in-law ; Indonesia as a Field of anthropological study and the case of Mentawai* » in *Bijdragen tot de Taal-, Land- en Volkenkunde* n° 142/1, Leyde, p. 69-86, 1986. Url : http://www.kitlv-journals.nl ; *Lia, das grosse Ritual auf den Mentawai-Inseln*, Dietrich Reimer Verlag, Berlin, 1988 ; « *Shamans on Siberut, Mediators between the worlds* », in C. Lindsay, *Mentawai Shaman, Keeper of the Rain Forest*, p. 105-117, Apertur Fondation, New York, 1992 ; *Seher und Heiler : Shamanen auf Siberut (Mentawai-Archipel, Indonesien)* », in Alexandra Rosenbohn, *Schamanen zwischen Mythos und Moderne*, Militzke, Leipzig, p. 103-119, 1999 ; « *Stylistic canon, imitation and faking. Authenticity in Mentawai art in Western Indonesia* », *Anthropology today* vol. 18 n° 2, p. 10-14, Blackwell Oxford, 2002 ; avec VERMEULEN Han F., *Treasure Hunting?, Collectors and collections of Indonesian Artefacts*, in *Mededelingen van het Rijksmuseum voor Volkenkunde* n° 30, Universiteit Leiden, Leyde, 2002 ; avec DEKKER Vincent et DE JONGE Nico, *Indonesia in focus, Ancient Traditions-Modern Times*, Kegan Paul International, Londres, 1991.

SPARKS Samantha, « *Progress in Paradise?* », *Multinational Monitor*, septembre 1991, vol. 12, n° 9.

Spina Bruno, *Mitos dan Legenda suku Mentawai*, PN Balai Pustaka, Jakarta, 1981.

Suzuki Peter, *Critical survey of studies on the anthropology of Nias, Mentawei and Engano*, S-Gravenhage, Martinus Nijhoff, La Haye, 1958.

Tenaza Richard, « *Can Siberut Be Saved?* », *Cultural Survival*, Cambridge, octobre 1990.

Tilson Ronald L., « *Social Organization of Simakobu Monkeys (Nasalis concolor) in Siberut Island, Indonesia* », *Journal of Mammalogy*, vol. 58 n° 2 (p. 202-212), mai 1977.

Whittaker Danielle J., « *A Conservation Action Plan for the Mentawai Primates* », *Primate Conservation* (p. 95-105), Dept. of Anthropology, Queens College, Flushing, New York, 2006.

Whitten Anthony, Whitten Jane, « *Preliminary Observations of the Mentawai Macaque on Siberut Island, Indonesia* », *International Journal of Primatology*, vol. 3 n° 4, 1982.

Wirz Paul, *Het Eilanden Sabirut en zijn bewoners*, nion (Nederlandsch-Indië Oud en Nieuw), Amsterdam/La Haye, 1929-1930 ; *Nias, die Insel der Götzen, Bilder aus dem Westlichen Insulinde*, Orell Füssli Verlag, Zürich/Leipzig, 1929 ; *Was die Mentaweier über die Plejaden und den Orion erzählen (malaiischen Märchen)*, Atlantis, Länder, Völker, Reisen, Berlin, 1929.

Yondasisko, *Sistem Perladangan Tradisional Masyarakat Mentawai (Pumonean) Di Pulau Siberut Sumatra Barat*, Jakarta, 11 juin 2007.

SOMMAIRE

Præ ambulare 11

Prologue – L'approche 15

1. Rerekeit, la remontée en pirogue 29
2. L'uma d'Alimoi 39
3. La danse des esprits 59
4. Offrandes et sacrifices pour la vie 73
5. Les petits plats dans les grands 87
6. La chasse aux singes 101
7. Durian, « le roi des fruits » 117
8. Sagou, arbre de vie 131
9. Au revoir Alimoi 137
10. Les gongs de la discorde 143
11. La cure chamanique 155
12. Politsoman, chronique d'une semaine ordinaire 159
13. Danses et transes des chamans 177
14. Fête de départ de la femme pour le clan de son mari 193
15. Expédition à Simatalu 205
16. Au cœur de la forêt 263

Épilogue – Le grand zigzag nord-sud 285

Annexes 299

Glossaire faunistique et floristique 317

Notes 321

Bibliographie 349

SILLAGES

M. Alaux – *Sous les yourtes de Mongolie, Avec les Fils de la Steppe*

J. Allano – *Au gré du Yukon, Quatre-vingts jours en canoë*

R. Belleville – *Voyage au bout de la soif, Seul au milieu du Sahara*

G. Bérard & V. François – *Sibériennes, Voyage aux confins de la taïga*

J. Boch & É. Fisset – *Par les volcans du Kamtchatka, Un été dans l'Extrême-Orient russe*

A. & É. Chapuis – *Au cœur de l'Inde, 4400 kilomètres à pied du Kerala à l'Himalaya*

N. Ducret – *Cavalier des steppes, À travers les montagnes d'Asie centrale*

G. Dunbar – *Seule sur le Transsibérien, Mille et une vies de Moscou à Vladivostok*

R. Figueras – *Au pays des hommes-fleurs, Avec les chamans des îles Mentawai*

É. Fisset – *Dans les pas de l'Ours, Une traversée solitaire de l'Alaska sauvage*

Sous l'aile du Grand Corbeau, De Seattle au détroit de Béring

K. Hafez – *Ungalak, La quête sauvage*

Nomade du Grand Nord, En kayak de mer avec un chien esquimau

B. d'Halluin – *La Volta, Au cap Horn dans le sillage des grands découvreurs*

J. Harvey – *Le Souffleur de bambou, Rencontres japonaises*

Ch. Houdaille – *Au vent des Kerguelen, Un séjour solitaire dans les îles de la Désolation*

E. Hussenet – *Maelström, Seul aux confins du Spitzberg*

I. Klvana – *Coureur des bois, Une traversée du Canada en kayak*

G. Janichon – *Atalaya, Une saison en Amazonie*

Damien autour du monde, 55 000 milles de défis aux océans

O. Pitras – *La Voie des glaces, Le passage du Nord-Ouest à la voile*

S. Poncet – *Le Grand Hiver, Damien II base antarctique*

Ph. Sauve – *Errance amérindienne, Une initiation à l'Amérique profonde*

Ph. Valéry – *Par les sentiers de la soie, À pied jusqu'en Chine*

F.-X. de Villemagne – *Pèlerin d'Orient, À pied jusqu'à Jérusalem*

Pèlerin d'Occident, À pied jusqu'à Rome

TRANSBORÉAL EST UNE MAISON D'ÉDITION QUI VEUT PROMOUVOIR LE TRAVAIL D'AUTEURS, D'ILLUSTRATEURS ET DE PHOTOGRAPHES AYANT FAIT PREUVE D'ABNÉGATION ET DE COURAGE LORS D'ÉTUDES OU DE VOYAGES AU LONG COURS MARQUÉS PAR UNE RÉELLE CONNIVENCE AVEC LE MILIEU HUMAIN OU LE MONDE NATUREL.

AU PAYS DES HOMMES-FLEURS

A ÉTÉ COMPOSÉ EN ADOBE GARAMOND PRO ET EN FUTURA. IL A ÉTÉ REPRODUIT SUR MUNKEN PRINT WHITE ET ACHEVÉ D'IMPRIMER SUR LES PRESSES DE LA NOUVELLE IMPRIMERIE LABALLERY À CLAMECY, DANS LA NIÈVRE, POUR LE COMPTE DES ÉDITIONS TRANSBORÉAL EN OCTOBRE DEUX MILLE DIX.

NUMÉRO D'IMPRESSION : 009252